Codename Hase

Silke Günster
Joachim Günster

Codename Hase

Der ultimative Weg zu Gesundheit, Glück und Erfolg

So erreichen Sie Ihre Ziele mit Sicherheit

© 1996 by LESANI Medienverlag
Rheinfährstr. 201, 41468 Neuss

Die Deutsche Bibliothek – CIP-Einheitsaufnahme

Silke Günster
Codename Hase
Der ultimative Weg zu Gesundheit, Glück und Erfolg
Neuss: LESANI Medienverlag, 1996
ISBN: 3-9805045-0-6
NE: Joachim Günster

Alle Rechte der Verbreitung, auch durch Film, Funk und Fernsehen, fotomechanische Wiedergabe, Tonträger jeder Art, auszugsweise oder vollständigen Nachdruck oder Einspeicherung und Rückgewinnung in Datenverarbeitungsanlagen jeder Art und aller elektronischen Kommunikationswege, sind vorbehalten.
Das Werk einschließlich aller seiner Teile ist urheberrechtlich geschützt. Jede Verwertung außerhalb der engen Grenzen des Urheberrechts ist ohne Zustimmung des Verlags unzulässig und strafbar.

10 9 8 7 6 5 4 3 2 1
98 97 96

ISBN: 3-9805045-0-6

Umschlagdesign: AS Design, München
Technische Endfertigung: AS Werbeservice, Langenfeld
Satz: Reemers EDV-Satz, Krefeld
Druck: Bercker Graphischer Betrieb, Kevelaer

Printed in Germany

Inhaltsverzeichnis

Vorwort   9

Schon wieder ein Buch über Lebensbewältigung
oder warum dieses Buch Ihnen sofort erklärt, warum Sie manchmal Ihr Ziel nicht erreichen und warum Sie manchmal anderen nicht erklären können, was Sie wollen   11

Individuelle Glaubenssätze und deren Entstehung
oder warum das Wort »arbeitslos« so gefährlich ist   17

Individuelle Glaubenssätze
oder warum Sie Ihre Meinung von sich selbst überprüfen sollten   23

Allgemeine Glaubenssätze
oder warum das jeder weiß und es schon immer so war   29

Glaubenssysteme
oder warum Sie, wenn Sie schon immer diesen Weg gefahren sind, immer an dem gleichen Punkt ankommen   33

Konditionierte Reaktionen
oder warum Sie immer rot sehen, wenn jemand sich vor Ihnen in die Schlange an der Kasse drängt   38

Glaubenssätze sind auch nur Worte
oder warum Worte nicht nur Schall und Rauch sind   49

ABER...
oder warum wohl nicht   52

Das Problem mit dem Wort »Problem«
oder warum Sie sich erst gar nicht mit Problemen beschäftigen sollten   54

Inhaltsverzeichnis

Dieses Kapitel »müssen« Sie lesen
oder wenn Sie mal »müssen«, dann müssen Sie wirklich   57

Die Bedeutung der Worte
oder warum Worte doch viel mehr als Schall und Rauch sind   62

Jedes Wort ist wichtig
oder warum man oft zu wenig Informationen erhält und
dennoch entscheidet   66

Ich bin Kommunikationstrainer
oder Warum Sie das, was Sie noch nicht sind, leicht
werden können   70

Es war einmal ...
oder warum sie noch heute leben, wenn sie nicht
gestorben sind   76

Nutzen Sie Ihre sprachlichen Fähigkeiten
oder warum Sie das alles schon lange können   82

Die Technologie des Löschens
oder warum Sie alle Ihre alten unangenehmen Muster und
Formulierungen loswerden können   84

Füllen Sie Ihr halbleeres Glas halbvoll
oder warum Sie aus einem halbvollen Glas länger genießen
können und ein halbleeres nur leertrinken   86

Freuen Sie sich für andere
oder warum es auch Ihre Freude ist   90

Kanäle der Wahrnehmung
oder Nichts sehen, nichts hören, nichts fühlen –
was für eine Strategie!   95

Verschwendete Energien
oder warum die Richtung, in die wir zielen, so wichtig ist   108

Inhaltsverzeichnis

Fernglas oder Lupe
oder warum Sie auch in die falsche Richtung fokussieren können   112

Nicht-Ziele
oder warum sich manche Menschen immer auf die falschen Ziele zu bewegen und damit vom eigentlichen Ziel weg   119

Ihre Ziele und deren Bedeutung
oder warum Sie immer Ziele brauchen und warum Ziele und Glück identisch sind   126

Fragen, Fragen, Fragen
oder warum manche Menschen so viel wissen und andere einfach nicht weiterkommen   138

Versteckte Ziele
oder warum Sie sich selbst manchmal nicht verstehen, ganz zu schweigen davon, daß Ihre Freunde Sie nicht verstehen   145

Entscheidung und Erfahrung
oder warum man nach dem ersten Fehler keinen zweiten machen darf und schon gar nicht den gleichen nochmal   149

Umlernen, aber wie
oder warum Sie nie aufhören zu lernen und immer besser werden   157

Wie wird aus einem Steinblock ein Löwe
oder warum einfach, wenn es auch kompliziert geht?   165

Glücklich oder unglücklich innerhalb von Sekunden
oder warum Sie gerade stehen sollten   170

Sie sind nie allein
oder warum der andere Teil in Ihnen den Unterschied zwischen Mensch und Tier ausmacht   174

Der Biocomputer des Menschen
oder warum der Mensch ohne Strom besser funktioniert und ein Computer ohne Strom überhaupt nicht   181

Inhaltsverzeichnis

Der Glaube, der Berge versetzt
oder warum Sie alles erreichen, wenn Sie nur fest daran
glauben   193

Lassen Sie Bilder sprechen
oder warum Albert Einstein schon sagte: »Phantasie ist
wichtiger als Wissen«   202

Träumen Sie gut
oder warum Träume doch nicht immer Schäume sind und
der Champagner, oft beginnend mit einem Traum, nur
noch schäumend überfließt   214

Auf die Plätze, fertig, los
oder warum das alles nichts nützt und was noch fehlt   219

Ab heute beginnt ein neuer Lebensabschnitt
oder warum gerade Sie zu den Auserwählten gehören   227

Vorwort

Bevor wir dieses Buch veröffentlichten, gaben wir es einigen Freunden zum »Probelesen«. Wir möchten allen, die uns dabei geholfen haben, an dieser Stelle recht herzlich für ihre Mühe danken.

Einige wichtige Erkenntnisse der »Probeleser« wollen wir diesem Buch voranstellen, damit Sie bei der Lektüre nicht von den gleichen Eindrücken überwältigt werden, die unsere »Probeleser« erfuhren.

Dieses Buch hat ausdrücklich keinen religiösen Charakter. Obgleich der Verwendung von Worten wie Glaube, Glaubenssätze und Glaubenssysteme sind weder religiöse oder teilreligiöse noch philosophische Verbindungen vorhanden. Philosophische insofern nicht, als es sich um eine Philosophie mit religiösem Charakter handelt. Die Bezeichnungen, die in Verbindung mit dem Wort »Glauben« verwendet werden, beziehen sich ausschließlich auf allgemeine Auffassungen und Zustände, von denen der Mensch persönlich überzeugt ist, ohne auf die rein spirituelle Ebene zu wechseln.

In diesem Buch werden einige Formulierungen benutzt, bei denen sich »mir die Haare zu Berge stellten«, so eine Probeleserin. Diese Formulierungen sind vorsätzlich so gewählt, um genau diesen Effekt zu erzielen. Nur mit radikalen Musterunterbrechungen können Sie unter Umständen verborgene Hindernisse aufdecken. Es nützt Ihnen nichts, wenn Sie rauchen und gar nicht mehr mitbekommen, daß Sie sich eine angezündet haben. Erst wenn Ihnen wieder auffällt, was Sie gerade gemacht haben, erst dann können Sie entscheiden, ob Sie es ändern wollen oder ob Sie bewußt so weiter handeln wollen. Darüber hinaus wirken die angesprochenen Formulierungen auf den Einzelnen sicher unterschiedlich. Während Sie vielleicht darüber hinweglesen, stellen sich Ihrem Nachbarn die Haare auf. In diesem letzten Fall hat dieses Buch seine Wirkung sehr schnell erzielt. Dem Leser ist etwas aufgefallen. Er kann damit beginnen, sich zu entscheiden, ob er damit weiter leben will oder ob er sein Verhalten ändert.

Auf einen besonders wichtigen Punkt möchten wir noch ausdrücklich hinweisen: Codename Hase ist kein Zaubermittel, auch kein Zauberstab oder Allheilmittel. Codename Hase ist ein Werkzeugkasten, in dem sich verschiedene Werkzeuge befinden. Das bedeutet, daß Sie nur dann Ergebnisse erzielen, wenn Sie diese benutzen. Sicher sind nicht alle Werkzeuge für jeden interessant. Sicher wird auch der eine oder andere sich bewußt gegen eines der angebotenen Hilfsmittel entscheiden. Wie dem auch sei. Werkzeuge sind da, um benutzt zu werden. Der Nagel verschwindet auch nicht automatisch in der Wand, nur weil er weiß, daß Sie einen Hammer besitzen oder daß Sie planen, einen Hammer zu kaufen.

Unter diesen Vorbedingungen wünschen wir Ihnen viel Spaß beim Lesen und viel Erfolg für Ihr weiteres Leben.

Die Autoren, im März 1996

Schon wieder ein Buch über Lebensbewältigung

oder

warum dieses Buch Ihnen sofort erklärt, warum Sie manchmal Ihr Ziel nicht erreichen und warum Sie manchmal anderen nicht erklären können, was Sie wollen

Das vorliegende Werk erhebt einen sehr hohen Anspruch. Sie werden mit den Informationen und Techniken, die Sie im folgenden mit Leichtigkeit und auf spannende Art und Weise lernen, Ihre Ziele erreichen. Außerdem zeigen wir Ihnen einen Weg zu Gesundheit, Glück und Erfolg. Das sind fürwahr sehr hohe Ansprüche. Und es funktioniert, auch bei Ihnen.

»Bei mir funktioniert das bestimmt nicht. Ich habe schon so vieles probiert, und nichts hat funktioniert!«

Und schon sind wir mitten im Thema. Dieses Buch handelt im wesentlichen von Glaubenssätzen und von ganzen Glaubenssystemen. Glaubenssysteme sind mehrere zusammenhängende oder in Abhängigkeit stehende Glaubenssätze oder die Verallgemeinerung von Einzelfällen. Die Aussage oben ist ein solcher Glaubenssatz bzw. ein Glaubenssystem. Glaubenssätze und Glaubenssysteme behindern uns in vielfältigster Art und Weise von Tag zu Tag und während unseres ganzen Lebens.

Codename Hase zeigt Ihnen, wie leicht und wodurch Glaubenssätze entstehen, wie sie sich manifestieren und dann plötzlich zur unverrückbaren Tatsache werden. Und eine unverrückbare

Tatsache ist plötzlich die ungeschminkte Wahrheit. Und wir alle wissen, daß wir uns mit der Wahrheit abfinden müssen. So ist das eben.

Falsch! Codename Hase beweist das Gegenteil. Die Techniken aus diesem Buch wirken auch bei Ihnen und gerade bei Ihnen. Denn tief im Inneren Ihres Ichs sind Sie gar nicht so überzeugt, daß das alles bei Ihnen nicht hilft. Tief im Inneren suchen Sie nach Gesundheit, Glück und Erfolg.

Danach sucht doch jeder, werden viele von Ihnen jetzt denken. Richtig – doch nur wenige haben Ihre Ziele erreicht und sind gesund, glücklich und erfolgreich, wir wagen sogar zu behaupten: die wenigsten. Das kann sich ab sofort ändern. Wir haben es am eigenen Leibe erfahren und sind gesund, glücklich und erfolgreich.

Codename Hase räumt mit Ihren Glaubenssätzen und Glaubenssystemen rigoros auf. Falsche Glaubenssätze werden vernichtet, neue, positive aufgebaut und manifestiert. Der positive Glaube wird zur unverrückbaren Wahrheit. Und die Wahrheit ist: Die allerwenigsten Menschen wurden krank geboren, niemand wurde unglücklich geboren, und schon gar keiner wurde erfolglos geboren. Erfolglos geboren zu werden ist ein Unding und per Definition nicht möglich.

Warum also gibt es immer wieder – in unserem Zeitalter trotz moderner Medizin – Menschen, die nicht gesund sind? Warum gibt es Menschen, die behaupten, nicht glücklich zu sein? Warum sind Menschen erfolglos und erreichen ihre Ziele nicht? Alle diesbezüglichen Untersuchungen stoßen immer wieder auf Umstände, die wir als Glaubenssätze und Glaubenssysteme bezeichnen. Glaubenssätze sind es, die die Menschen behindern und verhindern, daß sie erfolgreich sind, daß sie ihre Ziele erreichen und glücklich sind. Glaubenssätze wie »Krebs ist nicht heilbar« sind es, die Menschen zum Tode verurteilen, und nicht unbedingt die Krankheit an sich.

Wir haben gesagt, daß Codename Hase mit Ihren Glaubenssätzen und Glaubenssystemen rigoros aufräumt. Verstehen Sie das bitte nicht falsch. Weder unter Glaubenssätzen noch unter Glaubenssystemen verstehen wir Ihren Glauben im Sinne von Religion. Wir möchten keinesfalls an Ihrer Religion rütteln. Wir wollen auch gar nicht wissen, welcher Religion Sie angehören, und möchten sogar, daß Sie unbedingt dieser Religion so folgen, wie Sie es bisher getan haben. Uns ist es egal, ob Sie katholisch oder evangelisch, Zeuge Jehovas oder Moslem sind. Hauptsache, Sie fühlen sich wohl und sind zufrieden. Codename Hase funktioniert in und mit jeder Religion.

Übrigens, sollten Sie keiner Religion angehören und an nichts glauben, auch dann gilt das oben Gesagte. Und sicher gelingt es Ihnen mit den Techniken und Informationen dieses Buches, in dem Moment, in dem Sie den religiösen Glauben notwendig brauchen, diesen zu finden und zu nutzen.

Wir möchten Ihnen an dieser Stelle gratulieren. Weiter vorne haben wir festgestellt, daß nur wenige ihre Ziele erreicht haben und gesund, glücklich und erfolgreich sind. Wir wollen diesen Glaubenssatz, den wir nicht beweisen können, allein durch Verwenden des nicht definierten Wortes »wenige« gerne wie folgt erweitern: Viele ergeben sich ihrem scheinbaren Schicksal, und viele andere, und dazu gehören ganz besonders Sie, akzeptieren ihr scheinbares Schicksal nicht und haben aktiv begonnen, das Leben selbst in die Hand zu nehmen und zu ändern.

Und diese, die mit ihrem Schicksal nicht zufrieden sind und daran arbeiten, es zum Positiven zu ändern, werden mit Sicherheit gesund, glücklich und erfolgreich. Wenn diese Menschen schon gesund, glücklich und erfolgreich sind, werden sie es mit dieser Einstellung auch sicher bleiben.

Vielleicht haben Sie schon einmal ein Buch über Lebenshilfe, eine Anleitung zum Glücklichsein oder ein Buch über positives Denken gelesen. Sicher haben Sie in dem einen oder anderen Buch einige Dinge gefunden, die für Sie recht interessant sind, die Sie seitdem sogar anwenden und die Ihr Leben bereichert haben. Sicher gab es auch Passagen, in denen die Autoren ihre Meinung über den einen oder anderen Umstand vertraten, mit dem Sie sich nicht identifizieren konnten und Sie sich infolgedessen auch mit der jeweiligen Technik oder Überzeugung nicht näher beschäftigten. Einige dieser Autoren setzen sogar Überzeugungen voraus, mit denen sich oft die Mehrheit der Menschen nicht automatisch identifizieren kann.

Kritisch wird es besonders, wenn sich der jeweilige Autor an religiösen Grundsätzen zu schaffen macht. So wird in einigen Büchern zum Beispiel mit großer Selbstverständlichkeit von der Wiedergeburt, also der Reinkarnation, gesprochen. Ganz sicher ist Reinkarnation für viele Menschen ein wichtiges Thema, manche werden möglicherweise ihr ganzes Leben danach ausrichten und die Wiedergeburt als Grundlage einer Philosophie verwenden. Für andere wiederum ist die ganze Thematik purer Unsinn, gar Gotteslästerung.

Wir glauben, daß gerade dieses Thema in den religiösen Bereich hineingehört, und lassen dieses ebenso wie alle anderen religiösen und teilreligiösen Aspekte links liegen. Wie bereits weiter vorne versprochen, können Sie dieses Buch bedenkenlos lesen, ohne daß Sie mit Ihren religiösen Überzeugungen in Konflikt geraten könnten. Alle Techniken und Erfahrungen aus diesem Buch beruhen weitestgehend auf methodisch erforschten Arbeiten von verschiedenen Wissenschaftlern auf der ganzen Welt.

Ganz sicher ist dieses Buch ebenfalls unter dem generellen Aspekt des positiven Denkens einzuordnen. Sie werden später lernen, warum positives Denken Ihr Leben mit sofortiger Wirkung bereichern und verändern kann. Positiv zu denken ist jedoch nur ein, wenn auch wichtiger Aspekt in der menschlichen Psyche. Weitere wichtige Punkte verdienen die gleiche Beachtung, wie zum Beispiel gewisse neurobiologische Vorgänge, die in unserem Körper ablaufen und unser Leben stets beeinflussen und scheinbar gar nichts mit positivem Denken zu tun haben.

Codename Hase erläutert Ihnen diese sozusagen technischen Aspekte, und Sie lernen, wie Sie durch die einfache Veränderung einiger Wörter erfolgreicher kommunizieren können. Sie werden ein kleines Wunder erleben, wenn Sie unsere Ratschläge aus diesem Buch beachten. Ihre Freunde und Bekannten werden Sie verändert finden, sie werden Sie als einen glücklichen und positiv denkenden Menschen bezeichnen. Darüber hinaus werden Sie durch Beachten einiger Regeln in der Kommunikation Ihre Wünsche wesentlich effizienter vermitteln können, was gleichzeitig dazu führt, daß die Angesprochenen meist gerne diese Wünsche erfüllen und Sie somit Ihren persönlichen Erfolg, Ihr Glück und Ihre Zufriedenheit in relativ kurzer Zeit erhalten.

Es geht also nicht nur um die Frage, wie Sie Ihr eigenes Leben verbessern, sondern vielmehr auch darum, wie Sie Ihr Umfeld mit positiver Energie versorgen können, indem Sie selbst wesentlich positiver auf andere wirken und diese aus diesem Grunde gerne mit Ihnen zusammen sind. Es ist nicht alleine nur das positive Denken, welches ultimativ zu Gesundheit, Glück und Erfolg führt, sondern es ist vielmehr eine Kombination aus positivem Denken und Beachten der neurobiologischen Zusammenhänge. Diese Grundlagen sind so einfach und dadurch auch einfach zu beachten, daß sie gerade durch die Einfachheit auch den ärgsten Skeptiker auf jeden Fall überzeugen. Sie brauchen nicht studiert zu haben und auch kein weiterführendes Studium zu besuchen. Alleine das Anwenden der hier vorgeschlagenen Verfahren und Techniken, die Beachtung einiger wesentlicher Grundlagen der Kommunikation und der Wille, ein besseres Leben zu führen, genügen.

Dieses Buch in einem Satz zu beschreiben ist leicht: Resultate erzielen, Limitationen aufheben und mehrere Möglichkeiten zur Auswahl haben. Sie können sofort Ihr Leben verändern und die Resultate erzielen, die Sie sich schon immer wünschten. Die Einschränkungen, die Sie bisher hingenommen haben, sind sehr bald Vergangenheit, und Sie brauchen nicht mehr voller Staunen Ergebnisse anderer Menschen zu bewundern. Sie können schon sehr bald selbst zu dieser Gruppe der Erfolgreichen gehören. Nichts hindert Sie daran, wenn Sie nur ein paar Grundregeln des Lebens kennen und diese entsprechend anwenden. Also – auf geht's.

Individuelle Glaubenssätze und deren Entstehung

oder

warum das Wort »arbeitslos« so gefährlich ist

Arbeitslos zu sein ist furchtbar. Denn mit Arbeitslosigkeit wird in unserer Gesellschaft eine Vielzahl negativer Emotionen verbunden. Arbeitslosigkeit ist gleichbedeutend mit: Versagen, kein Geld, nicht qualifiziert genug, Hoffnungslosigkeit, sozialer Abstieg und vieles andere mehr. Noch schlimmer wird es, wenn die ganze Gesellschaft von einem immer größer werdenden Problem der Arbeitslosigkeit, einer der höchsten Arbeitslosigkeitsquoten der Nachkriegszeit und von einer potentiellen Gefahr durch unzufriedene Arbeitslose spricht. Ein Bewerbungsgespräch eines Arbeitslosen verläuft dann oftmals so:

Zukünftiger Arbeitgeber: »Sie sind jetzt arbeitslos. Was haben Sie vorher gemacht?«

Arbeitsloser: »Ich war Schlosser bei der Firma Meier!«

Eine völlig normale Antwort – denken Sie. Und Sie haben recht, eine derart formulierte Antwort stellt an sich nichts Dramatisches dar, gibt jedoch eine völlig falsche Tatsache wieder. Und noch schlimmer: Aus dieser Aussage läßt sich ein momentaner Glaube des Arbeitslosen ableiten. Er sagte, daß er Schlosser gewesen sei. Das ist eine völlig falsche Aussage, denn er ist immer noch Schlosser. Er hat durch das Ausscheiden als Mitarbeiter bei der Firma Meier seine Fähigkeiten nicht verloren. Er ist immer noch Schlosser und kann heute genausogut eine für ihn übliche Aufgabe als Schlosser erfüllen wie während seines Mitarbeiterverhältnisses.

Das Gefährliche an so einer an sich völlig normalen Aussage ist, daß sich der Inhalt zu einem momentanen Glaubenssatz manifestieren kann. Plötzlich ist unser Arbeitsloser auch mental kein Schlosser mehr, plötzlich war er Schlosser und ist nun arbeitslos. Dabei ist arbeitslos kein Beruf und darf auch keiner werden. Bei jeder Wiederholung der Aussage »Ich war Schlosser« prägt sich dieser Glaubenssatz immer tiefer ein, und auch der Arbeitslose gelangt sehr leicht zu der Überzeugung, daß er kein Schlosser mehr ist.

In der Folge kommen dann auch andere Glaubenssätze hinzu, die wesentlich gefährlicher sind. Nach der dritten Bewerbung taucht die Frage auf: »Bin ich wirklich so schlecht, daß mich keiner will?« Nach der fünften Bewerbung wird es noch schlimmer: »Es hat ja gar keinen Zweck, ich bin halt nicht qualifiziert genug.« Auch diese Aussagen erhalten sehr schnell einen für den Betroffenen wahren Inhalt, und die Aussagen manifestieren sich zu unverrückbaren Glaubenssätzen. Am Ende steht oft die totale Selbstaufgabe.

Es liegt an Ihnen, solche Situationen leicht zu vermeiden. Werden Sie sich über den Inhalt Ihrer Worte bewußt. Sie sind immer noch Schlosser. Sie können immer noch mit einer Drehbank umgehen, besser als viele andere und viel besser als alle Nicht-Schlosser. Antworten Sie deshalb immer: »Ich bin Schlosser und habe bei der Firma Meier gearbeitet. Durch mein Ausscheiden dort habe ich nun die Chance, mich bei Ihnen zu bewerben, um in einem neuen interessanten Tätigkeitsfeld meine Fähigkeiten zu erweitern.«

Dies muß Ihr neuer Glaubenssatz werden. Dann werden Sie, schneller als Sie glauben, einen neuen Arbeitsplatz bekommen. Denn Ihre Mitbewerber für die Stelle waren ja Schlosser, und Sie sind einer!

Je häufiger Sie diesen Glaubenssatz verwenden, desto mehr wird Ihr Unterbewußtsein überzeugt, daß die Arbeitslosigkeit nur von vorübergehender Dauer ist. Desto mehr glauben Sie an sich und Ihre Fähigkeiten, und desto leichter fällt es Ihnen, beim Bewerbungsgespräch zu überzeugen.

Natürlich können Sie auch der Arbeitslosigkeit an sich ein Schnäppchen schlagen. Analysieren wir doch einmal das Wort Arbeitslosigkeit ohne die dazugehörigen negativen Assoziationen. Es bedeutet doch nichts anderes, als im Moment keine Arbeit zu verrichten. Es hat nichts mit irgendwelchen Fähigkeiten zu tun. Es heißt nur, daß Sie momentan keine Arbeit verrichten. So weit, so gut. Wenn Sie also beginnen, irgendeine Arbeit zu verrichten, sind Sie nicht mehr arbeitslos! Jetzt macht es jedoch keinen Sinn, irgendeine Arbeit zu verrichten, denn schließlich sind Sie ja Schlosser. Trotzdem können Sie durch die Verrichtung einer Arbeit den Zustand der Arbeitslosigkeit verändern. Also überlegen Sie genau, welche Arbeit Ihnen Spaß machen würde und wie diese Arbeit mit Ihren Fähigkeiten kombinierbar ist.

Sie interessieren sich für Autos? Gut, vielleicht können Sie sich dann morgen bei Ihrer Werkstatt erkundigen, ob man nicht jemanden zunächst einmal aushilfsweise benötigt, der aus der Metallverarbeitung kommt. Sie wollten schon immer Bäcker werden? Prima, gehen Sie zu Ihrer Bäckerei, und bieten Sie sich an. Immerhin können Sie ja auch noch im Notfall die Maschinen warten und gleichzeitig den von Ihnen gewünschten Berufswunsch verfolgen.

Vielleicht sind obengenannte Beispiele an den Haaren herbeigezogen. Darauf kommt es auch gar nicht so an. Wichtig ist nur, daß Sie aktiv werden und daß Sie den starken Wunsch hegen, Ihren Zustand zu beenden; daß Sie etwas tun und sich vor allen Dingen vor falschen Glaubenssätzen schützen. Denn: Sie waren nicht Schlosser bei Meier, Sie sind Schlosser und können etwas gegen Ihren Zustand der Arbeitslosigkeit tun – jetzt und unmittelbar.

So etwas macht man doch nicht!

Vielleicht sind Sie gar nicht arbeitslos und füllen seit einigen Jahren einen Posten in der öffentlichen Verwaltung aus, den Sie mögen und der für Sie ein geeigneter Weg ist, Ihren Lebensunterhalt zu verdienen. Nun ja, Sie könnten vielleicht mehr verdienen, doch um die nächsthöhere Position innerhalb der Behörde zu erreichen, müßten Sie studiert haben, und dieser Zug ist wohl schon lange für Sie abgefahren.

Auch hierbei handelt es sich um nichts anderes als um einen Glaubenssatz, denn die Aussage, daß Sie zum Studieren bereits zu alt seien, beruht im wesentlichen auf keiner bekannten Regel. Oder haben Sie schon einmal bei einer Fachhochschule oder Universität angerufen und nachgefragt, wie hoch das Höchsteinschreibealter für den Studiengang in Volkswirtschaft ist?

Angenommen, Sie sind 45 Jahre alt, und auf Anfrage teilt Ihnen die Hochschule mit, daß es keine Altersbegrenzung gibt, solange Sie die Voraussetzungen erfüllen. Wie sähe es dann bei Ihnen aus? Fühlten Sie sich immer noch zu alt zum Studieren?

Nun, zumindest wären Sie aus Sicht der Hochschule nicht zu alt. Möglicherweise jedoch existiert da ein Gesetz in Ihrem Kopf, welches einem 45jährigen Mann oder einer Frau im gleichen Alter verbietet, jetzt noch an ein Studium zu denken. Wie wäre es, wenn Sie einfach einmal einen Anwalt anriefen, der Ihnen bestätigen könnte, daß es keine Altersbegrenzung in diesem Studiengang gibt und kein Gesetz auf der Welt Sie vom Studieren in diesem Alter abhalten kann. Wenn auch diese Bemühungen erfolglos verlaufen und Sie niedergeschlagen feststellen müssen, daß es tatsächlich kein Gesetz gibt, welches Ihnen das Studium verbietet und die Hochschule keinerlei Zulassungsbeschränkungen aufgrund Ihres Alters hat, dann bleibt noch die eine Frage offen: Warum also können Sie nicht studieren? Weil Sie einfach nur zu alt sind?

Gerade dieser häufig verwendete Glaubenssatz »Dafür bin ich zu alt« hält viele Menschen von Dingen ab, die ihnen eigentlich Spaß machen könnten. Ungeachtet der Tatsache, daß diese Menschen sich wirklich nur zu alt fühlen, dies jedoch gar nicht sind oder eben in ihrem Glaubenssatz leben, daß »man« eben in diesem Alter gewisse Dinge nicht mehr macht. Diesem Phänomen begegnen wir fast täglich.

Es gibt jedoch immer wieder Gegenbeispiele, die beweisen, daß es sich nur um einen dummen Glaubenssatz handelt. Deshalb besteht Hoffnung für alle flexiblen und aufgeschlossenen Menschen, die nicht mehr ganz jung sind.

Da ist zum Beispiel die 60jährige Wassersportlerin im Surfparadies auf Kos in Griechenland zu sehen, die den jungen Burschen beim Windsurfen noch etwas vormachen kann, oder etwa der 70jährige Motorradfan, der mit seiner Enkelin auf einer schweren Maschine eine Spritztour macht. Der »alte« General Mac Arthur sagte 1956 über das Thema Alter: »Du bist so jung wie deine Zuversicht, so alt wie deine Zweifel; so jung wie dein Vertrauen, so alt wie deine Sorge; so jung wie deine Hoffnung, so alt wie deine Verzweiflung. In der Seele eines jeden Menschen befindet sich eine Empfangsstation. Solange sie Botschaften der Schönheit, der Hoffnung, der Freude und des Mutes aufnimmt, solange sind wir jung. Erst wenn sie brachliegt und vom Schnee des Pessimismus und vom Eis des Zynismus zugedeckt ist, dann und nur dann sind wir alt.«

Werfen Sie Ihre Glaubenssätze über Bord

Jeder von uns kann also mit oder ohne Limitationen leben, es ist einzig und allein unsere eigene Entscheidung. Wenn Sie jedoch Ihren Glaubenssätzen folgen, dann leben Sie entlang eines vorgegebenen Musters, das von Ihnen selbst, der Gesellschaft oder anderen sozialen Strukturen vorgegeben ist. Diese akzeptieren Sie dann einfach, ohne sie einmal auf den Sinn hin zu überprüfen, und nehmen sie als gegeben hin. Sie akzeptieren somit Begrenzungen, die nicht notwendig wären. »Dafür bin ich schon zu alt« ist wohl eine der häufigsten und zugleich auch unnötigsten und überflüssigsten Limitationen, mit denen sich die Menschheit täglich konfrontiert.

Probieren Sie es einfach aus. Wenn es irgendetwas gibt, was Ihnen Spaß macht, von dem Sie bisher annahmen, daß Sie dafür zu alt wären, so tun Sie dies ab sofort. Wenn Sie studieren wollen und 50 Jahre jung sind, so schreiben Sie sich doch einfach an einer Hochschule oder Universität ein.

Wenn Sie zu Ihrem 55sten Geburtstag Ihre Freunde und Bekannten in eine Diskothek einladen wollen, tun Sie dies unbedingt. Was hindert Sie schon daran? Der Zugang zu Diskotheken wird in der Regel nur Menschen unter einem bestimmten Alter verwehrt, nach oben hin ist es sehr unwahrscheinlich, daß eine Altersgrenze vorhanden ist. Scheren Sie sich nicht mehr darum, daß Menschen sagen: »Und das in dem Alter!« Im selben Moment, in dem Sie nicht mehr auf Ihr Umfeld hören und nicht mehr sagen: »Dafür bin ich zu alt«, werden Sie die Herausforderungen annehmen, die Sie trotz oder eben gerade aufgrund Ihres »hohen Alters« schon immer gereizt haben.

Individuelle Glaubenssätze

oder

warum Sie Ihre Meinung von sich selbst überprüfen sollten

Anhand der vorangegangenen Beispiele können Sie sicher leicht nachvollziehen, wie solche Glaubenssätze funktionieren und uns dabei limitieren, und auch wie sie möglicherweise entstehen können. Glaubenssätze entstehen durch Kommunikation mit der Außenwelt und durch Kommunikation mit uns selbst, also durch unsere Gedanken. Wenn man sich näher mit dem Phänomen der limitierenden, also der negativen Glaubenssätze befaßt, stellt man leicht fest, daß es immer bestimmter Worte und Redewendungen bedarf, um limitierende und einschränkende Glaubenssätze zu formulieren und diese langfristig zu etablieren. Dabei hören sich diese Worte oftmals völlig normal und ungefährlich an.

Das Wort alleine ist niemals der entscheidende Auslöser, sondern immer der Kontext, in dem diese Worte benutzt werden. Sie werden in einem späteren Kapitel lernen, auf welche Worte Sie besonders achten sollten und welche alltäglichen Redewendungen sich sehr leicht zu Ihrem persönlichen Nachteil auswirken können.

Denken Sie jedoch immer daran, daß auch Ihre Gedanken aus Worten bestehen. Genauso, wie Sie intern mit sich selbst kommunizieren, könnten Sie dies auch mit jemand anderem tun, dem Sie so vertrauen wie sich selbst. Auch bei Gedanken ist es deshalb wichtig, darauf zu achten, welche Worte und Redewendungen Sie benutzen, in welcher Form Sie diese gebrauchen und mit welcher Häufigkeit diese Gedanken vorherrschen.

Individuelle Glaubenssätze entstehen also hauptsächlich durch unsere eigene Kommunikation mit uns selbst und mit anderen. Diese geführten Dialoge oder Monologe im Sinne von Gedanken sind es also, die in aller Regel ausdrücken, wer wir sind und wie wir uns fühlen, bzw. wer wir glauben zu sein und wie wir glauben, uns zu fühlen. Wir entscheiden darüber, welche Glaubenssätze für uns gültig und wahr sind. Durch einfaches Ändern dieser Aussagen und Dialoge können wir genauso einfach Glaubenssätze verändern, neue etablieren und anstelle des Glaubenssatzes »Ich kann das nicht« den Glaubenssatz »Ich konnte das nicht und werde immer besser« ab sofort als wahr definieren.

Neben dem eigenen Dialog und den eigenen Gedanken gibt es natürlich auch Fremdeinflüsse, die in uns Glaubenssätze etablieren. Die Entstehung von Glaubenssätzen beginnt schon im Säuglingsalter, wo der Mensch durch das Verhalten von Vater und Mutter und das übrige Umfeld bestimmte Techniken und Strategien erlernt. Sobald das Kleinkind eine bestimmte Technik erlernt und herausgefunden hat, daß diese zum Erfolg oder Nicht-Erfolg führt, wird es sich daraufhin, ohne daß es selbst schon einen Glaubenssatz formulieren könnte, entsprechend dieser Regel verhalten. Sollte diese Regel limitierend sein und nicht später durch einen anderen Umstand oder durch bewußte Veränderung aufgehoben werden, so wird das Kind auch im Erwachsenenalter mit diesen Limitationen leben. Gerade hier liegt natürlich die große Gefahr, daß der erwachsene Mensch aufgrund der Einschränkungen im Kindesalter im späteren Leben nur bis zu einem gewissen Grad erfolgreich und leistungsfähig ist. In diesem Umstand liegt auch die gesamte Existenzgrundlage der Psychoanalyse und der Freudschen Lehre begründet.

Strategien, die im Säuglingsalter erlernt werden, sind noch keine richtigen Glaubenssätze in diesem Sinne. Diese Verhaltensweisen können jedoch sehr leicht als Glaubenssätze auftauchen, spätestens dann, wenn der junge Mensch aufgrund dieser Erfahrungen seine Limitation sich selbst oder anderen mitteilt. Glaubenssätze, die aufgrund eigener Annahme und auf Basis eigener Erlebnisse entstehen, werden dann leicht etabliert. Diese Art bezeichnen wir als Glaubenssätze Typ 1.

Die schlimmste Form von individuellen Glaubenssätzen

Noch schlimmer wird es, wenn das Kind von Erwachsenen oder Mitmenschen aus seinem Umfeld in seiner Meinung über sich selbst und seine Fähigkeiten bestätigt wird. Dieser Typ 2 der Kategorie der Glaubenssätze ist wesentlich gefährlicher als der Typ 1.

Der Typ 2 beruht auf der Annahme, daß die Glaubenssätze durch Bestätigung von Personen, die einem wichtig sind, gefestigt werden. Wie soll ein Kind jemals Mathematik lernen, wenn es von der ersten Stunde an zu Hause erfährt, daß es zwar sprachbegabt ist, aber für die Mathematik keinerlei Fähigkeiten mit in die Wiege bekommen hat. Die Begründungen, die oft mitgeliefert werden, erscheinen auf den ersten Blick logisch, sind jedoch bei näherem Hinsehen in jedem Fall sehr dumme Glaubenssätze.

Dabei handelt es sich nicht immer um schlechte und negative Aussagen, die dem Kind im späteren Leben zu schaffen machen. Oft ist es eine Aussage, die zunächst einmal völlig ungefährlich ist, wie zum Beispiel: »Jetzt schau dir nur einmal diesen kleinen Wurm an. Seine Nase ist genauso wie die seines Vaters.« Diese Aussage hat sich vielleicht tief im Innern des Kindes verfestigt, und es ist stolz darauf, daß seine Nase genauso aussieht wie die seines Vaters. Hier kann allerdings auch schon das erste Samenkorn für einen späteren Konflikt gesät worden sein. Was wird wohl passieren, wenn der Vater einige Jahre später eine »Pechsträhne« hat, eine ganze Zeit lang arbeitslos ist und immer, wenn er von einem negativ ausgefallenen Bewerbungsgespräch zurückkommt, sagt: »Ich glaube, denen gefällt meine Nase nicht, deshalb habe ich wohl diesen Job nicht bekommen.«

Der Zusammenhang zwischen Nase und Job bzw. Nicht-Job, also eigentlich Erfolg oder Mißerfolg, ist für den Erwachsenen selbstverständlich nur bildlich, also als Metapher gemeint. Was wird sich jedoch ein Kind denken, das immerhin die gleiche Nase wie der Papa hat? Sehr leicht etabliert sich aufgrund dieser Umstände ein Glaubenssatz, der allerdings erst viel später zum

Ausdruck kommen kann. Dann nämlich, wenn sich das inzwischen erwachsene »Kind« um einen Job bewirbt und einige Absagen bekommt. Dadurch kann dann nach geraumer Zeit der falsche Glaubenssatz durchbrechen, in dem es heißen könnte: »Es ist halt meine Nase. Genauso ging es meinem Vater damals, dagegen kann ich nichts tun.«

Sie werden zugeben, daß dies eine sehr unkluge und völlig unnötige Aussage ist, die für den Außenstehenden sogar lächerlich klingt. Dennoch haben viele Menschen mit derartigen Glaubenssätzen zu kämpfen, welche oftmals aufgrund solcher oder ähnlicher Situationen im frühen Kindesalter entstanden sind.

Die Beeinflussung durch solche Menschen, die wir gemeinhin als Vorbilder bezeichnen, hört während des ganzen Lebens niemals auf. Im Säuglingsalter sind es ganz sicher die direkten Bezugspersonen, die diese Funktion einnehmen, d. h. in aller Regel sind dies die Eltern. Mit Eintritt in den Kindergarten kommen dann die Erzieherinnen und Erzieher hinzu. Es folgen die Pädagogen der verschiedensten Schulformen, die Professoren an der Universität und im späteren Berufsleben dann die Vorgesetzten oder Ausbilder. Dazu gesellen sich noch Personen des öffentlichen Lebens, wie Politiker, Sportler, Schauspieler und alle möglichen Menschen mit Vorbildfunktionen.

Sicher haben auch Sie schon einen Glaubenssatz verfolgt, der sich von einem Vorbild Ihrer Wahl ableitet. Oft ist es nicht die reine verbale Kommunikation, die darüber entscheidet, welche Glaubenssätze in Ihnen entstehen und wie diese Glaubenssätze behandelt werden, sondern oft ist es allein die nonverbale-Kommunikation, also das Verhalten des Vorbildes, welches dazu führt, einen Glaubenssatz anzunehmen oder nicht. Ein solcher Glaubenssatz ist in der Regel mit einer »Wenn-Bedingung« verknüpft: »Wenn unser Bundeskanzler sich derart verhalten kann, dann kann ich das schon lange.«

Eine andere Art eines nonverbalen-Glaubenssatzes ist die Art und Weise, wie sich Prominente kleiden. Denken Sie nur an die

Individuelle Glaubenssätze

vielen Kinder, die, nachdem sie gesehen haben, wie sich ein prominenter Sportler kleidet, plötzlich diesen Stil kopieren und einfach dem Glaubenssatz folgen: »Wenn dieser Sportler sich so kleidet, ist das cool. Da ich auch cool und ein guter Sportler sein möchte, werde ich auch so etwas anziehen.«

Schon ist eine neue Mode etabliert. Das Wissen um die Entstehung dieser Art von Glaubenssätzen wird natürlich von der Modeindustrie zielgerichtet ausgenutzt. Genauso wie es hier bei der Mode angewendet ist, wird diese oder eine ähnliche Strategie von jeder Werbung benutzt.

Sie sehen also, Glaubenssätze des Typs 2 – jene, die durch unser Umfeld verursacht oder verfestigt werden – sind wesentlich gefährlicher und manipulativer als die, die aufgrund unserer eigenen Erfahrungen entstanden sind. Der Typ 1 der Glaubenssätze, die eigene Erfahrung, ist eher schützender Natur, denn der Glaubenssatz, daß eine Herdplatte heiß sein kann und deswegen Vorsicht geboten ist, kann sicherlich als gut und positiv bewertet werden. Es wäre nicht besonders klug, wenn Sie diesen Glaubenssatz vernichten würden.

Gut hingegen ist es natürlich, wenn Sie die Glaubenssätze, die Ihnen von außen auferlegt werden, zunächst einmal auf ihren Inhalt und ihren Wahrheitsgehalt hin überprüfen und dann für sich selbst entscheiden, ob Sie diesen Glaubenssatz für sich selbst annehmen oder nicht. Sie sind nicht in jedem Fall sofort zu erkennen und deshalb gefährlich. Oftmals wissen Sie nicht, daß eine einfache Aussage, die Sie völlig unbedarft machen, in Wirklichkeit ein fataler Glaubenssatz ist, der Ihre Lebensfreude enorm einschränken kann.

Aussagen, die mit »Ich kann nicht« beginnen, sind leicht als Glaubenssatz zu erkennen, und genauso leicht ist dieser erkannte Glaubenssatz dann zu vermeiden. Was ist jedoch mit einer Aussage, die sich so anhört: »Du bist ja heute gut gelaunt. Hast Du ausgeschlafen?« An sich eine völlig normale Frage, die in der einen oder anderen Variation immer wieder auftaucht.

Welches ist nun der tiefere Sinn hinter dieser Frage? Egal wie Sie antworten, Sie werden auf alle Fälle anfangen, einen Glaubenssatz zu etablieren. Wird diese Frage häufig genug wiederholt, entsteht irgendwann ein direkter Zusammenhang zwischen dem Ausschlafen und Ihrer guten Laune. Sie sind infolgedessen immer nur dann gut gelaunt, wenn Sie vorher ausgeschlafen haben. Gleichzeitig haben Sie natürlich eine Ausrede für den Fall parat, daß Sie einmal nicht so gut gelaunt sind. In dieser Situation sagen Sie einfach, daß Sie eben nicht ausgeschlafen hätten.

Je mehr Sie sich mit diesem Umstand auseinandersetzen, desto bequemer wird es für Sie, diesen Glaubenssatz zu adaptieren und anzuwenden. Sie teilen ihn aktiv Ihrem Umfeld mit, und zum Schluß ist ein tatsächlich bedingter Zusammenhang zwischen Ihren Schlafgewohnheiten und Ihrer guten oder schlechten Laune entstanden. Exakt in diesem Moment sind Sie manipulierbar. Was ist, wenn Sie gut gelaunt sind und jemand zu Ihnen kommt, selbst schlecht gelaunt, und sagt: »Du bist wohl nicht ausgeschlafen, das merkt man mal wieder an Deiner Laune.« Können Sie sich vorstellen, wie schnell Ihre gute Laune jetzt ins Gegenteil umschlagen wird? Wollen Sie manipulierbar bleiben? Sicher nicht, denn eines steht fest:

Vermeiden Sie, manipulierbar zu sein

In dem Moment, in dem Sie nach Ihren festen Glaubenssätzen leben, egal in welcher Beziehung, sind Sie äußerst manipulierbar. Wer manipulierbar ist, entscheidet eigentlich nicht mehr selbst – für diesen Menschen wird entschieden. Deswegen ist es wichtig, daß Sie ab sofort über Ihr eigenes Leben entscheiden. Sie entscheiden also, was Sie tun oder auch was Sie nicht tun. Wenn Sie das nicht selbst in die Hand nehmen, werden immer wieder andere Menschen für Sie entscheiden, was das Beste für Sie ist. Das alles steht Ihrem Glück, Ihrem Erfolg und Ihrer Gesundheit mit absoluter Sicherheit entgegen.

Allgemeine Glaubenssätze

oder

warum das jeder weiß und es schon immer so war

Im Unterschied zu individuellen Glaubenssätzen repräsentieren allgemeine Glaubenssätze die vorherrschende Meinung in einer sozialen Gruppe von Menschen, sei es nun im Rahmen einer Gemeinde, eines ganzen Volkes oder der gesamten Menschheit. Im Grunde genommen gehören zu den allgemeinen Glaubenssätzen politische ebenso wie philosophische Aussagen und sämtliche Statements, die aus dem wissenschaftlich-technischen Bereich stammen. Entscheidend für Sie an diesen Aussagen ist, ob Sie es persönlich glauben oder nicht.

Es gibt Menschen, denen es grundsätzlich egal ist, was andere glauben. Sie sind nur von dem überzeugt, was sie selbst sehen, erlebt haben oder in sonst irgendeiner Form als Glauben adaptiert haben. Diese Menschen gehen die Dinge revolutionärer an als andere. Manche Menschen wiederum glauben das, was jeder glaubt, genau aus diesem Grund. Daß diese allgemeinen Glaubenssätze oftmals nur einen Zeitausschnitt unserer Gesellschaft repräsentieren und in einem späteren Zeitabschnitt als unwahr entdeckt werden, ist das, was wir allgemein als Geschichte oder Historie bezeichnen.

Ohne solche Glaubenssätze, die zu einem bestimmten Zeitpunkt von neuen Glaubenssätzen überholt wurden, gäbe es keine Geschichte der Menschheit. Nichtsdestotrotz bergen auch diese Glaubenssätze gewisse Gefahren in sich, limitieren den Einzelnen und die Gesellschaft. Eines der wohl herausragenden Beispiele in der Geschichte ist der Fall der Berliner Mauer, die Auflösung des Ostblocks und der Niedergang des Kommunismus. Millionen von Menschen haben am Kommunismus festgehalten und die Glaubenssätze, die die Philosophie der Oststaaten vermittelte, als wahr und richtig empfunden. Menschen, die in dieses System hineingeboren wurden, haben diese allgemeinen Glaubenssätze als Standard hingenommen, und nur wenige von ihnen, die Revolutionäre, trennten sich von diesen Glaubenssätzen und versuchten, es anders zu machen.

Nur diesen Menschen ist es zu verdanken, daß die Berliner Mauer niedergerissen wurde. Sie waren es, die sich gegen die allgemein akzeptierten Glaubenssätze gesträubt und aufgelehnt haben und mit Überzeugung und Eifer daran arbeiteten, diese Glaubenssätze zu zerstören und eine neue Form der Gesellschaft herbeizuführen. Dieses Vorgehen können wir in der gesamten Geschichte der Menschheit immer wieder entdecken. Jedesmal, wenn eine politische Änderung oder eine Änderung in der Philosophie oder Religion stattgefunden hat, lag es daran, daß einige Menschen die allgemein akzeptierten Glaubenssätze nicht mehr mit ihren eigenen Zielen übereinstimmen sahen und somit versucht haben, die allgemeinen Glaubenssätze zu zerstören und neue zu etablieren. Immer, wenn dies gelang, kam es dann zu neuen Glaubenssätzen, die wiederum das Leben der Menschen in dem betreffenden Teil der Erde beeinflußten und neu regelten. Die gesamte Evolution des Menschen hat unmittelbar mit allgemeinen Glaubenssätzen zu tun.

Auch allgemeine Glaubenssätze sind, wie jeder andere Glaubenssatz, in zwei Kategorien aufzuteilen, nämlich in die gute und in die schlechte. Die guten, die unser Zusammenleben regeln und dafür sorgen, daß alles geordnet und regelmäßig zugeht, daß jeder seine eigenen Freiheiten ausleben kann, ohne daß er dabei andere behindert oder zu sehr einengt, diese guten Glaubenssätze beinhalten alle Regeln, Verordnungen und Gesetze, die dafür sorgen, daß die Menschen sozial, fair und gerecht miteinander umgehen könnten.

Sicher gibt es unterschiedliche Auffassungen dieser Art von Glaubenssätzen gegenüber, denn wer ist schon mit allen Gesetzen einverstanden? Generell jedoch kann man sicher leichter die positiven Aspekte in guten Glaubenssätzen entdecken als in weniger guten. Negative Glaubenssätze limitieren die Menschheit und insbesondere das Individuum. Limitierende Glaubenssätze haben sich immer dann als unwahr herausgestellt, wenn Individuen das Gegenteil beweisen konnten. Nur durch deren Einstellung konnte sich die Menschheit weiterentwickeln, und in diesem Buch sollen Sie ebenfalls die Möglichkeit erhalten, Glaubenssätze zu entdecken, diese, wenn nötig, zu verändern und der Menschheit das Gegenteil von dem zu beweisen, was bisher als allgemein anerkannter Glaube akzeptiert wurde. Nur durch die stete Arbeit an allgemeinen Glaubenssätzen kam es zu großen Durchbrüchen für die Menschheit.

Der Traum vom Fliegen

Einer der wohl wesentlichen Glaubenssätze, die die Menschheit durchbrochen hat, war der Traum vom Fliegen. Es war einmal eine Zeit, in der die Menschen das Rad erfanden und in der sie nach und nach immer mehr Möglichkeiten seiner Verwendung herausfanden. In dieser Epoche konnten die Menschen schwimmen und sich auf Rädern fortbewegen. Hätten Sie jedoch damals einen dieser Zeitgenossen gefragt, ob der Mensch auch irgendwann einmal fliegen könne, so hätte man Sie garantiert für verrückt erklärt und Ihnen entrüstet entgegnet: »Nein, niemals, Menschen können nicht fliegen und werden es auch nie können.«

Dieser vorherrschende Glaubenssatz wurde, wie wir alle wissen, später dann doch durchbrochen. Flugpioniere haben mit den unmöglichsten Geräten versucht, diesen Glaubenssatz zu durchbrechen und so lange nicht lockergelassen, bis sie es endlich zum Nutzen der Menschheit schafften. Heutzutage, im Zeitalter der Düsenjets, ist es überhaupt kein Problem mehr, innerhalb weniger Stunden von einem Kontinent zum anderen zu gelangen. Menschen können fliegen, zumindest mit der Hilfe technischer Mittel.

Gleiches gilt für andere Glaubenssätze, die durch die Forschungsfreude und vor allen Dingen durch das In-Frage-Stellen der betreffenden Glaubenssätze von Menschen nachhaltig verändert wurden. Glauben Sie, daß die Menschen um die Jahrhundertwende sich jemals vorgestellt hätten, daß einer von ihnen auf dem Mond landen würde? Glauben Sie heute, daß der Mensch irgendwann einmal auf dem Mars, Pluto oder auf der Venus landen wird?

Die Wahrscheinlichkeit, daß der Mensch das Weltall entdeckt, wird immer größer, je weiter die Fortschritte in der bemannten Raumfahrt gedeihen. Daher fällt es uns heute leichter zu sagen, daß wir an den Flug auf den Mars glauben. All dies ist geschehen, weil revolutionäre Menschen einfach gegen bestehende Glaubenssätze angekämpft haben und die Aussage »der Mensch kann nicht fliegen« nicht als wahr akzeptiert haben.

Wir sind von allgemeinen Glaubenssätzen umzingelt, und es liegt an Ihnen, diese ausfindig zu machen und für sich selbst zu adaptieren. Viele gute Glaubenssätze helfen uns beim täglichen Zusammenleben in unserer Stadt, unserem Land, auf unserer Welt. Andere limitieren uns, ohne daß es Sinn machen würde. Achten Sie darauf, was Sie als Glaubenssatz hören, und formulieren und hinterfragen Sie, ob es tatsächlich so sein muß, wie die Allgemeinheit annimmt.

Stellen Sie sich deshalb immer die Frage: »Ist jeder allgemeine Glaubenssatz zwangsläufig auch für mich gültig?« Möchten Sie nicht lieber zu den Menschen gehören, die die Sache eher revolutionär angehen, die etwas erreichen, die für sich selbst und meist auch für andere mehr erreichen? Dies geschieht durch diese eine Frage und wenn Sie ungeprüfte Glaubenssätze nicht immer automatisch annehmen.

Glaubenssysteme

oder

warum Sie, wenn Sie schon immer diesen Weg gefahren sind, immer an dem gleichen Punkt ankommen

Können Sie in ein Motorboot steigen, losfahren und eine wunderschöne Zeit auf dem Meer verbringen? Einige von Ihnen werden sicher diese Frage mit »Ja« beantworten, da sie gelernt haben, mit einem Motorboot umzugehen. Andere von Ihnen werden sagen: »Nein, kann ich nicht, doch ich werde es sicher irgendwann einmal lernen.« Die dritte Gruppe, die sich unter dem Einfluß eines Glaubenssystems befindet, das wir als das Techniksyndrom bezeichnen, wird jedoch auf diese Frage antworten: »Nein, das kann ich nicht, und ich kann es auch nicht lernen, weil mir das technische Verständnis für die Bedienung eines solchen Motors fehlt. Ich bin technisch unbegabt.«

Diese Menschen können weder erlernen, wie ein Motorboot zu steuern ist, noch wie ein Bus zu fahren ist oder wie andere technische Dinge zu handhaben sind. Sie leben in einem Glaubenssystem, dessen Glaubenssatz ganz einfach heißt, daß sie technisch unbegabt seien. Leider ist das Techniksyndrom sehr häufig bei Frauen vorzufinden, die in jahrelanger Kleinarbeit überzeugt wurden, daß Technik Männersache sei. Im Grunde genommen fängt es schon im Vorschulalter an. Das Mädchen spielt mit Puppen, der Junge bekommt ein technisches Spielzeug.

Diese Überzeugung ist derart manifestiert, daß hieraus ein Glaubenssystem entstanden ist, nämlich eine Abhängigkeit von mehreren Glaubenssätzen, die auf eine oder mehrere Überzeugungen zurückzuführen ist. Glaubenssysteme sind oftmals sehr komplex. Es bedarf erhöhter Aufmerksamkeit, ein solches zu erkennen. In der Regel begegnen Sie dann einem Glaubenssystem, wenn bei dem Versuch der Veränderung des speziellen

Glaubens ein weiterer Glaubenssatz auftaucht. Die Abhängigkeit mehrerer Glaubenssätze voneinander ist das, was man als Glaubenssystem bezeichnen kann.

Auch Glaubenssysteme können Sie mit den Techniken dieses Buches ändern und auflösen. Meistens ist dies jedoch nicht in einem Schritt möglich, sondern es bedarf mehrerer Schritte dazu. Die grundlegenden Techniken bleiben allerdings genau dieselben. Wichtig ist nur, daß Sie sich nicht entmutigen lassen und nicht plötzlich in eine Art Sackgasse geraten, weil Sie bei der Auflösung des einen Glaubenssatzes auf einen neuen und stärker manifestierten stoßen, den Sie im Moment nicht auflösen können. Denken Sie immer daran, daß es sich nur um Glaubenssätze handelt, also nur um eine momentane Annahme, die in der nächsten Minute ins Gegenteil übertragen werden kann.

Glaubenssätze bestehen lediglich aus Annahmen und Überzeugungen; Glaubenssysteme ebenfalls. Beide können jederzeit verändert werden. Das ehemals Gelernte können Sie heute noch umlernen, anders deuten und für sich selbst daraus eine andere Wahrheit ableiten.

Verallgemeinerungen führen zu Glaubenssystemen

Eine andere Art des Glaubenssystems, auf die wir Ihre Aufmerksamkeit ganz besonders lenken möchten, ist die Verallgemeinerung von Zuständen. Diese Verallgemeinerung ist irgendwo zwischen Glaubenssätzen und Glaubenssystemen anzusiedeln, neigt jedoch durch ihre Komplexität mehr dazu, der Kategorie der Glaubenssysteme zugehörig zu sein.

Eines Tages kam Joe völlig entmutigt nach Hause. Seine Frau fragte ihn, was er denn habe. Joe antwortete: »Ich bin ein Versager, nichts gelingt mir.« Hier haben wir es zunächst augenscheinlich mit einem Glaubenssatz zu tun. In Wirklichkeit liegt die Wahrheit tiefer. Lesen Sie, warum Joe diesem Glauben folgt.

Glaubenssysteme

Susanne: »Was soll das bedeuten, du bist ein Versager? Warum bist du ein Versager?«

Joe: »Weil mir nichts gelingt.«

Suanne: »Das stimmt doch überhaupt nicht. Erst gestern hast du die Pumpe für unsere Bewässerungsanlage im Garten repariert.«

Joe: »Naja, aber in der Firma, bei wichtigen Dingen, da versage ich immer.«

Sie sehen, hier macht Joe schon eine Einschränkung zu seinem Glaubenssatz, indem er sagt, er sei nicht immer ein Versager, nur bei den wichtigen Dingen in seinem Berufsleben. Wenn Sie diesen Dialog nun fortsetzen würden, so gelangten Sie schnell an den Punkt, wo Sie feststellten, daß etwas Spezifisches im Leben von Joe am heutigen Tag schiefgegangen ist und er dadurch entsprechende Nachteile in Kauf nehmen mußte.

Joe hat jedoch mehr getan, als lediglich diesen Nachteil zur Kenntnis zu nehmen und zu akzeptieren. Er hat tatsächlich aus dem einen spezifischen Nachteil die Ableitung einer Vielzahl von Glaubenssätzen wie »Ich bin ein Versager, ich kann nichts, alles Wichtige geht schief« hergestellt und zu einem Glaubenssystem zusammengebaut. Diese Form der Verallgemeinerung ist sehr häufig anzutreffen und gehört zu einer der gefährlichsten Spezies von Glaubenssystemen, die wir überhaupt kennen. Diese Glaubenssysteme limitieren nicht nur in einem bestimmten Bereich, sondern sie lähmen eventuell den gesamten Menschen derart, daß er manchmal alleine nicht mehr überlebensfähig ist.

Der Ursprung von Depression basiert oftmals auf der reinen Annahme solcher Glaubenssysteme. In vielen Fällen kann der vermeintlich Kranke geheilt werden, wenn man das falsche Glaubenssystem dieses Menschen zerschlägt und ihn vom Gegenteil überzeugt.

Also denken Sie daran: Immer, wenn Sie aus einer spezifischen Aktion einen allgemeinen Glauben ableiten und dieser Sie nicht in der spezifischen Aktion limitiert, sondern generell einschränkt, haben Sie es mit einer der gefährlichsten Sorten von Glaubenssätzen bzw. Glaubenssystemen zu tun. Achten Sie deswegen sehr genau darauf, ob Sie immer versagen oder nur einmal in einem speziellen Fall versagt haben. Ob Sie immer zu dumm sind, um diese Art von Aufgaben zu lösen, oder ob es nur diese eine spezielle Aufgabe war, für die Sie nicht genügend Informationen zur Verfügung hatten, um sie zu lösen.

Verallgemeinern Sie nie, sondern überlegen Sie sehr genau, was speziell dieses Ergebnis herbeigeführt haben könnte und warum Sie gerade in diesem Fall nicht besonders erfolgreich waren. Jede Verallgemeinerung lähmt Sie langfristig und führt zur Etablierung von Glaubenssystemen, die Ihr Leben unnötig behindern.

Falls Sie ein solches Glaubenssystem aufdecken, fangen Sie sofort an, es zu hinterfragen. Warum glaube ich, daß ich Mathematik nicht kann? Was genau hat mich überzeugt, daß ich zum Redner nicht geboren bin? Analysieren Sie Ihr Glaubenssystem, und finden Sie sofort entsprechende Gegenbeispiele. Wann habe ich zum letzten Mal einem anderen Menschen etwas Wichtiges mitgeteilt? Wann habe ich in der jüngeren Vergangenheit einer Gruppe von Leuten etwas erklärt? Im Büro, im Sportverein, in der Kneipe, bei einer Diskussion über das unglückliche Tor bei der letzten WM im Endspiel Deutschland – Bulgarien. Schon sehr schnell entdecken Sie, daß Ihr Glaube, kein guter Redner zu sein, nicht immer stimmt. Mag ja sein, daß Sie in einem speziellen Fall in der Vergangenheit bei einer Rede nicht die besten Leistungen zeigten. Dies hatte sicher einen entsprechenden Grund. Vielleicht waren Sie nicht ausgeschlafen, oder Sie hatten sich ganz einfach nicht genügend vorbereitet. Egal, warum diese Rede nicht besonders gelobt wurde, Ihre Reden im restlichen Leben jedenfalls wurden durch Leute, die Ihnen interessiert zuhörten, belohnt.

Glaubenssysteme

Warum sind Sie also ein schlechter Redner? Weil Sie ein Glaubenssystem durch Verallgemeinerung geschaffen haben. Sobald Sie anfangen, die Verallgemeinerung aufzuheben, fühlen Sie sich frei, selbst im Hyde-Park-Corner eine Rede zu halten.

Menschen, die sich durch Verallgemeinerungen isolieren und limitieren, trifft man leider sehr häufig. Neben der Ableitung von einem spezifischen Vorfall als Beispiel dafür, daß man etwas nicht kann, gibt es buchstäblich noch eine andere Technik, sich nicht so gut zu fühlen.

Manche Menschen sagen: »Ich war schon immer ein Versager« oder »Ich bin immer benachteiligt.« In diesen Fällen gehen Menschen davon aus, daß sie gegen dieses Grundsätzliche nichts unternehmen können, und akzeptieren diese Verallgemeinerung. Ganz sicher gibt es im Leben eines jeden auch entsprechende Gegenbeispiele, und hier hilft alleine der Wille, Gegenbeispiele zu finden, oft wahre Wunder.

Hüten Sie sich in diesem Zusammenhang unbedingt vor Verallgemeinerungen und dem Wort »immer«. Sie benutzen oder kreieren nur ein Glaubenssystem, das Sie unnötig behindert und Ihnen in Zukunft im Wege steht.

Konditionierte Reaktionen

oder

warum Sie immer rot sehen, wenn jemand sich vor Ihnen in die Schlange an der Kasse drängt

Gegen Ende des neunzehnten Jahrhunderts machte der russische Physiologe Iwan Pawlow (1849 – 1936) eine Zufallsentdeckung; er fand die Prinzipien des klassischen Konditionierens. Vielleicht ist Ihnen dieser Begriff eher unter der Bezeichnung »Konditionierung nach Pawlow« bekannt. Nun, was war denn eigentlich diese bahnbrechende Entdeckung, für die Herr Pawlow im Jahre 1904 sogar den Nobelpreis erhielt?

Pawlow untersuchte die Verdauungsprozesse bei lebenden Tieren. Hierzu ließ er in die Drüsen und Verdauungsorgane von Hunden Schläuche einpflanzen, welche die Sekrete des Magens auch nach außen abführten, so daß er diese untersuchen konnte. Um diese Sekretion auslösen zu können, wurden die Hunde mit Fleischpulver gefüttert. Nachdem dies mehrere Male praktiziert wurde, machten Pawlow und seine Assistenten eine seltsame Entdeckung. Die Sekretion der Hunde begann schon, bevor sie das Futter überhaupt ins Maul gestopft bekamen. Sie begann bereits beim bloßen Anblick des Futters, später sogar beim bloßen Anblick der Assistenten oder wenn sie deren Schritte hörten. Pawlow entdeckte, daß jeder Reiz, der mit der Fütterung zusammenhing, anstelle des Futters die Sekretion auslösen konnte. Pawlow ging diesen Phänomenen, die ihm als Physiologen natürlich nicht viel sagten, nach und widmete sich im Alter von fast 50 Jahren der Untersuchung dieser grundlegenden Form des Lernens.

Beim klassischen Konditionieren also lernt der Organismus eine neue Assoziation zwischen zwei Reizen. Es wird ein neutraler Reiz mit einem unkonditionierten Reiz gepaart. Wenn dann der vormals neutrale Reiz die entsprechende Reaktion auslöst, so sprechen wir von einer konditionierten Reaktion, der neutrale Reiz ist zum konditionierten Reiz geworden.

So, genug von den wissenschaftlichen Hintergründen und weiter im Text mit Ereignissen aus unserem täglichen Leben.

Überlegen Sie sich bitte einmal, welche Antwort Sie erhalten, wenn Sie 100 Leuten, die vor Ihnen sitzen, die Frage stellen: »Wer von Ihnen hält im Normalfall an einer roten Ampel an?«

Endlich einmal eine Frage, die mit hoher Wahrscheinlichkeit 100 Prozent Ja-Stimmen erhält, jede politische Partei würde sich freuen, so eine hohe Zustimmung zu erreichen. Vielleicht werden Sie jetzt sagen, das ist doch auch völlig normal, denn wer hält nicht vor roten Ampeln! Sie glauben also, daß jeder im Normalfall vor einer roten Ampel hält? Sie haben sicher recht, zumindest was unsere westliche Welt betrifft und andere Teile der Erde, in denen das uns bekannte Ampelsystem vorzufinden ist. Ganz so selbstverständlich, wie uns dieses Verhalten vorkommt, ist es nun auch wieder nicht.

Stellen Sie doch ganz einfach dieselbe Frage einer Gruppe von zwei- bis vierjährigen Kleinkindern. Wie glauben Sie, lautet nun die Antwort?

Sie werden irgendeine Antwort erhalten. Das Resultat ist in keinem Fall vorhersehbar. Das bedeutet, daß es nicht selbstverständlich ist, daß der Mensch vor einer roten Ampel anhält. Es bedarf eines gewissen Trainings und einer Schulung, um so zu handeln; es bedarf also einer Konditionierung.

Wenn man Menschen entsprechend trainiert, dann halten sie in normalen Situationen immer vor roten Ampeln. Sie halten sogar dann, wenn sie nicht besonders konzentriert sind. Sicher haben Sie persönlich schon erlebt, daß Sie mit dem Auto eine Straße entlangfuhren, ohne sich dessen besonders bewußt zu sein. Sie waren am Tagträumen. Trotzdem haben Sie vor der roten Ampel angehalten. Sie sehen also: Irgendetwas passiert im Menschen und bewirkt den »Anhalteeffekt« in solchen Situationen. Dieses Irgendetwas ist ein trainierter und erlernter Auslöser, der in der Regel das Unterbewußtsein anstößt, irgendeine Aktion oder richtiger eine Re-aktion zu veranlassen.

Diese Art der Re-aktion ist jedoch nicht zu vergleichen mit der Re-aktion, die das vegetative Nervensystem veranlaßt, wenn Sie zum Beispiel auf eine heiße Herdplatte fassen und binnen Bruchteilen von Sekunden re-agieren und die Hand zurückziehen.

Reaktion kommt von Aktion

Was ist nun eine Re-Aktion? Als Reaktion bezeichnen wir Aktionen als Quasi-Antwort auf eine vorhergegangene Aktion. Als Aktion hingegen bezeichnen wir Aktionen, die ohne vorhergegangene Aktion stattfinden. Der Mensch reagiert also auf etwas Vorhergegangenes. In unserem Beispiel reagieren Menschen auf ein rotes Licht im Straßenverkehr und halten ihr Kraftfahrzeug vor der Ampel an. Fußgänger halten genauso an und überqueren die Straße in aller Regel nicht – es gibt Ausnahmen, besonders in New York.

Die rote Ampel ist also der Auslöser oder die vorangegangene Aktion, die die Re-Aktion, nämlich anzuhalten, in uns veranlaßt. Diese Reaktion funktioniert immer automatisch, ohne daß man besonders darüber nachdenken müßte. Da es sogar funktioniert, wenn Sie nicht besonders konzentriert sind, können Sie sicher davon ausgehen, daß diese Reaktion vom Unterbewußtsein ausgelöst wird.

Jetzt wissen Sie, wie eine konditionierte Reaktion funktioniert. Ein Auslöser, die Kondition, bewirkt eine unbedingte Reaktion mit Hilfe des Unterbewußtseins. Diese Art der Reaktion ist erlernbar und kann trainiert werden, wie Sie am Beispiel der roten Ampel ganz deutlich erkennen. Im Gegensatz dazu kann eine Reaktion des vegetativen Nervensystems nicht trainiert werden. Sie ziehen garantiert Ihre Hand unglaublich schnell von einer heißen Herdplatte zurück; und das können Sie nicht trainieren.

Sie erkennen auch daran, daß ein Baby zu einer gleichen Reaktion veranlaßt wird, daß es keine erlernbare und steuerbare Handlung ist und sich dadurch von konditionierten Reaktionen wesentlich unterscheidet.

Diese Art von Verhalten des Babys ist eine Reaktionstendenz, welche unabhängig vom Lernen auftritt. Hierzu gehören die Reflexe, die den Menschen davon abhalten, die heiße Herdplatte zu berühren. Bei Neugeborenen sind in erster Linie die Saugreflexe vorhanden. Wenn Sie selbst Kinder haben, wissen Sie sicher längst, daß Sie dem Säugling lediglich Ihren Finger in den Mund stecken müssen, damit dieser sofort zu saugen beginnt. Dieses Phänomen ist auch bei Tierbabies zu beobachten. Ein anderer angeborener Reflex ist der Schutzreflex des Augenlides. Auch hier wurde vorher nicht gelernt, sondern wir sind schon mit diesem Reflex von vornherein ausgestattet worden.

Nun aber zurück zu den konditionierten Reaktionen. Im Beispiel mit der roten Ampel ist diese konditionierte Reaktion sicher enorm hilfreich und gut. So lassen sich jede Menge positiver konditionierter Reaktionen finden. Sind alle konditionierten Reaktionen positiv? Die Antwort auf diese Frage ist leider ein klares und entschiedenes Nein.

Wir kämpfen täglich mit einer Vielzahl von unbewußt ablaufenden, konditionierten Reaktionen. Daß dies unbewußt geschieht, liegt nun mal in der Natur der Sache. Die Abläufe limitieren uns jedoch eventuell ganz enorm und können mit sehr starken Glaubenssätzen verbunden sein.

»Ich bin schlecht in Mathematik.« Dieser Glaubenssatz bewirkt sicher in vielen Menschen, für die er wahr ist, daß sie es erst gar nicht versuchen, weil sie es ja nicht können. Hier löst ein Glaubenssatz eine konditionierte Reaktion aus. Wenn man erforscht, wie ein solcher Glaubenssatz entsteht, so findet man die Gründe oft schon im Vorschulalter bzw. in den ersten Schuljahren.

Es ist nun einmal so, daß nicht jedes Kind dieselben Fähigkeiten aufweist wie andere Kinder seiner Altersgruppe, und schon hört man: »Genau wie der Opa, der konnte auch nicht mit Zahlen umgehen. Konzentriere dich lieber auf Biologie, darin war Opa ein Meister.« Und schon ist die konditionierte Reaktion mit eventuell verheerenden Folgen programmiert.

Zukünftig wird sich das Kind keine besondere Mühe mehr im Mathematikunterricht geben. Der Glaubenssatz bewirkt, daß es sich mehr auf andere Dinge konzentriert, weil es in Mathematik sowieso keine Chance hat. Das Resultat läßt sich leicht vorhersagen. Das Kind zeigt tatsächlich enorme Schwierigkeiten beim Rechnen, denn es versucht erst gar nicht, gut zu sein. An diesem Beispiel läßt sich leicht erkennen, wie gewaltig und gefährlich konditionierte Reaktionen in Verbindung mit etablierten Glaubenssätzen sind. Betrachtet man die mögliche Zukunft des Kindes, so kommt man leicht zu dem Ergebnis, wie limitiert sein Leben ablaufen könnte.

Wenn das Kind aus diesem Beispiel nun in das Arbeitsleben eintritt, wird es möglicherweise immer noch große Schwierigkeiten beim Rechnen haben. Der dann Erwachsene kann als Folge davon weder mit Geld umgehen noch einen technischen Beruf ausüben. Was soll aus ihm werden? Vielleicht kann er Kellner werden? Nein, leider nicht, denn er muß ja eventuell auf einen Hundertmarkschein herausgeben. Eine ganze Menge anderer Berufe scheiden ebenfalls aus, und es kommt zu einer starken Einschränkung bei diesem Menschen. Wie dem auch sei – hüten Sie sich vor dieser Art der konditionierten Reaktion.

Andere konditionierte Reaktionen sind eventuell nicht an einen Glaubenssatz gebunden und genauso gefährlich oder auch ungefährlich.

Eine konditionierte Reaktion gab diesem Buch den Namen.

Peter und Gaby saßen während eines schönen sonnigen Tages auf dem Balkon ihrer gemeinsamen Wohnung. Während Peter intensiv in einem Buch las, studierte Gaby einen schwierigen Sachverhalt in einer parapsychologischen Abhandlung. Sie hat dabei oft die Angewohnheit, wichtige Inhalte halblaut zu lesen.

Peter fühlte sich allerdings dadurch nicht gestört und konzentrierte sich auf sein Buch. Seine Aufmerksamkeit wurde allerdings sofort aktiviert, als Gaby mit den Worten »Hase, hast du ...?« eine Frage an ihn richtete.

Das war eine klassische konditionierte Reaktion. Obwohl die Konzentration eines Menschen zu 100 % auf etwas anderes gerichtet ist, gibt es bei vielen einen speziellen Auslöser, der die sofortige Aufmerksamkeit veranlaßt. Sie erkennen daran, daß der Mensch eigentlich niemals zu 100 % auf eine Sache konzentriert ist. Es ist wohl nur unser Bewußtsein, welches derart konzentriert zu sein scheint. Das Unterbewußtsein hält sich immer noch ein paar Prozent offen, um die Konzentration blitzschnell in eine andere Richtung zu lenken.

Wie gefährlich sind negative konditionierte Reaktionen? Sehr gefährlich, unter Umständen. Die besondere Schwierigkeit ist, daß jede konditionierte Reaktion unbewußt abläuft. Das heißt, Menschen reagieren so automatisch, daß sie nicht darüber nachdenken, was sie tun. Dabei macht das Unterbewußtsein keinen Unterschied, ob das Ergebnis zunächst einmal gut oder schlecht ist. Denn das Unterbewußtsein hat diese Reaktion einmal gelernt und benutzt sie genau so, wie der Mensch es gelernt hat.

Es gibt eine weitere Gemeinsamkeit von guten und schlechten konditionierten Reaktionen. Jede Art der konditionierten Reaktion limitiert. Das ist gut so, wenn es eine positive Reaktion ist und diese uns vor Schaden bewahrt. Dies ist schlecht, wenn Sie es mit einer negativen Reaktion zu tun haben, die Ihnen eventuell die Freude an gewissen Dingen nimmt.

Solche Limitationen finden Sie bei jedem Menschen zuhauf. Immer limitiert sich dieser Mensch mehr oder weniger stark. Manche Menschen sieht man zum Beispiel in einem Kaufhaus beim Shoppen, und plötzlich geraten diese Kunden in Panik und laufen so schnell wie möglich hinaus. Irgendein Auslöser, zum Beispiel, daß sich das Kaufhaus füllte, führt bei diesen Menschen zu einem Gefühl des Erdrücktwerdens.

Viele fahren jeden Tag den gleichen Weg zu ihrem Arbeitsplatz. Sie verwenden immer die gleiche Straße, halten an den gleichen Ampeln und kennen die Strecke schon im Schlaf. Natürlich ist diese Strecke die kürzeste, und es macht Sinn, diesen Weg zu nehmen. Die Fahrt zum Arbeitsplatz wird so automatisiert, daß es schon mal vorkommen kann, daß derjenige ganz woanders hin will und plötzlich auf dem Firmenparkplatz parkt. Wenn Sie auch immer den gleichen Weg zu Ihrer Arbeitsstelle nehmen, sollten Sie einmal bewußt einen anderen Weg nehmen. Sie werden sich wundern, welch neue Erfahrung das in Ihr Leben bringen kann. Lassen Sie sich also nicht von einem Automatismus lenken, der über Ihr Leben bestimmt.

Muster unterbrechen

Und genau mit dieser Art des Verhaltens können Sie Ihr Leben sofort verbessern. Unterbrechen Sie die unangenehmen und negativen Verhaltensmuster. Achten Sie auf konditionierte Reaktionen. Sobald Sie eine solche erkennen oder auch nur glauben, eine solche zu erkennen, verhalten Sie sich im gleichen Moment anders. Bei einer Wiederholung, das heißt, wenn Sie erkennen oder glauben, daß diese Reaktion schon wieder da ist, verhalten Sie sich sofort anders, idealerweise so wie beim ersten Mal. Wenn Sie Ihr Verhalten mehrmals ändern, so haben Sie eine neue konditionierte Reaktion verankert, diesmal mit positivem Ergebnis. Denken Sie immer daran, daß Sie alleine Ihr Verhalten jederzeit verändern und beeinflussen können. Das unterscheidet den Mensch von Pawlows Hunden.

Nehmen Sie zum Beispiel die Sache mit dem Rauchen. Wollen Sie aufhören zu rauchen? Wenn ja, hören Sie sofort damit auf. »Das geht nicht«, sagen Sie, »ich bin süchtig!« Zunächst einmal vernichten Sie den dummen Glaubenssatz, daß Sie süchtig sind. Wenn Sie ab sofort nicht mehr süchtig sein wollen, dann brauchen Sie es auch nicht mehr zu sein.

Als nächstes suchen Sie die Umstände, in denen Sie rauchen. Suchen Sie nach der entsprechenden Kondition, die Sie veranlaßt, nach einer Zigarette zu greifen. Es passiert immer, wenn Sie eine Pause machen? Gut, tun Sie etwas anderes, wenn Sie eine Pause machen. Genau so, wie Sie gelernt haben, eine Zigarette zu rauchen, wenn Sie eine Pause haben, können Sie auch lernen, ein Glas Wasser zu trinken. Starten Sie sofort in der nächsten Pause damit, ein entsprechendes Glas Wasser zu trinken. Noch besser ist es, wenn Sie dieses Glas erst noch besorgen müssen. Wenn Sie entsprechend oft anstelle der Zigarette ein Glas Wasser getrunken haben, wird die neue Reaktion auf die Kondition, nämlich die Pause, zu einer neuen und sicher gesünderen Reaktion. Sie haben dann Ihrem Unterbewußtsein beigebracht, nach einem neu gelernten Muster zu reagieren.

Wichtig ist also, wenn Sie ein bestimmtes Muster erkennen oder auch nur glauben, eines zu erkennen, daß Sie dieses Muster radikal unterbrechen und die ablaufende Reaktion in eine neue gewünschte Richtung lenken. Je radikaler, desto besser.

Die SWISH-Technik

Im Rahmen der NLP-Methode (neurolinguistisches Programmieren) gibt es eine Technik, die Ihnen helfen kann, konditionierte Reaktionen zu verändern und aus einem unangenehmen Automatismus eine angenehme Sache zu machen. Diese Technik heißt SWISH-Technik. Um Ihr unangenehmes Verhalten loszuwerden – nachdem Sie es natürlich erst einmal identifiziert haben –, stellen Sie sich diese Angewohnheit einfach einmal im Geiste vor. Idealerweise sehen Sie nun ein Bild, in dem Sie selbst gerade zum Beispiel zur Zigarette greifen. Wenn Sie sich das nicht oder nur sehr schwer bildlich vorstellen können, überspringen Sie bitte diesen Absatz, und kehren Sie nach vollständiger Lektüre des Buches wieder hierhin zurück. Wir werden Ihnen später einige Techniken vermitteln, die Sie als Grundlage für diese Übung brauchen können.

Wenn Sie sich jedoch solche Bilder jetzt schon vorstellen können, dann stellen Sie sich nun einmal vor, wie Sie zu einem Glas Wasser greifen oder eine andere angenehme Tätigkeit ausüben, als Ersatz für die nicht gewünschte Reaktion. Jetzt stellen Sie sich beide Bilder auf einmal vor. Das schlechte noch so, als ob Sie es alleine produzieren, das gute ganz klein in die Ecke. Wenn Sie so weit sind, kann es nun zum SWISH kommen. Nehmen Sie das kleine Bild, und machen Sie es ganz schnell groß, und verkleinern Sie das große, also das schlechte, genau so schnell so klein, daß Sie es nicht mehr sehen oder nur noch als Punkt. Dieses Vergrößern und Verkleinern soll innerhalb von wenigen Millisekunden geschehen, also quasi explodieren. Wenn Sie während des Austausches dazu das Wort SWISH ganz schnell zischen, haben Sie einen kleinen Anhaltspunkt für die notwendige Geschwindigkeit.

Diesen Vorgang nennt man also SWISH. Den SWISH wiederholen Sie bitte mindestens fünf- bis siebenmal in exakt der gleichen Weise mit der gleichen Bildeinstellung. In aller Regel ist Ihre konditionierte Reaktion jetzt umgelernt, und Sie greifen nicht mehr zur Zigarette, sondern nun, bei dem gleichen Auslöser, zum Glas Wasser.

Sollte es dennoch dazu kommen und Sie sich dabei erwischen, wie Sie sich eine Zigarette anstecken, dann heißt das nicht, daß der SWISH versagt hat, sondern dann ist das ein sehr positives Zeichen. Denn immerhin ist der Automatismus, dem Sie bisher völlig unbewußt unterlagen, bewußt geworden. Weitere SWISH-Anwendungen bringen dann in aller Regel den gewünschten Erfolg. Falls nicht, liegt unter Umständen ein verstecktes Ziel im Verborgenen, auf welches wir in einem späteren Kapitel noch zu sprechen kommen.

Die radikale Musterunterbrechung

Am Schluß dieses Kapitels noch ein Beispiel für eine konditionierte Reaktion, derer sich Peter und Gaby aus diesem Beispiel bewußt wurden. Die beiden neigten dazu, sich in jüngster Vergangenheit immer häufiger zu streiten. Dabei ging es um weniger wichtige, zum Teil sogar völlig belanglose Dinge. Die Beziehung schien daran zu zerbrechen. Beide fanden heraus, daß, wenn ein solcher Streit begann, keiner der beiden aufhören wollte und sich immer mehr in eine konträre Position begab, was zur Folge hatte, daß immer heftiger gestritten wurde.

Eine Situation, wie sie die meisten von Ihnen kennen. Der jeweilige Streit der beiden sich Liebenden wurde immer mehr automatisiert. Oft wußten die beiden am nächsten Tag nicht mehr genau, warum sie gestritten hatten. Da sie jedoch zusammenbleiben wollten und sich künftig nicht durch diese dummen Streits limitieren wollten, probierten Sie erfolgreich die Technik der radikalen Musterunterbrechung aus.

Einer der beiden begann zu diesem Zweck in den Anfängen des Streits, den anderen anzulächeln. Das Lächeln wurde immer stärker und endete oft in einem herzhaften Lachen. Nach mehrmaliger Musterunterbrechung durch Lächeln mit anschließendem herzhaften Lachen stimmte der andere immer schneller in dieses Lachen ein. Die automatisch ablaufenden Streitereien gehörten fortan der Vergangenheit an.

Bei der Anwendung der Unterbrechungstechnik, wie in dem letzten Beispiel beschrieben, sollten Sie allerdings unbedingt darauf achten, daß diese Technik von beiden Beteiligten akzeptiert und angewandt wird. Falls nur einer der beiden ohne Wissen des anderen die Technik anwendet, kann dies die Situation natürlich unter Umständen verschärfen.

Falls Sie diese Regeln beachten, steht Ihnen nichts mehr im Wege, und Sie können ab sofort Ihre unangenehmen negativen Reaktionen loswerden.

Glaubenssätze sind auch nur Worte

oder

warum Worte nicht nur Schall und Rauch sind

Wenn Sie einmal Glaubenssätze auf Gemeinsamkeiten hin untersuchen, so werden Sie feststellen, daß diese formulierbar sind. Sie sind in der Lage, jederzeit Ihre Überzeugung in einem bestimmten Bereich zu formulieren und einem anderen Menschen mitzuteilen. Selbst wenn Sie nur darüber nachdenken, was Sie von dieser oder jener Situation halten, können Sie das diesbezügliche Ergebnis in jedem Fall in Worte fassen. Glaubenssätze bestehen also im Grunde genommen nur aus einer Aneinanderreihung von Worten.

Wir benutzen unsere Sprache auch, um uns selbst und anderen mitzuteilen, welche Auffassungen und Einstellungen wir vertreten. Genau hier liegt die Stärke des menschlichen Wesens gegenüber unserer Tierwelt – der Mensch ist aufgrund seiner hochentwickelten Sprache in der Lage, sich anhand dieses Instruments anderen mitzuteilen. Diese Stärke des Menschen, sich äußerst facettenreich und auf hohem Niveau mitzuteilen, birgt auch gleichzeitig eine große Gefahr. Genauso wie Sprache dazu genutzt werden kann, positive Formulierungen zu verwenden, so können wir auch leicht negative Formulierungen verwenden, und gerade die sind oft der Grund dafür, daß wir uns in negativen Glaubenssätzen bewegen. Diese negativen Glaubenssätze, die oftmals nur deswegen negativ sind, weil ein einziges Wort nicht kraftvoll genug angewandt wurde, limitieren uns in unserem täglichen Dasein. Einmal erkannt, daß eine solche Limitation vorhanden ist, ist diese leicht zu beheben. Jeder negative Glaubenssatz und jede negative Formulierung können durch eine positive Aussage ersetzt werden. Sie brauchen nur darauf zu achten, welche Worte Sie benutzen, und sich dabei zu ertappen, welche negativen Aussagen diese Worte vermitteln, und schon können Sie durch Austausch von Worten oder Halbsätzen leicht Ihr Leben und das Ihrer Mitmenschen grundlegend verändern.

»Das hört sich ja gut an, aber es ist wahrscheinlich leichter gesagt als getan.« Dieser Satz vermittelt einen Glauben, nämlich den Glauben, daß es wahrscheinlich viel schwieriger ist, als Sie es hier gelesen haben. Eines ist ganz sicher, es ist natürlich viel schwieriger, als Sie es hier gelesen haben, und es ist besonders schwierig, wenn Sie noch gleichzeitig diesen Glaubenssatz als wahr betrachten. Ohne, daß Sie sich dessen bewußt werden, nehmen Sie diesen Glaubenssatz auch als wahr hin, weil Sie ihn ja nun aus einer zunächst einmal inneren Überzeugung, die vorhanden ist, so formuliert haben. Was können Sie nun dagegen tun?

Die Lösung ist ganz einfach: Sie formulieren den obengenannten Satz um! Lassen Sie den zweiten Teil des Glaubenssatzes weg, und sagen Sie statt dessen: »Das hört sich alles ganz gut an, und ich glaube, daß es auch durchaus realisierbar ist.« Wenn Sie einen solchen Satz formulieren, teilen Sie sich selbst und Ihrem Unterbewußtsein mit, daß Sie erstens bereit sind, diese Verbesserungen ab sofort durchzuführen, und zweitens, daß Sie auch an den Erfolg glauben.

Achten Sie auf Ihre Worte, achten Sie auf Ihre Sprache!

In jeder menschlichen Sprache sind machtvolle Worte genauso vorhanden wie weniger machtvolle und sogar zerstörerische. Viele dieser weniger machtvollen und zerstörerischen Worte wenden wir in unserem täglichen Leben völlig unbewußt aufgrund gängiger Sprachformen an. Dieser automatische Gebrauch von Formulierungen, die im Alltag permanent auf den Menschen einströmen, und diese allgemeinen Aussagen und Redewendungen führen oftmals dazu, daß sich dennoch kräftig beklagt wird, obwohl kein Grund zum Klagen vorliegt.

Auf den nachfolgenden Seiten finden Sie einige dieser besonders häufig verwendeten Formulierungen und Worte, die Sie auf dem Weg zu Glück, Gesundheit und Erfolg vermeiden beziehungsweise ersetzen sollten.

ABER...

oder

warum wohl nicht

Jeden noch so wunderschönen und machtvoll formulierten Satz mit positiven Worten und positiver Bedeutung zerstören Sie durch ein Wort, das im täglichen Gebrauch viele Male verwendet wird. Dieses kleine, aber äußerst bedeutungsvolle Wort ist das Wort »aber«. »Aber« ist immer eine Einschränkung, zudem ist es völlig überflüssig und kann in jedem Fall durch das kleine und weniger bedeutungsschwere Wörtchen »und« ersetzt werden. »Heute war ein wunderschöner Tag, aber gegen Abend hat es dann doch geregnet.« Sie nehmen durch die Verwendung des Wortes »aber« in diesem Satz die gesamte positive Energie aus diesem schönen Tag. Sie sollten sich nach einer solchen Formulierung fragen, was Sie eigentlich damit ausdrücken wollten. War es nun ein schöner Tag, oder war es doch kein schöner Tag, weil abends der Regen kam? Auch für sich selbst haben Sie nicht eindeutig formuliert, ob Sie den Tag nun schön fanden oder ob Sie ihn nicht so schön fanden.

Diesen Konflikt erreichen Sie jedesmal, wenn Sie das Wort »aber« benutzen. Lassen Sie es einfach weg. Sagen Sie einfach »Heute war ein schöner Tag.«

In vielen Aussagen ist es jedoch notwendig, mehr Informationen zu übermitteln, gerade in diesem Beispiel, nämlich, daß es später geregnet hat.

Wenn das Weglassen eines Wortes oder des Halbsatzes dazu führt, daß die Botschaft verstümmelt ankommt, so können Sie das Wort »aber« auf jeden Fall durch das Wort »und« ersetzen. Oftmals entstehen dadurch Wortkonstruktionen, die zunächst einmal ungewöhnlich klingen und in denen der Inhalt des Satzes in seiner positiven Ausdrucksweise verstärkt und die negative Wirkung des Wortes »aber« eliminiert wird. Inhaltlich ändert sich nichts an der Aussage: »Es war ein schöner Tag, und abends hat es geregnet.« Zumindest haben Sie durch das Ersetzen des Wortes »aber« durch »und« erreicht, daß der »negative Aspekt« dieses Tages in der Aussage so neutralisiert wurde, daß der »positive Aspekt«, nämlich der schöne Tag, nicht beeinflußt wurde.

Achten Sie auf das Wort »aber«, erwischen Sie sich dabei, wie Sie das Wort »aber« benutzen und wie Ihr Umfeld es benutzt. Streichen Sie »aber« aus Ihrem Wortschatz ganz rigoros. Ersetzen Sie es durch »und«, oder lassen Sie es einfach ganz weg. Es funktioniert in jedem Fall, und Sie erreichen so, daß Ihre Freude für Sie und für andere ungetrübt bleibt.

Das Problem mit dem Wort »Problem«

oder

warum Sie sich erst gar nicht mit Problemen beschäftigen sollten

Tom war technischer Mitarbeiter einer Computerfirma und betreute die Kunden dieser Firma in technischer Hinsicht per Telefon. In dieser Eigenschaft nahm er täglich einige Dutzend Telefonate entgegen, jeweils von Kunden, die irgendwelche Fragen zu ihrem Computer hatten. In der Regel begannen diese Kunden dann auch ihre Schwierigkeiten so darzustellen: »Gut, daß ich Sie erreiche. Ich habe da ein Problem mit meinem Computer.« Tom hörte das Wort »Problem« viele Male, und er lebte davon, die Probleme der Anrufer zu lösen. Das Problem mit den häufigen Problemen seiner Kunden war jedoch, daß er zum Schluß selber zum Problemfall wurde.

Das Wort »Problem« manifestierte sich so stark in ihm, daß er um sich herum immer mehr Probleme sah, ohne daß er sich darüber im klaren gewesen wäre, daß er es eigentlich mit ganz normalen Schwierigkeiten zu tun hatte. Ab einem gewissen Punkt war Tom in der Lage, ohne darüber nachzudenken, in einem dreiminütigen Dialog mindestens fünfmal das Wort »Problem« zu benutzen. Er brachte es sogar hin und wieder fertig, das Wort »Problem« gleich zweimal in einen Satz einzubauen, zum Beispiel: »Das Problem bei diesem Problem ist, daß ...«. Kein Wunder, daß Tom Probleme über Probleme hatte und diese sich zwangsläufig immer stärker manifestierten.

Wenn Sie auf der Suche nach Glück, Erfolg und Zufriedenheit sind, sollten Sie bitte in Zukunft das Wort »Problem« komplett vermeiden. Ersetzen Sie dieses Wort durch »Herausforderung.« Beschreiben Sie ein Problem einfach als eine besondere Situation, die Sie zu bewältigen hatten.

Das Problem mit dem Wort »Problem«

Überlegen Sie sich einmal, welche Emotionen in Ihnen erzeugt werden, wenn Ihr Mitarbeiter zu Ihnen kommt und sagt: »Wir haben ein Problem.« Stellen Sie sich nun vor, daß derselbe Mitarbeiter zu Ihnen kommt und sagt: »Wir stehen vor einer besonders kniffligen Aufgabe.« Was glauben Sie, in welchem der beiden Fälle es wohl eher zu einer effektiven Lösung kommen wird?

Es war einmal ein Chef, der zu seinen Angestellten sprach: »Ich habe gerade erfahren, daß unser größter Kunde ab nächsten Monat nicht mehr mit uns zusammenarbeiten wird. Dies ist für uns ein Problem, weil wir bisher mit diesem Kunden 30 % Umsatz erwirtschaften konnten. Das Problem vergrößert sich noch, da wir derzeit keinen Alternativkunden kennen und es auch nicht so aussieht, als ob wir unseren bisherigen Kunden zurückgewinnen könnten.«

Stellen Sie sich vor, Sie wären Angestellter dieser Firma. Versuchen Sie nachzuempfinden, wie Sie sich an diesem Abend auf dem Heimweg fühlen. Ganz sicher wäre es kein besonders schönes Gefühl. Wenn Sie darüber hinaus noch zu den Menschen gehören, die ab und zu um ihren Job bangen, dann ist diese Situation genau der richtige Anlaß, um sich Sorgen zu machen.

Falls Ihr Chef jedoch einer derjenigen Unternehmer sein sollte, welche das Wort »Problem« aus ihrem Wortschatz gestrichen haben, würde diese Mitteilung sich etwa so anhören: »Ich habe vorhin mit unserem größten Kunden, der 30% unseres Umsatzes ausgemacht hat, telefoniert, und dieser hat mir mitgeteilt, daß er ab Anfang des nächsten Monats mit einem neuen Lieferanten zusammenarbeiten wird. Dies ist eine Herausforderung für uns, die Umsatzlücke, die entstanden ist, mit einem neuen Kunden auszufüllen. Dazu gibt es zwei grundsätzliche Möglichkeiten: erstens, einen ganz neuen Kunden zu gewinnen, oder zweitens, den Umsatz bei unseren restlichen Kunden zu erhöhen. Alternativ dazu sollten wir noch einmal mit dem »alten« Kunden sprechen und herausfinden, was wir tun können, damit er weiterhin unser Kunde bleibt.«

Während Sie nach der ersten Aussage wahrscheinlich tatsächlich um Ihren Arbeitsplatz bangen müßten, stünden Sie bei der zweiten Aussage vor einer Herausforderung. Diese würde Sie noch zusätzlich motivieren und das Schicksal der Firma nicht in die Hände demotivierter Mitarbeiter legen, sondern in die Hände derjenigen, die versuchen, die Herausforderung anzunehmen und positiv umzusetzen.

Deshalb denken Sie daran: »Es gibt keine Probleme, es gibt nur Herausforderungen oder besondere Situationen.« Allein durch den Gebrauch dieser Worte anstelle des Wortes »Problem« erzielen Sie einen erstaunlich positiven Effekt für sich und Ihr Umfeld. Sie werden nach kurzer Zeit feststellen, daß Sie »Probleme« in diesem Sinne nicht mehr haben werden. Keine Probleme mehr zu haben bedeutet, dem Glück einen Schritt näher zu kommen; denn wenn Sie sich einmal überlegen, warum viele Menschen nicht glücklich sind, so werden Sie immer zu dem Ergebnis kommen, daß die Menschen Probleme haben und deshalb nicht glücklich sein können.

Unlösbare Probleme

Alles bisher Gesagte gilt selbstverständlich auch für die sogenannten »unlösbaren Probleme«. Ändern Sie diese sofort in großartige Herausforderungen oder Herausforderungen, die größer sind als alle bisherigen. Allein durch die Veränderung eines einzigen Wortes wird oft eine Aufgabe erst lösbar oder eine Situation entschärft. Kein Mensch geht davon aus, daß eine Herausforderung keine Lösung hat! Viele glauben automatisch, daß ein Problem möglicherweise keine Lösung hat, auf jeden Fall jedoch etwas Negatives ist.

Ändern Sie Ihr Leben sofort, indem Sie Schlüsselworte der Sprache durch andere, positivere ersetzen. Diese Technik funktioniert mit jedem Wort und eignet sich ausgezeichnet, um falsche Glaubenssätze zu eliminieren oder in ihrer Wirkung umzukehren und sie somit zu positiven Glaubenssätzen zu machen.

Dieses Kapitel »müssen« Sie lesen

oder

wenn Sie mal »müssen«, dann müssen Sie wirklich

Vielleicht werden Sie jetzt zu recht sagen: »Warum muß ich dieses Kapitel lesen?« Nun, die Antwort ist recht einfach, Sie müssen überhaupt nichts. Selbstverständlich müssen Sie dieses Kapitel nicht lesen, sondern Sie können es lesen, können dies jedoch auch sein lassen. Die provokante Überschrift soll Ihnen allerdings die Macht des Wortes »muß« näherbringen. Wie gefährlich diese drei Buchstaben sind und mit welcher Macht dieses Wort unser Leben beeinflussen kann, erkennen Sie leicht, wenn Sie einmal den heutigen Tag Revue passieren lassen und sich überlegen, bei wie vielen Tätigkeiten der eigentliche Auslöser ein »ich muß dieses oder jenes tun« war. Wenn Ihnen dazu die entsprechenden Beispiele eingefallen sind, so überlegen Sie einmal, ob Ihnen diese Dinge Spaß gemacht haben oder ob es eher zwanghaft für Sie war.

Das Wort »muß« wird in der deutschen Sprache als typische Umgangsform sehr häufig gebraucht, ohne daß sich irgend jemand darüber im klaren wäre, welch massiver Zwang damit auf sich selbst und auch auf andere ausgeübt wird.

Peter wollte seit ungefähr drei Jahren sein Gewicht um 5 bis 7 Kilogramm vermindern. Nachdem er diesen Entschluß gefaßt hatte, teilte er jedem mit, daß er ab sofort anfange abzunehmen, weil er abnehmen müsse. Je mehr er hungerte und darauf achtete, was er aß und auch zu welchen Zeiten er aß, desto mehr kam Peter zu dem Entschluß, daß er viel zu dick sei und unbedingt abnehmen müsse. Einladungen zum Essen lehnte er regelmäßig mit dem Hinweis ab, daß er endlich abnehmen müsse. Das Abnehmen wurde für ihn zu einer fixen Idee, und sein ganzes Leben drehte sich nur noch um diese Thematik. Zu einem bestimmten Zeitpunkt während seiner »Hungerkarriere« formulierte er folgenden Satz: »Ich habe erst zwei Kilo abgenommen, muß aber noch drei Kilo abnehmen.«

Dieser Satz spiegelt ganz deutlich seine innere Verfassung wider. Peter hatte nach all seinen Mühen also erst zwei Kilo abgenommen, und er mußte noch drei Kilo abnehmen. Sie können leicht nachvollziehen, wie schwer Peter es dadurch in seinem Leben hatte und mit welchen Zwängen er tagtäglich zu kämpfen hatte. Zwänge, die er sich selbst auferlegt hatte. Peter verstieß gegen ein kosmisches Gesetz, das immer und in jeder Situation gültig ist. Druck erzeugt Gegendruck, und Druck wird insbesondere durch das Wort »muß« generiert.

Druck erzeugt Gegendruck

Stellen Sie sich doch einmal vor, Sie wollen einen Luftballon über Gebühr aufblasen. Irgendwann wird er platzen. Warum? Ganz einfach, weil die Druckverhältnisse nicht mehr stimmen. Das gleiche geschieht, wenn Sie mit Gewalt etwas erreichen wollen. Sie erzeugen Druck, und dieser erzeugt Gegendruck. Bewirkt wird schließlich nur, daß es noch schwerer wird.

In manchen Seminaren wird eine einfache Übung durchgeführt, die Ihnen diese Zusammenhänge näherbringt. Legen Sie einfach beide Hände zusammen, und veranlassen Sie nun die rechte Hand, die linke wegzudrücken. Automatisch wird die linke sich wehren und einen Gegendruck erzeugen, um die Position nicht zu verändern. Wenn Sie sich nun jedoch darauf vorbereiten und mental damit einverstanden sind, daß die rechte die linke »verdrückt«, dann wird es leicht funktionieren, und Ihre linke Hand erzeugt keinen automatischen Gegendruck. Genau das gleiche geschieht, wenn Sie etwas müssen.

Der Erfinder der Autosuggestion, Emil Coué (1857–1926), über den Sie später in diesem Buch noch mehr erfahren können, wußte schon um diesen Umstand, und viele seiner Suggestionsformeln befassen sich mit diesen Zusammenhängen. Er lehrte schon damals: »Läßt man den befehlenden Willen wie einen unumschränkten Herrscher auf das Unbewußte einwirken, so sträubt sich das Unbewußte. Es führt nicht nur diesen Befehl nicht aus, sondern tut genau das Gegenteil.« Sein Gesetz des Gegenwillens kann zum Beispiel auf Krankheiten angewandt werden: »Jede Willens-Anstrengung, die man gegen ein Übel, gegen ein Leiden, gegen eine Sucht oder gegen einen Zwangsgedanken ankämpfen läßt, verstärkt das Übel.« Denken Sie also immer daran: Druck erzeugt in jedem Falle Gegendruck.

Wie können Sie es nun besser machen? Wie kann Peter leichter abnehmen? Wie kommt es, daß viele Leute unbedingt abnehmen müssen und täglich darum kämpfen, während dessen andere Menschen einfach nur abnehmen wollen und ihr Ziel in kürzester Zeit ohne viel Mühe erreichen? Sollten Sie Leute beider Kategorien kennen, so werden Sie leicht erfahren, welchen Unterschied die jeweiligen Menschen in ihren Einstellungen haben. Sie werden feststellen, daß die einen abnehmen müssen, während die anderen abnehmen, einfach abnehmen, ohne zu müssen. Was bei Peter mit Zwängen behaftet war, klingt bei demjenigen, der abnehmen will, um sich besser zu fühlen oder um die neue Garderobe tragen zu können, ungefähr so: »Ich habe schon drei Kilo abgenommen und werde noch drei Kilo abnehmen.«

Sie erkennen hier leicht den Unterschied zwischen »habe erst« und »habe schon« und »muß aber noch« versus »werde noch.« Nach allem, was Sie über Glaubenssätze in den ersten Kapiteln dieses Buches gelernt haben, werden Sie auch schnell erkennen, daß beides im Grunde genommen Glaubenssätze darstellt. Peter glaubt einfach, daß es schwer sei abzunehmen und daß es nur unter Zwang funktioniere, während derjenige, der eher spielerisch abnimmt, sich über einzelne Etappenziele freut und sich somit der Tatsache erfreut, daß er auch noch weitere drei Kilo abnehmen wird. An der Tatsache, daß er eben noch drei Kilo abnehmen wird, ist für ihn nicht zu rütteln. Genau aus diesem Grund wird dieser Mensch ohne Schwierigkeiten weitere Pfunde verlieren, ohne sich jemals in einer zwanghaften Situation gefangen zu fühlen. Zudem hat sein Körper ihm ja schon durch den Verlust der ersten Kilos bewiesen, daß er abnehmen kann. Es gibt also keinen Grund, davon auszugehen, daß es nicht klappt. Dieser Mensch hat sich mental darauf eingestellt, daß er abnehmen wird, und vor allen Dingen bestätigt auch sein Glaubenssatz, daß das Abnehmen ohne Druck erfolgen wird. Als Folge von nicht vorhandenem Druck entsteht entsprechend dem universellen Gesetz von Druck und Gegendruck kein Gegendruck, und es lebt sich leichter.

Hüten Sie sich vor dem Wort »muß«, denn niemand muß wirklich, und in jedem Falle genügt auch hier wieder die Umänderung der Formulierung und der Verzicht auf das Wort »muß«, um die Situation erträglicher zu machen und die Ziele leichter zu gestalten. Je häufiger Sie auf das Wort »muß« verzichten, desto leichter wird es Ihnen fallen, alle Aufgaben, die das Leben Ihnen stellt, mit Leichtigkeit zu bewältigen.

Sie dürfen jetzt weiterlesen

Sie können einen Schritt weitergehen und aus dem zwanghaften »Müssen« ein generöses »Dürfen« machen. Stellen Sie sich vor, Sie werden von Ihrem Chef beauftragt, den von Ihnen so sehr geliebten Kunden, Herrn Limboroplous aus Athen, vom Flughafen abzuholen. Stellen Sie sich nun einen Menschen vor, den Sie nicht besonders gerne mögen, stellvertretend für Herrn Limboroplous. Jetzt sagen Sie zu sich selbst: »Nun muß ich schon wieder diesen Herrn Limboroplous abholen, als ob ich nicht schon genügend unangenehme Dinge zu tun hätte.« Wie ist das Gefühl? Ganz sicher kein besonders angenehmes Gefühl, oder?

Machen Sie jetzt die Gegenprobe, und sagen Sie folgendes zu sich selbst: »Na prima, endlich einmal eine Abwechslung. Ich darf zum Flughafen fahren und Herrn Limboroplous abholen.« Sie werden feststellen, daß sich dieses Gefühl bei den unterschiedlichen Aussagen ganz wesentlich verändert hat. Sie brauchen Herrn Limboroplous deswegen nicht lieber zu mögen, denn im Grunde genommen geht es auch gar nicht darum, ob

Sie ihn nun mögen oder nicht, sondern nur darum, daß diese Aufgabe so oder so von Ihnen erledigt wird. Sie alleine haben hierbei die Wahl, sich dabei gut oder schlecht zu fühlen. Probieren Sie es einfach aus. Bei der nächsten Aufgabe, die für Sie bestimmt ist und bei der Sie wieder einmal das Gefühl haben, »Sie müssen«, ersetzen Sie es einfach durch »dürfen.« Sagen Sie zu sich selbst oder laut vor sich hin, sofern es die Situation zuläßt: »Ich darf dieses oder jenes tun.« Ganz sicher fühlen Sie sich dann besser und sind relaxter. Es kann im günstigsten Fall so weit kommen, daß Sie allein durch diese ständigen Umformulierungen Dinge, die Sie früher absolut gehaßt haben, auf einmal sogar mit etwas Enthusiasmus angehen und ausführen.

Die Bedeutung der Worte

oder

warum Worte doch viel mehr als Schall und Rauch sind

Haben Sie sich schon einmal überlegt, welche negativen und unangenehmen Dinge Sie Tag für Tag tun müssen? Wenn Sie sich fünf Minuten Zeit nehmen und all die Dinge aufschreiben, die Ihnen weniger angenehm sind, so werden Sie sicher eine Liste mit mehreren Aktionen aufstellen können, die Sie alle in einer bestimmten Art und Weise beschreiben. Viele dieser Eigenschaften, die Sie dort beschreiben, sind zugleich Ihre Ziele, die Sie in bestimmten Bereichen Ihres Lebens verfolgen oder einfach verfolgen müssen, um weiterzuleben.

Diese Liste könnte zum Beispiel folgendermaßen aussehen: »Regelmäßig in den Fitneßclub, um Fettpolster abzuarbeiten, jeden Mittwoch 14 Uhr zum Chef, Besprechung über das, was mal wieder schiefgegangen ist, nächste Woche zum Zahnarzt, um einen kariösen Zahn plombieren zu lassen.«

Eine Liste voller Unannehmlichkeiten, die selbst für einen Außenstehenden ein gewisses Schreckpotential beinhaltet. Es ist auch sicher schrecklich, immer wieder in ein Fitneßcenter zu rennen, um unnötige Fettpolster, die man sich mit viel Mühe angefressen hat, wegzubekommen. Und wer geht schon gerne zu den Sitzungen beim Chef, mit der gesamten Abteilung, da bei der Analyse der jeweiligen Situation doch immer wieder die nicht erledigten Dinge angesprochen werden? Vom bevorstehenden Zahnarzttermin ganz zu schweigen. Wer geht dort schon gerne hin?

Die formulierten Bedeutungen sind tatsächlich hinter den einzelnen Sätzen zu suchen, je nachdem, wie Ihre Liste aussieht. Genau wie Sie formulieren, messen Sie entsprechend positive oder negative Bedeutung bei.

Die Bedeutung der Worte

Ihre persönliche Liste enthält wahrscheinlich auch einige andere Aussagen, die gegebenenfalls noch unangenehmer oder wenigstens ähnlich unangenehm wie diese hier sein werden. Haben Sie schon einmal darüber nachgedacht, einfach eine andere Wortwahl zu treffen, um selbige Situationen zu beschreiben?

Wenn Sie das bereits getan haben, dann wird Ihre Liste mit Sicherheit keine unangenehmen, negativen Formulierungen beinhalten, und Sie werden Ihre Liste auch weniger emotional lesen. Sollte Ihre Liste doch unangenehme Gefühle hervorrufen, dann gehen Sie ruhig davon aus, daß Sie durch einfache Änderung der Worte diese Gefühle noch weiter verbessern können; so lange, bis die negativen Emotionen völlig verschwinden.

Sie wollen zum Beispiel mit dem regelmäßigen Besuch des Fitneßcenters erreichen, daß Ihre Fettbereiche abgebaut werden und Sie sich dadurch besser fühlen und gesund werden. Der regelmäßige Besuch ist einerseits eine Qual für Sie; gleichzeitig verspüren Sie den starken Wunsch danach, diese häßlichen Fettpolster loszuwerden. Warum benutzen Sie nicht einfach andere Worte, wie zum Beispiel »Ich gehe jetzt zum Fettverbrennen«, anstelle von »Ich muß mich jetzt wieder ins Fitneßstudio quälen, um das häßliche Fett wegzubekommen.«

Während die Aussage »In das Fitneßcenter zum Trainieren gehen« eine möglicherweise lästige Aufgabe ist, ist »zum Fett verbrennen gehen« eine leichtere Aufgabe, die Sie in jedem Falle einen Schritt weiter an Ihr unmittelbares Ziel führt, nämlich die Fettpolster loszuwerden. Versuchen Sie, bei der Umdeutung von Worten und Sätzen jeweils Ihr Ziel geradlinig zu erreichen. Sollte Ihr Trainingsziel ein anderes sein, wie zum Beispiel, Muskeln aufzubauen, und Ihnen das Wort Training doch irgendwie unangenehme Gefühle vermittelt, so benutzen Sie einfach den Terminus: »Ich gehe jetzt zum Muskeln Aufbauen.«

In beiden Fällen verdeutlicht die Aussage Ihre Wünsche zielgerechter, und Sie werden die unangenehme Gefühlsbesetzung der bisher benutzten »Umwegformulierung« sehr viel leichter verlieren.

Nehmen wir das zweite Beispiel, das mittwöchliche Meeting beim Chef. Es muß stattfinden, um die Kommunikation im Unternehmen aufrechtzuerhalten, zu verbessern und um eine synchronisierte Tätigkeit mit anderen Mitarbeitern zu erreichen. Wie würden Sie es wohl empfinden, wenn Sie jeden Mittwoch um 14 Uhr zu einer wichtigen Projektbesprechung gehen, an der all Ihre Kollegen teilnähmen? Bei dieser Formulierung machen Sie aus der »Besprechung beim Chef« eine »Projektbesprechung« und vor allen Dingen eine »wichtige Projektbesprechung«, die Ihre Arbeit wesentlich beschleunigen und verbessern kann. Außerdem werden Sie an diesem Ort nicht nur Ihren Chef treffen, sondern alle wichtigen Mitarbeiter.

Sollte es sich bei diesen Meetings jedoch um ein reines Gespräch zwischen Ihnen und Ihrem Chef handeln, so bleibt Ihnen immer noch die positive Formulierung: »Ich treffe meinen Chef, um ihn über den Fortschritt meiner Arbeit zu informieren und um mir das nötige Feedback und wichtige Informationen zur Fortführung des Projektes zu holen.« Hört sich doch gut an, oder nicht?

Nun kommen wir zum letzten Beispiel, dem kariösen Zahn.

Eines ist schon klar: Wenn Sie mit dem faulen Zahn nicht zum Zahnarzt gehen, wird sich die Fäulnis noch weiter ausbreiten, eventuell weitere Zähne befallen, und es werden heftige Schmerzen entstehen. Sie lassen sich bei Ihrem Zahnarzt keinen Termin wegen Ihres faulen Zahnes geben, sondern um den eingetretenen Schaden zu beheben und für die Zukunft vorzubeugen.

Sie können dies noch mehr abkürzen, indem Sie einfach sagen: »Ich gehe zum Zahnarzt, um dafür zu sorgen, daß meine Zähne gesund bleiben.«

Wie Sie sicher anhand dieser Beispiele erkannt haben, liegt die Macht des Wortes an Ihnen selbst. Sie können jederzeit unangenehme Tätigkeiten und Situationen mit angenehmen Worten umschreiben, indem Sie danach fragen, was genau das Ziel dieser

Die Bedeutung der Worte

Tätigkeit oder dieser Situation ist. Versuchen Sie möglichst, dieses Ziel direkt anzusteuern. Nicht das kurzfristig erkennbare Ziel, sondern immer das langfristig erkennbare Ziel steht im Vordergrund.

Natürlich ist es kurzfristig wichtig, einen kariösen Zahn zu reparieren, langfristig jedoch ist es viel wichtiger, die Zähne vor weiterem Schaden zu bewahren und gesund zu halten. Wenn Sie Ihre langfristigen Ziele erst einmal entdeckt haben, die nicht immer sofort erkennbar, sondern oft erst durch einiges Hinterfragen erreichbar sind, formulieren Sie einfach Ihre Tätigkeitsberichte entsprechend, und schreiben Sie eine neue Liste über die Dinge, die Sie in Zukunft planen, und über die Dinge, die Sie aktuell regelmäßig tun, und natürlich auch über jene Dinge, die Ihnen bisher keinen Spaß gemacht haben oder ein unangenehmes Gefühl bei Ihnen hervorriefen, jedoch dennoch notwendig waren. Es ist eben ein großer Unterschied, ob Sie den Berg ungespülten Geschirrs, den es abzuwaschen gilt, vor sich sehen und es Ihnen davor graust oder ob Sie jetzt abspülen gehen und sich hinterher an Ihrer glänzenden Küche erfreuen. Wir können jedoch gut verstehen, wenn es nun gerade bei diesem Beispiel nicht auf Anhieb so recht klappt.

Jedes Wort ist wichtig

oder

warum man oft zu wenig Informationen erhält und dennoch entscheidet

Ein wesentliches Merkmal von Glaubenssätzen ist, daß sie oft nicht präzise sind. So erkennt man Glaubenssysteme daran, daß von einem Einzelfall auf ein generelles Verhalten geschlossen und gleichzeitig nicht präzisiert wird. Wäre der Glaubenssatz präzise formuliert, käme es erst gar nicht zu der Übertragung auf alle anderen Situationen, sondern der Glaubenssatz würde isoliert nur auf die Ursprungssituation angewandt.

Glaubenssätze repräsentieren jedoch grundsätzlich die Erfahrungen und die daraus resultierenden Lebenswerte des jeweiligen Menschen. Wichtig ist dabei zu wissen, daß diese Glaubenssätze nur die subjektive Erfahrung wiedergeben, also so, wie es der Betreffende glaubt, erlebt zu haben, und nicht die objektive Erfahrung. Die objektive Erfahrung wird durch verschiedene Kommunikationsstrategien zur subjektiven Erfahrung, die sich dann als Glaubenssatz widerspiegelt. Diese Kommunikationsstrategien werden als Meta-Modell der Sprache bezeichnet und bestehen im wesentlichen aus drei Einzelstrategien: Generalisierung, Tilgung, Verzerrung. Oft treten diese Elemente allerdings auch gemischt auf.

Generalisierung ist ein wesentlicher Bestandteil von Glaubenssystemen. Es bedeutet im Grunde genommen Verallgemeinerung. Generalisierungen sind im Leben oft sehr hilfreich und erleichtern unser tägliches Dasein. Bei allen Regeln, die sozusagen genormt sind, handelt es sich um solche Generalisierungen, die uns erlauben, zum Beispiel jedes Kraftfahrzeug zu fahren. Dabei ist es nicht wesentlich, ob das Steuer rechts oder links angebracht ist. Wichtig ist nur, daß die Pedale in gleicher Reihenfolge angeordnet sind und wir einmal gelernt haben, ein Kfz mit

Schaltung zu fahren. Gerade im Bereich der Technik wird sehr viel mit Normierung und Generalisierung gearbeitet. Die Folge ist in aller Regel eine Erleichterung.

Nicht immer erzielen Menschen jedoch nur Vorteile durch Generalisierung. Wenn Sie nämlich von einem negativen Einzelbeispiel eine Generalisierung ableiten, kann dieser neue Glaubenssatz verheerende Folgen haben. »Alle Ausländer sind gefährlich und faul.« Dies ist ein solcher gefährlicher, generalisierter Glaubenssatz, der leider immer wieder zu hören ist. Wenn Ihnen also eine Generalisierung auffällt, und davon gibt es sehr viele, beginnen Sie sofort, diese zu hinterfragen. »Woher weißt Du, daß alle Ausländer gefährlich und faul sind?« In aller Regel antwortet der Befragte dann ausweichend und bezieht sich auf einen Einzelfall oder, noch schlimmer, auf etwas Gehörtes oder Gelesenes.

Eine weitere Technik innerhalb des Meta-Modelles ist die Tilgung. Bei dieser Strategie werden innerhalb des Glaubenssatzes einfach gewisse Informationen weggelassen, und somit wird auch die Aussage eine völlig andere. Tilgung ist – genau wie die Generalisierung – in gewissem Maße hilfreich und bewirkt, daß die Menschen nicht von der Flut der Informationen überwältigt werden.

Wenn Sie zum Beispiel verschiedene Darstellungen von einem Verkehrsunfall miteinander vergleichen, stellen Sie immer wieder fest, daß oft noch nicht einmal genau feststeht, wie viele Menschen oder Autos an diesem Unfall beteiligt waren. Der eine hat noch einen Fahrradfahrer gesehen, der jedoch in der Erinnerung des anderen komplett fehlt, bis man ihn damit konfrontiert. Erst dann wird die Tilgung aufgehoben, und auch der zweite Zeuge kann sich wieder an den Fahrradfahrer erinnern.

Ein besonderes Feld der Tilgung sind die Werbung und vor allen Dingen die Überschriften von Zeitungen. Durch gezieltes Weglassen von Informationen und einzelnen Worten wird eine fetzige und reißerische Überschrift zum blutrünstigen Monster – und dann besser verkauft.

Tilgung ist also manchmal gut, kann jedoch auch behindern. Stellen Sie deshalb immer vorher fest, ob die Aussage komplett ist oder ob vielleicht eine Information fehlt. Überprüfen Sie auch Ihre persönlichen Glaubenssätze auf Vollständigkeit, und ergänzen Sie sie gegebenenfalls. Achten Sie einmal auf die Überschriften in der Werbung und in den Zeitungen. Sie werden aus dem Staunen nicht mehr herauskommen. Auch die Radio- und Fernsehnachrichten sind ein Tummelplatz der Tilgung, ganz zu schweigen von politischen Reden und Debatten.

Verzerrungen sind falsche Aussagen über ein Vorkommnis oder eine Sache. Verzerrungen sind oft keine bewußten Lügen, obwohl Lügen zu dieser Kategorie zählen, sondern entstehen aus den verschiedenen Standpunkten des Erzählers. Aus der Mücke einen Elefanten zu machen ist ein typischer Fall von Verzerrung. Auch wenn die Reihenfolge verdreht wird, liegt unter Umständen eine Verzerrung vor. So ist es zum Beispiel sehr wichtig, ob das Auto an der Stopstraße schon losfuhr, bevor der andere Fahrer zu sehen war oder umgekehrt. Grundsätzlich können Sie jede Bewertung als Verzerrung einstufen. So wird aus einem roten Kleid erst durch eine Verzerrung ein tolles Kleid.

Sicher kennen Sie diesen Glaubenssatz: »Niemand mag mich!« Dieser Mensch schränkt sich ganz wesentlich ein, hier durch eine Generalisierung. Wer genau mag ihn nicht? Kennt er alle Menschen, und hat er von allen Menschen dieses Feedback erhalten? Oder ist es nicht so, daß ihn ein Mensch oder ein paar Menschen nicht mögen und er den anderen keine Chance mehr gibt? Im Endeffekt gibt er sich durch diese Generalisierung selbst keine Chance mehr und versperrt seinen Weg zum Glück.

Das Metamodell im Einsatz

»Mein Haß auf die Menschen ist so groß, daß keiner mehr mit mir zu tun haben will.« Hier finden Sie neben der Generalisierung auch noch eine Verzerrung und gegebenenfalls auch noch eine Tilgung. Will wirklich keiner mit ihm zu tun haben? Was ist mit seiner Mutter, seiner Schwester? Diese Information wurde einfach getilgt. Eine Tilgung erkennen Sie auch durch die Worte »keiner«, »nie«, »niemals« und »immer«. Wie groß ist der Haß tatsächlich? Mit welchem Maßstab wird hier gemessen? Ohne den Maßstab zu kennen, handelt es sich dabei ganz sicher um eine gefährliche Verzerrung.

Achten Sie also auf diese drei grundsätzlichen Strategien in Ihren Glaubenssätzen, und versuchen Sie, Ihre Überzeugungen entsprechend zu verändern. Oft genug bewirkt eine solche Veränderung, daß sich der Glaubenssatz in Wohlgefallen auflöst und Sie sich wesentlich freier fühlen.

Ich bin Kommunikationstrainer

oder

Warum Sie das, was Sie noch nicht sind, leicht werden können

Susanne arbeitete als städtische Angestellte und war nicht sonderlich glücklich mit ihrem derzeitigen Arbeitsgebiet. Sie hatte kein Interesse daran, mit Papierbergen umzugehen, Aktenordner zu verwalten und am Computer irgendwelche Formulare auszufüllen und zu verwalten. Sie liebte den Umgang mit Menschen und war insbesondere von den sprachlichen Möglichkeiten, über die die Menschen in ihrer hochentwickelten Kultur verfügten, begeistert. Briefe, die Sie nach Stichwörtern ihrer Vorgesetzten schrieb, waren allesamt hervorragend formuliert und drückten exakt das aus, was ihr jeweiliger Chef gemeint hatte. Susanne wußte, daß Sie ein guter Kommunikator ist, und formulierte dies auch gegenüber Freunden und Bekannten: »Kommunikation fasziniert mich. Ich würde gerne mehr auf diesem Gebiet arbeiten, da mich mein Job in der Verwaltung langweilt.«

Die Geschichte von Susanne ist ganz typisch für viele Menschen in unserer modernen Gesellschaft. Eine der Ausreden, welche man auf die Frage: »Warum steigst Du dann da nicht sofort aus?« bekommt, ist, daß diejenige Person ja schließlich von irgendetwas leben muß. Diese Aussage ist im Grunde genommen gleichzusetzen mit: »Ich bin eingesperrt und weiß keinen Ausweg.«

Dieses Kapitel wird Ihnen nun einen entsprechenden Ausweg aufzeigen. Lesen Sie weiter, wie Susanne sich aus ihrem selbst ernannten Gefängnis befreien konnte.

Sie traf eines Tages auf einen Mann, der das verkörperte, was sie gerne beruflich erreichen wollte. Dieser Mann bezeichnete sich selbst als Kommunikationstrainer und erteilte ihr einen Ratschlag, der ihr Leben von Grund auf änderte. Er sagte: »Wenn Sie gerne Kommunikationstrainerin wären, dann seien Sie es. Tun

Sie so, als wären Sie ab sofort Kommunikationstrainerin. Tun Sie alles, was Sie glauben, daß ein solcher Trainer tut. Das Wichtigste ist, bezeichnen Sie sich gegenüber Ihren Mitmenschen als ein solcher. Sie können ja zur Zeit noch sagen, daß es ein Hobby sei und daß Sie auf dem besten Wege seien, dieses Hobby vollends zu Ihrem Beruf zu machen.«

Susanne begann danach, ihre Kommunikation mit sich selbst und mit anderen zu ändern. Sie sagte und dachte: »Ich bin Kommunikationstrainerin.« Diese neue Einstellung vermittelte ihr ein völlig neues Lebensgefühl, und sie begann, sich immer mehr als Trainerin zu sehen und zu fühlen. Susanne machte ihren Weg, und genauso können auch Sie sich ab sofort dafür entscheiden, irgendetwas anderes zu tun. Etwas, was Sie schon lange wollten. Teilen Sie allen mit, daß Sie ab sofort Kommunikationstrainer sind oder Marketingfachmann oder, oder, oder.... Verhalten Sie sich so, wie Sie glauben, daß sich jemand verhalten würde, wenn er das wäre, was Sie gerne wären. Nach kurzer Zeit werden Sie feststellen, daß Sie immer mehr zu dem werden, was Sie schon immer sein wollten. Sie verhalten sich so und kommunizieren auch in der entsprechenden Art und Weise. Über kurz oder lang taucht während eines Gesprächs mit Sicherheit die ultimative Frage auf, die Sie letztendlich dazu zwingen wird, genau darüber nachzudenken, was zum Beispiel ein Kommunikationstrainer tut. Denn irgendwann wird einer Ihrer Freunde Sie fragen: »Oh, das ist ja toll, aber was genau ist denn ein Kommunikationstrainer?«

Nun sind Sie gefordert! Jetzt müssen Sie sich so verhalten, als seien Sie ein entsprechender Trainer. Sie müssen so antworten, wie ein solcher antworten würde. Jetzt werden Sie sich darüber klar, was genau Sie tun müssen, um Kommunikationstrainer zu sein. Möglicherweise fehlt Ihnen noch das eine oder andere Know-How. Wahrscheinlich treten auch Fragen auf, die Sie nicht sofort beantworten können. Lassen Sie sich davon nicht abschrecken, sondern machen Sie einfach weiter. Gehen Sie diesen Fragen nach. Sie sind äußerst wichtig, denn diese Fragen führen Sie noch näher an Ihr Endziel, nämlich als Kommunikationstrainer zu arbeiten. Je mehr Sie sich mit diesem Thema beschäftigen und je mehr Sie sich damit identifizieren, desto schneller kommen Sie an den Punkt, wo Sie sich tatsächlich als solch ein Trainer empfinden. Spätestens dann ist der Zeitpunkt gekommen, in Ihrem neuen Beruf aufzugehen. Dann sollten Sie sich aktiv darum bemühen, eine entsprechende Stelle zu bekommen – wo Sie doch nun Ihr Hobby zum Beruf machen.

Nichts geschieht über Nacht

Erwarten Sie jedoch keine Wunder! Nichts geschieht über Nacht. Es wird sicher eine längere Zeit dauern, bis Sie an die Stelle Ihres Lebens kommen, wo Sie Ihre Vergangenheit hinter sich lassen und nun Ihr neues Tätigkeitsfeld ausüben. Doch dieser Zeitpunkt wird wesentlich schneller kommen, wenn Sie sofort beginnen und sich und anderen sagen: »Ich bin ...« anstelle von :»Ich würde gerne sein.«

Denken Sie daran: Mit der Ich-bin-Aussage sind Sie automatisch aktiv, mit der Aussage Ich-würde-gerne-sein ebnen Sie sich ebenfalls automatisch den Weg zum Einwand, und Sie können sich ganz sicher sein: Einwände gibt es immer genug.

Diese Ich-bin-Technik funktioniert auch in anderen Bereichen des täglichen Lebens. Sie ist nicht nur auf berufliche Anwendungen beschränkt. Was halten Sie davon, wenn Sie sagen: »Ich bin ein/e guter Liebhaber/in« oder »Ich bin ein guter Tennisspieler« und so weiter. Wenden Sie diese Technik einfach auf jeden Bereich Ihres Lebens an. Sie werden feststellen, es funktioniert. Ihr Glaubenssatz, der von irgendwoher entstanden sein mag, vielleicht durch Ihren Partner, vielleicht durch Ihre Eltern, Lehrer, Chefs, etc. kann sich jetzt in einen positiven Glaubenssatz ändern, und das ganz leicht. Durch diese aktive Form von »ich bin« wird der alte und falsche Glaubenssatz sofort abgeschwächt und schließlich zerstört. Mit der Ich-bin-Technik erreichen Sie eines der Ziele dieses Buches, Sie befinden sich auf dem ultimativen Weg zu Gesundheit, Glück und Erfolg.

Bleiben Sie glücklich

Welcher Unterschied besteht zwischen der Aussage: »Ich möchte gerne glücklich werden« und »Ich bin glücklich«? Wenn Sie glücklich sind und jemand Sie nach Ihren Zielen fragt, so werden Sie sicherlich nicht antworten, daß Sie glücklich werden möchten, sondern vielmehr, daß Sie glücklich bleiben möchten. Fragen Sie doch einmal Ihre Bekannten und Freunde nach deren Zielen im Leben. Diejenigen, die Ihnen antworten, daß Sie glücklich bleiben möchten oder gesund bleiben möchten, sind sich darüber im klaren, daß Sie das, was Sie bleiben möchten, bereits erreicht haben. Achten Sie dann außerdem besonders auf die Formulierungen, die diese Menschen gebrauchen. Überlegen Sie sich auch einmal, ob Sie Ihr Gegenüber als lebensfrohen Menschen kennen oder ob Sie diese Person eher als pessimistisch bezeichnen würden. Ganz sicher sind es eher die Menschen, die wir als lebensfroh bezeichnen, die die Antwort »ich bin glücklich« oder »ich möchte glücklich bleiben« spontan geben. Und nichts hindert Sie daran, selbst glücklich zu bleiben oder zu werden. Sie können sich ab sofort dafür entscheiden. Antworten Sie auf eine einfache, freundschaftliche wie-geht-es-dir-Frage mit: »Es geht mir gut, und so wird es auch bleiben.«

Möglicherweise haben Sie eine Liste mit Zielen. Viele Menschen besitzen so eine Liste und haben in Wirklichkeit keine richtigen Ziele. Es ist ein enormer Unterschied, ob Sie schreiben: »Ich möchte beim nächsten Wettbewerb mehr Ringe schießen« oder ob Sie sagen: »Ich werde beim nächsten Wettbewerb noch mehr Ringe schießen.« Diese kleinen Änderungen von »ich möchte gerne« in »ich werde« und die Einfügung des Wortes »noch« gibt Ihnen ein sicheres Gefühl. Vielleicht werden Sie jetzt sagen, daß das alles mit Selbstvertrauen zu tun hat und Sie sich dieses einfach nicht zugestehen. Wenn Sie einen solchen Satz formulieren, dann haben Sie dieses Kapitel nicht gründlich genug gelesen oder Sie sollten sich noch mehr mit Ihren Zielen und Ihrer Kommunikationsart befassen und vertraut machen.

Es kommt ja überhaupt nicht so sehr darauf an, ob Sie Selbstvertrauen haben oder nicht, sondern es kommt sehr stark auf Ihre Wortwahl an und wie Sie mit sich und Ihrer Umwelt kommunizieren. Wenn Sie sich ab sofort zugestehen, daß Sie Selbstvertrauen haben, so fühlen Sie sich einfach stärker und besser. Sie werden dann genauso reagieren und agieren wie jemand, der von seinem Selbstvertrauen überzeugt ist. Allein, dieses Gefühl wird mit der Zeit stärker. Falls Sie sich dennoch nicht dazu in der Lage fühlen, dies zu sagen, so verwenden Sie die Vergangenheitsform und formulieren gleichzeitig eine Verbesserung in Ihrer Aussage. Zum Beispiel: »Ich hatte früher weniger Selbstvertrauen, und es wird immer mehr und mehr.« Vermeiden Sie ab sofort den Konjunktiv. Sagen Sie »Ich bin« und nicht »Ich würde gerne.«

Wenn Sie bei politischen Diskussionen einmal genauer hinhören, so werden Ihnen mit Sicherheit recht wundersame Wortkonstruktionen auffallen. Besonders oft wird folgende äußerst beliebte Formulierung benutzt: »Ich würde sagen, daß dieses oder jenes so gesehen werden kann, aber ...« Dies hat zum Teil mit Rhetorik zu tun, ist jedoch auch, gerade bei Politikern, eine antrainierte Verschleierungstaktik; denn im Grunde genommen ist diese Formulierung, wie so viele, nur dummes Zeug, um so wenig wie möglich von sich und der verwandten politischen Taktik preiszugeben. Es wäre sicherlich witzig, wenn sich ein Reporter an solchen Stellen zu Wort melden würde mit der Aufforderung: »Was ist denn nun? Sagen Sie es, oder sagen Sie wie immer nichts?«

Wie dem auch sei, diese Formulierungen werden angewandt, um bloß nicht vom politischen Gegner »festgenagelt« werden zu können. Das heißt, man drückt sich »schwammig« aus und wirkt nach außen hin »aalglatt.« Diese Form der Kommunikation kann keinesfalls das Ziel der Sprache sein. Ziel sollte es doch sein, seiner Umwelt genau mitzuteilen, wo Sie stehen und wie Sie sich fühlen. Wenn Sie die Wahl haben zu sagen »Ich wäre gerne glücklich« oder »Ich bin glücklich«, so sollten Sie jetzt wissen, welche Variante Ihnen mehr gibt. Streichen Sie auch den Konjunktiv aus Ihrer Kommunikation. Werden Sie aktiv. Sagen Sie »ich bin« und »ich werde« anstatt »ich würde« oder »es wäre schön«.

Signalisieren Sie Ihrem Unterbewußtsein, daß Sie ein guter Verkäufer sind. Überlegen Sie sich, was dieser tun würde. Wenn Sie daran glauben, daß Sie ein guter Verkäufer sind, so werden Sie sich automatisch so verhalten wie ein guter Verkäufer. Möglicherweise orientieren Sie sich an anderen guten Verkäufern und ahmen diese nach. So kann es Ihnen zum Beispiel leicht passieren, daß Sie an einem Zeitungskiosk stehen und die Zeitung »Der Spitzenverkäufer« entdecken. Ganz automatisch werden Sie diese Zeitung mitnehmen, denn Sie fühlen sich ja genau dieser Gruppe zugehörig und wollen natürlich wissen, was diese Zeitung über gute Verkäufer schreibt. Solange Sie sagen »Ich wäre gerne ein guter Verkäufer«, werden Sie niemals dieses Handeln an den Tag legen, da Sie mit dieser Aussage schon die entsprechende Ausrede mit einkalkuliert haben. Also: Seien Sie gut, und handeln Sie auch dementsprechend.

Sie sollten allerdings nicht übermütig werden und eine Grundregel des Lebens mißachten: Stillstand bedeutet Rückgang. Es genügt nicht, daß Sie ein guter Verkäufer sind, denn die Konkurrenz schläft nicht, und die Mühle dreht sich jeden Tag weiter. Wenn Sie auch morgen noch ein guter Verkäufer sein wollen, so tun Sie alles dafür, sich fort- und weiterzubilden, also up to date zu bleiben. Werden Sie nicht übermütig, und achten Sie auf den wichtigen Unterschied in der Aussage und der Bedeutung von »Ich bin der beste Verkäufer« und »Ich bin ein guter Verkäufer und werde mit jedem Tag ein noch besserer Verkäufer.«

Fangen Sie sofort an. Fühlen Sie sich so, als ob Sie das wären, was Sie schon immer sein wollten. Kommunizieren Sie entsprechend, sagen Sie zu sich selbst »ich bin gut«, und seien Sie sicher, schon nach kurzer Zeit sind Sie es auch, ganz bestimmt!

Es war einmal ...

oder

warum sie noch heute leben, wenn sie nicht gestorben sind

Haben Sie eine unangenehme Eigenschaft, die Ihnen schon seit langem auf die Nerven geht? Gibt es irgendeinen Umstand in Ihrem Leben, den Sie schon längst verändern wollten? Rufen gewisse Dinge oder Situationen unangenehme Gefühle in Ihnen hervor? Hätten Sie am liebsten nie etwas damit zu tun? Genau um diese Situationen, Eigenschaften und Gefühle soll es in diesem Kapitel nun gehen.

Nehmen wir an, Sie rauchen zu viel oder besser noch, Sie möchten die Qualmerei ganz aufgeben. Wenn Sie Raucher sein sollten, so hört es sich für Sie sicherlich ganz einleuchtend an, wenn Sie über sich selbst sagen: »Ich bin Raucher/Raucherin«. Es ist nun einmal so, werden Sie denken, jeder sieht, daß Sie rauchen, und Sie selbst wissen es ohnehin schon längst – also sind Sie Raucher.

Was halten Sie nun davon, wenn Sie ab sofort für Situationen oder Eigenschaften, die Sie abschaffen oder verändern möchten, die Vergangenheitsform wählen? Sagen Sie nicht mehr: »Ich bin Raucher/Raucherin«, sondern ab sofort: »Ich war Raucher/Raucherin.« Wenn Sie es nun trotzdem nicht lassen können, so fügen Sie hinzu: »Ich war Raucher und rauche auch nur noch selten.« Wenn Sie stark rauchen sollten, so fügen Sie einfach hinzu: »Ich war Raucher und rauche von Tag zu Tag weniger Zigaretten.« Eine Aussage, die Sie in der Vergangenheitsform formulieren, gibt Ihnen einen neuen Glaubenssatz, nämlich den, daß diese Eigenschaft der Vergangenheit angehört.

Wenn Sie eine gewisse Eigenschaft zu stark unter Kontrolle hat, wie zum Beispiel starkes Rauchen, so kann es sein, daß die Aussage: »Ich war Raucher« nicht ausreicht, um diese starke Sucht wegzubekommen. In diesem Fall sollten Sie den Glaubenssatz einschränken. Wichtig ist jedoch, daß Sie immer wieder sich selbst und Ihren Mitmenschen mitteilen, daß Sie weniger rauchen oder daß Sie überhaupt nicht mehr rauchen, denn Sie waren einmal Raucher.

Der Glaubenssatz: »Ich bin Raucher« wird Sie niemals dazu veranlassen, weniger zu qualmen. Der Glaubenssatz hingegen: »Ich war Raucher« wird ziemlich genau diesen Effekt hervorbringen, daß Sie sich, nachdem Sie diesen Glaubenssatz mehrfach verwendet haben, immer mehr als Nichtraucher fühlen und immer mehr zu der Überzeugung gelangen, daß Sie wohl geraucht haben, dies jedoch aus Überzeugung aufgegeben haben.

Probieren Sie es einfach einmal aus. Sie werden erstaunliche Erfolge erzielen, da Ihre selbstgewählte Kommunikation Sie zu dem macht, wer oder was Sie wirklich sein wollen und wer oder was Sie dann auch irgendwann sind. Wenn Sie sagen: »Ich war Raucher«, so werden Sie zu der Überzeugung gelangen, daß dies der Vergangenheit angehört, und werden beginnen, sich dementsprechend zu verhalten.

Diese Art des Gebrauchs von Wörtern führt zum unmittelbaren Erfolg und funktioniert in jeder Situation und Verhaltensweise, die Ihnen unangenehm ist und von der Sie eigentlich gar nichts mehr wissen wollen. Achten Sie darauf, daß Sie bei Formulierungen in der Vergangenheit nicht gleichzeitig andere Regeln der Kommunikation, wie sie in diesem Buch beschrieben sind, verletzen. Es gibt Ihnen auf alle Fälle weniger, wenn Sie sagen: »Ich war Raucher, aber ich rauche jetzt schon seltener.« Vermeiden Sie dieses »aber«, und ersetzen Sie es durch »und.« Wenn Sie sich noch einmal das Kapitel über das Wort »aber« in Ihr Gedächtnis rufen möchten, so blättern Sie bitte umgehend zurück.

Wenden Sie die Vergangenheitsform insbesondere bei Glaubenssätzen an, die Sie bisher im Zusammenhang mit dem Wort »immer« gebracht haben. Am besten ist es, wenn Sie versuchen, dieses Wort zu vermeiden. »Immer wenn ich ohne Schirm das Haus verlasse, regnet es.« Dies ist ein Glaubenssatz, mit dem Sie natürlich nicht den Regen beeinflussen können, genausowenig, wie Sie durch Mitnahme eines Schirmes den Regen beeinflussen könnten. Ihr Gefühl jedoch, welches Sie haben, wenn Sie sagen: »Früher hatte ich nie einen Regenschirm dabei, und regelmäßig fing es an zu regnen«, ist auf alle Fälle besser als das Gefühl, welches automatisch in Ihnen erzeugt wird, wenn Sie das Wort »immer« gebrauchen. Eine solche Formulierung führt auch dazu, daß Sie sich eventuell mal über Regen freuen können, ob Sie nun einen Schirm dabei haben oder nicht.

Die Vergangenheit belastet weniger

Alle Situationen, die Ihnen unangenehm sind, werden Sie ab sofort in der Vergangenheitsform ausdrücken und dadurch die Wirkung dieser unangenehmen Situation oder dieses unangenehmen Ereignisses oder Gefühls extrem schwächen.

Betrachten wir nun zum Beispiel die bei vielen Menschen verbreitete Sozialangst, die sie zum Beispiel hemmt, in der Öffentlichkeit Reden zu halten. Sicher kennen auch Sie jemanden, welcher überzeugend erklärt, daß er niemals vor vielen Menschen reden könnte. Möglicherweise sind Sie ja selbst durch diesen Glaubenssatz gehemmt, der in Verbindung mit einer schlechten oder unangenehmen Erfahrung entstanden ist.

Besonders unangenehm wird die Situation dann, wenn Sie aus beruflichen oder schulischen Gründen mehr oder weniger gezwungen sind, doch vor einer Gruppe von Menschen eine Rede zu halten oder Erklärungen abzugeben. Achten Sie darauf, wie Sie selbst oder Ihr Gegenüber, von dem Sie glauben, daß es diese Hemmung hat, diesen Umstand beschreiben. In der Regel sagen diese Menschen: »Ich kann vor einer Gruppe von Menschen einfach nicht reden. Ich werde immer nervös, bin aufgeregt, meine Stimme zittert, und ich fühle einen Kloß im Hals, so daß ich gar kein Wort mehr herausbekomme.« Selbst wenn es Ihnen einmal passiert sein sollte, daß Sie beim Reden vor einer Gruppe ähnliche Symptome aufwiesen, ist dieses Ereignis nicht alleine dafür verantwortlich, daß Sie diese Hemmung haben. Es ist vielmehr

Ihre eigene Überzeugung, die aufgrund einer schlechten Erfahrung entstanden ist, also ist es Ihr eigener Glaubenssatz, nämlich der, daß Sie nicht vor vielen Menschen reden können.

Wenn Sie nun beginnen, diesen Umstand in der Vergangenheit zu formulieren, wird das Gefühl, das Sie bisher vom Reden vor großen Gruppen abhielt, deutlich schwächer. Sagen Sie sich also: »Früher konnte ich nicht vor vielen Menschen reden, es erzeugte regelmäßig Angst. Ich glaube jedoch fest daran, daß es schon viel besser geworden ist und immer besser wird.« Mit dieser Aussage teilen Sie sich und Ihrem Gegenüber deutlich mit, daß Sie nicht vor einer Gruppe von Menschen sprechen möchten, sich dennoch vorstellen könnten, dies zu tun, da Ihre Angst schon geringer geworden ist. Bei dem alten Glaubenssatz halten Sie schlichtweg daran fest, daß Sie diese Hemmung haben und es einfach nicht und niemals können.

Die Vergangenheitsform bewirkt, daß Sie selbst nicht mehr davon überzeugt sind, in solchen Situationen zu versagen, und daß dieser Zustand fast schon überwunden ist. Je häufiger Sie den neuen Glaubenssatz benutzen, desto schwächer wird das unangenehme Gefühl und die Angst, vor vielen Menschen reden zu müssen. Es wird im Laufe der Zeit und durch Übung völlig verschwinden. Der Gebrauch der Vergangenheitsform in bezug auf Glaubenssätze und Aussagen über Dinge, die Sie nicht besonders mögen, ist ein sehr macht- und resourcenvolles Werkzeug. Sie können es in jeder Beziehung, im Rahmen Ihrer täglichen Kommunikation mit anderen und mit sich selbst (Gedanken), benutzen und werden die erstaunliche Wirkung spüren.

Denken Sie an die vielen Menschen, die regelmäßig mit Aufgaben konfrontiert werden, mit denen sie sich überfordert fühlen. Sie sagen sich dann auch: »Ich kann das nicht, das wird mir zuviel, da bin ich völlig überfordert.« Besser: »Ich konnte das nicht, und ich werde mich bemühen und bin daran interessiert, dieses zu erlernen.« Überlegen Sie sich einmal, wie sehr Ihnen die Verwendung der Vergangenheitsform auch beruflich weiterhelfen kann. Sobald Ihr Vorgesetzter Dinge von Ihnen verlangt, von denen Sie glauben, daß Sie diese nicht können, so sollten Sie sich ab jetzt sagen: »Ich konnte dieses nicht, und ich bin bereit, mir entsprechende Grundkenntnisse anzueignen, um in diesem Tätigkeitsbereich kompetenter zu werden.« Diese Einstellung, welche lediglich auf der Verwendung der Vergangenheitsform in Glaubenssätzen basiert, wird Ihnen im Rahmen Ihres beruflichen Weges erstaunliche Möglichkeiten öffnen. Ebenso funktioniert die Vergangenheitstechnik auch in jeder anderen Form der Kommunikation, wie zum Beispiel in einer Ehe. »Daß mein Mann die Spaghetti immer zu weich kocht, nervt mich jedesmal.« Welche Wahl lassen Sie sich eigentlich, wenn Sie solch einen Satz formulieren? Sie sind jedesmal verärgert und genervt, sobald das Thema auf Nudeln zu sprechen kommt.

Sagen Sie doch statt dessen: »Früher hat es mich genervt, wenn die Spaghetti, die mein Mann auf den Tisch gebracht hat, zu weich waren.« Nicht, daß Sie inzwischen weichgekochte Spaghetti mögen, doch Sie signalisieren sich damit selbst, daß Sie kein Problem mehr daraus machen und bei zu weich gekochten Spaghetti nicht mehr genervt sind. Erweitern Sie gegebenenfalls diesen Glaubenssatz, indem Sie hinzufügen: »Und inzwischen kochen wir die Nudeln gemeinsam, und es gelingt uns immer besser, sie al dente zu kochen.«

Die Lösung kommt ganz automatisch

Bei der Verwendung der Vergangenheitsform entsteht ein zweiter positiver Effekt. Neben der Vermeidung von unangenehmen Gefühlen, während Sie über diese unangenehme Sache sprechen, werden Sie bei der Vergangenheitsform auch noch veranlaßt, über etwaige Lösungen nachzudenken. Durch diesen Quasi-Selbstzwang entstehen dann oft automatische und intuitive Lösungsvorschläge, die in aller Regel ein bisheriges Problem in eine Herausforderung umwandeln (siehe Kapitel Problem). Wenn der positive Lösungsansatz für eine bestimmte Situation nicht automatisch oder zwingend durch die Formulierung entsteht, so zeigt spätestens die Frage des Gegenübers eine Lösungsmöglichkeit auf.

Denn auf die Frage: »Wie hast Du das gemacht?« antwortet man oft spontan, wobei diese Antwort jetzt aus dem Unterbewußtsein an die Oberfläche gekommen ist. Jetzt wird diese Lösung bewußt. Oft genug entstehen intuitiv weitere Lösungsansätze. Spätestens dann stehen Ihnen weitere Alternativen zur Verfügung. Anstatt wie früher nur genervt zu sein, haben Sie nun verschiedene Möglichkeiten. In jedem Fall ärgern Sie sich jetzt nicht mehr über die verkochten Nudeln.

Die Vergangenheitsform ist ein wesentlicher Schlüssel zu mehr Glück und Erfolg im Leben. Erwischen Sie sich dabei, wie Sie festgefahrene Glaubenssätze in die Vergangenheitsform umsetzen und wie eventuell der Druck und die Last, die auf diesen ursprünglichen Glaubenssätzen immer lagen, einfach so von Ihnen abfallen. Sie werden freier und unterliegen somit automatisch weniger Zwängen. Dies ist eine wesentliche Voraussetzung, um glücklich zu sein und zu bleiben und auch, um erfolgreich zu sein und zu bleiben.

Nutzen Sie Ihre sprachlichen Fähigkeiten

oder

warum Sie das alles schon lange können

Sie haben nun anhand vieler Beispiele erlebt, wie gefährlich Worte sein können. Sie können Glück und auch Leid erzeugen. Worte drücken Liebe aus, jedoch auch Haß. Es ist allein Ihre Entscheidung bei der Wortwahl, ob Sie nun Liebe ausdrücken oder Haß. Auch ist es Ihre Entscheidung, ob Sie sich am Leben erfreuen können oder ob Sie das Leben eher unter einem trüben Aspekt betrachten.

Oftmals wissen die Menschen gar nicht, warum sie jetzt gerade guter Dinge sind oder sich in einer schlechten Stimmung befinden. In den meisten Fällen hängt es unmittelbar damit zusammen, welche Worte kurz zuvor benutzt worden sind. Die Worte, die Sie selbst benutzen, haben eine Macht über Sie, genauso wie die Worte, die andere Ihnen »zuschleudern«. Doch denken Sie daran, daß auch Ihre Worte Macht auf Ihr Gegenüber ausüben. Überlegen Sie jedesmal sorgfältig, was Sie sagen wollen, warum Sie es so oder so ausdrücken wollen und welche Bedeutung diese Worte auf Sie und auch auf Ihr Gegenüber haben.

Überlegen Sie, wie viele Tausende von Glaubenssätzen Ihnen in Ihrem Leben begegnet sind. Angefangen von Aussagen wie: »Das Kind ist schlecht in Mathematik, kein Wunder, die Mutter war in diesem Fach auch keine Leuchte«, bis hin zu Glaubenssätzen wie: »Ich versuche es erst gar nicht, denn ich weiß, daß ich es nicht schaffen kann.«

Jeder dieser Glaubenssätze ist aus Worten zusammengesetzt, und es ist Ihre alleinige Entscheidung, welche Worte Sie benutzen. Bei der Verwendung der Worte »aber«, »müssen«, »Problem« manifestieren Sie für sich und auch für Ihr Umfeld Glaubenssätze, die den Alltag erheblich behindern und limitieren. Es ist

Ihre freie Entscheidung, diese Worte zu ändern. Sie haben das Handwerkszeug dazu in der Schule gelernt. Sie sind Herr über Ihre Sprache und somit über Ihre Gedanken und in der Lage, jeden Glaubenssatz, der Sie limitiert, so umzuformulieren, daß die Grenzen immer fließender werden und zum Schluß nicht mehr existieren.

Georg Walter schreibt in seinem Buch power talking: »Zu lernen, sich deutlicher und mit mehr »Power« auszudrücken, ist nicht dasselbe, wie sich eine Fremdsprache anzueignen. Wir brauchen keine neuen Vokabeln zu lernen. Die Wörter und Begriffe, die Sie für die Sprache des Erfolges benötigen, kennen Sie bereits. Es kommt darauf an, wie Sie alltägliche Ausdrücke im Zusammenhang verwenden, und daß Sie nur die benutzen, die wirklich zählen.«

Fangen Sie sofort damit an zu beobachten, welche Worte Sie benutzen, welche Redewendungen Sie gebrauchen. Auch wann Sie diese verwenden ist interessant und wichtig zu wissen. Versuchen Sie herauszufinden, welchen Eindruck diese Worte bei Ihnen und anderen hervorrufen. Achten Sie auf die Wortwahl Ihrer Mitmenschen. Erwischen Sie sich und andere bei der Entstehung falscher Glaubenssätze.

Die Technologie des Löschens

oder

warum Sie alle Ihre alten unangenehmen Muster und Formulierungen loswerden können

Vielleicht ist das Wort Technologie hier ein bißchen zu hochgestochen, dennoch ist es eine simple und einfache Technik, die jeder Mensch sofort anwenden kann, um kraftlose und ressourcelose Worte, Formulierungen und Sätze zu vernichten und durch machtvollere, freundlichere Worte oder Sätze zu ersetzen. Die Technologie des Löschens, im Englischen Cancel-technology genannt, entstand aus den Seminaren der Silva-Mind-Methode, ist jedoch davon völlig losgelöst und ein hervorragendes Hilfsmittel, um sich selbst kommunikativ zu verbessern und insbesondere um Glaubenssätze zu zerstören.

Die Technologie des Löschens funktioniert ganz einfach: »Ich habe schon drei Kilo abgenommen und muß ...« Sie haben darauf geachtet, was Sie gesagt haben, und stoppen den Satz an der Stelle, an der Sie sich selbst dabei erwischen, ein Wort oder eine Formulierung benutzt zu haben, die auf Ihrer Tabu-Wörterliste steht. Nachdem Sie nun gestoppt haben, geben Sie somit Ihrem Unterbewußtsein ein sofortiges Signal, daß diese Formulierung von Ihnen nicht gewünscht wird, und wiederholen mehrmals das Wort: Löschen, Löschen, Löschen (Sie können auch hierzu das englische Wort »cancel« benutzen). Nachdem Sie nun das Wort »Löschen« mehrfach wiederholt haben, ist der nächste wichtige Schritt, daß Sie denselben Satz erneut beginnen und dann dieses schwache negative Wort durch ein starkes positives ersetzen und mit diesem Wort den Satz beenden.

Das Wichtigste an dieser Technik ist, daß Sie Ihrem Unterbewußtsein, das im Normalfall unsere Sprache und Kommunikation vollständig steuert, ein sofortiges Feedback geben, daß Sie diesen Ausdruck nicht wünschen und statt dessen den Ausdruck in der Neuformulierung bevorzugen. Dieses Feedback wird durch das Wort »Löschen« oder »cancel« sofort ausgelöst und bewirkt bei häufigerer Anwendung eine Art konditionierte Reaktion, die zum Ende hin in einem Lernprozeß endet, der in der Stufe der unbewußten Kompetenz (hierzu später mehr) vollendet wird.

Versuchen Sie es einmal, und Sie werden feststellen, daß es sehr viel Spaß machen kann, sich bei dem Gebrauch von kraftlosen, schwachen und negativen Worten zu erwischen, diese dann sofort zu löschen und intuitiv eine bessere und ressourcevollere Formulierung zu suchen und zu benutzen. Vergessen Sie bitte danach eines nicht: Loben Sie sich dafür, daß Sie schon wieder eine schwache Formulierung durch eine starke Formulierung ersetzt haben. Allein dieses Lob ist es schon wert, die Technologie des Löschens anzuwenden.

Sie werden, wenn Sie diese Technologie eine gewisse Zeit verwendet haben, feststellen, daß Sie immer weniger Worte löschen müssen. Ihr gesamter Sprachschatz wird sich im Vergleich zum heutigen Stand wesentlich verbessern. Deshalb zögern Sie nicht. Fangen Sie sofort damit an.

Füllen Sie Ihr halbleeres Glas halbvoll

oder

warum Sie aus einem halbvollen Glas länger genießen können und ein halbleeres nur leertrinken

Vielleicht werden Sie an dieser Stelle sagen: »Jetzt kommt diese alte Geschichte mit dem halbleeren und dem halbvollen Glas.« Sie haben vollkommen recht, denn volumenmäßig betrachtet ist die Hälfte des Inhaltes, den ein volles Glas hatte, verschwunden. Andererseits ist volumenmäßig auch die Hälfte des faßbaren Vermögens eines Glases hinzugekommen, nachdem es anfänglich leer war. Das einzige, was sich ändert, ist die Betrachtungsweise, und gleichzeitig ändert sich Ihre Einstellung. Die Einstellung des halbleeren Glases ist die, die die dunklen Seiten und negativen Aspekte an einer Sache sucht und diese dann mit Sicherheit auch findet. Die halbvolle Einstellung ist die, die die positiven Aspekte einer Sache sucht und diese dann auch zuverlässig findet.

Alles, ohne Ausnahme, hat eine positive und eine negative Seite, es gibt nichts auf Erden und nichts im Universum, was nur negativ oder nur positiv ist. Eine nur positive oder nur negative Erscheinungsform jedweder Art kann nicht überleben. Ein universales Naturgesetz verlangt immer eine positive und eine negative Seite, damit die Spannungsfelder sich ausgleichen und neutralisiert werden.

Positive und negative Zustände gehören zusammen. Sie können sicher sein, daß jede negative Situation auch einen positiven Aspekt hat. Oftmals liegt jedoch diese positive Seite für uns im verborgenen. Es bedarf einiger Übungen und Versuche, diese positive Seite in anfänglich negativen Situationen oder Gegebenheiten zu finden. Es ist allein der Wille, der vorhanden sein muß, die positive Seite zu finden.

Wenn Sie jedoch immer wieder die positiven Aspekte aus einer Sache herausarbeiten, so werden Sie feststellen, daß Sie diese immer häufiger und immer leichter erkennen können. Es bedarf nach einigen Übungsphasen keinerlei Mühe mehr zu überlegen, was hier positiv sein könnte. Offensichtlich negative Situationen, die Sie auf der Suche nach dem Positiven prüfen, verlieren in aller Regel ihre Schrecken sehr schnell, und Sie sind dadurch in der Lage, das Beste aus dieser Situation zu machen. Denken Sie daran: Es muß eine positive Seite geben, es gibt keine ausschließlich nur negativen Seiten.

So wie für den einen das Glas halb leer ist, so ist es für den anderen halb voll. Diese Regel funktioniert immer und überall im Leben. Fangen Sie sofort damit an, und halten Sie inne, wenn irgendetwas scheinbar negativ ist. Stellen Sie sich dann die Frage: »Was ist an dieser Situation positiv? Welche positiven Aspekte sind in diesen Vorkommnissen zu finden? Was kann ich aus dieser Situation lernen? Wie kann ich diese Resultate nutzen?« Oftmals sind es kleine Schritte, die die positiven Eigenschaften eines Vorkommnisses herausarbeiten. Seien Sie sich sicher, es gibt die positiven Seiten, und es liegt nur an Ihnen, diese deutlich zu machen. Es liegt an Ihren Fragen und Untersuchungen, die positiven Seiten aufzudecken. Das Glas ist grundsätzlich entweder halbvoll oder halbleer.

Gaby und Manfred lebten seit einigen Jahren zusammen und planten immer mal wieder zu heiraten. Aus allen möglichen Gründen kam es jedoch nie dazu, und aus allen möglichen anderen Gründen traten immer mehr Spannungen auf. Es kam zur Trennung. Wie so oft trafen sich die beiden jedoch nach einiger Zeit wieder und begannen, über eine neue gemeinsame Beziehung nachzudenken. Nachdem sie unter einem Dach lebten, entschieden sich die beiden, in Zukunft darauf zu achten, daß es nie wieder so weit kommen konnte wie vor der Trennung. Darüber hinaus beschlossen sie, geeignete Mechanismen einzuführen. Was war zu tun? Sie einigten sich auf eine Art wöchentliches

Feedback. Sie wollten sich einmal jede Woche bewußt zusammensetzen und die vergangenen sieben Tage reflektieren.

Sie wollten jedoch keine Fehler aufdecken. Sie wollten auch nicht analysieren, was sie in der letzten Woche falsch gemacht hatten oder besser hätten machen können. Nein, weit gefehlt, sie besprachen, was sie gut gemacht hatten und wann und wie sie sich eine Freude bereitet hatten. Sie fanden heraus, was besser geworden war! Ein bilderbuchartiges Beispiel für eine halbvolle Sichtweise. Einige Monate später flogen die beiden nach Hawaii und heirateten.

Halb voll oder halb leer ist eine eigene Philosophie und bewirkt im Leben der meisten Menschen, die sich von »halbleere« in »halbvolle« verwandeln, eine wesentliche und oft sofortige Verbesserung der Lebensqualität.

Schicksalsschläge

Können Sie sich vorstellen, mit welchen Gedanken sich ein Mensch herumschlagen muß, der in jungen Jahren bei einem Motorradunfall an einem Großteil seiner Körperoberfläche Verbrennungen dritten Grades erlitt? Für einen derart gepeinigten Menschen kann das Leben sehr schnell als unwürdig zum Weiterleben erscheinen. Denn neben den unsagbaren Schmerzen, die dieser Mensch während des nicht mehr endenwollenden Heilungsprozesses ertragen muß, werden große Partien seines Körpers für immer entstellt bleiben.

Wenn für diesen Menschen das Glas halbleer ist, wird er sicher nicht mehr allzuviel Kraft aufwenden, um überhaupt noch weiterleben zu wollen. Er wird die Zukunft dann wahrscheinlich in aller Einsamkeit verbringen.

Es gibt einen Menschen in den Vereinigten Staaten namens W. Mitchell, der dieser Herausforderung des Schicksals gegenüberstand und der einer derjenigen Menschen war, die das Glas stets halbvoll sahen. Nach einem schweren Motorradunfall erlitt er

Verbrennungen dritten Grades auf drei Viertel seiner Körperoberfläche. Seine positive Betrachtungsweise führte dazu, daß er noch härter an sich arbeitete, seinen Zustand zu überwinden, und in relativ kurzer Zeit ein erfolgreicher Geschäftsmann wurde. Mitchell gab niemals auf und hinterfragte sämtliche Situationen nach dem positiven Aspekt. Selbst der Tatsache, daß sein Gesicht von Narben entstellt war, konnte er die gute Seite abgewinnen. Er kandidierte für ein politisches Amt und benutzte voller Stolz den Slogan: »Wählen Sie mich in den Kongreß, und ich garantiere Ihnen, dort nicht nur ein weiteres hübsches Gesicht abzugeben.«

Er schien auf einer Erfolgs- und Siegerstraße zu sein. Dann plötzlich ereilte ihn das Schicksal zum zweiten Mal. Als Folge eines Flugzeugabsturzes war er von der Hüfte abwärts gelähmt. Dennoch hat Mitchell niemals aufgegeben und galt bei seinen Freunden und Bekannten als einer der erfolgreichsten, stärksten und lebensfrohesten Menschen, die ihnen je begegnet sind.

Wenn Sie also von sich glauben, daß das Schicksal Ihnen übel mitgespielt habe, so sollten Sie sich immer wieder die Geschichte von W. Mitchell vor Augen halten, dem sicherlich das Schicksal viel härter mitgespielt hat als den allermeisten von uns. Solange Sie das halbvolle Glas vor sich sehen, werden Sie auch besser mit Ihrem Schicksal fertig. Wenn Sie jedoch anfangen, über das halbleere Glas nachzudenken, und herausfinden, was alles furchtbar und schrecklich in Ihrem Leben war und ist, so werden Sie sicher auch wenig Freude daran haben.

Freuen Sie sich für andere

oder

warum es auch Ihre Freude ist

Alexander hatte gerade sein Architekturstudium abgeschlossen und sein eigenes kleines Büro eröffnet. Er hatte schon während des Studiums die ersten Kontakte geknüpft und vom Start weg ein paar Aufträge erhalten. Er war schon immer ein sehr diziplinierter und gewissenhafter Mensch, und selbst wenn er vielleicht nicht immer pünktlich anzufangen brauchte, widerstrebte es ihm, später als 8:30 Uhr in seinem Büro zu sein.

Ganz anders seine langjährige Freundin, eine Medizinstudentin: Trotz Vorlesung lag sie oft bis mittags im Bett und verpaßte die ein oder andere Vorlesung. Oft führte das dazu, daß sie im letzten Moment für eine Klausur lernte und dann im Vollstreß war. Alexander konnte das alles nicht verstehen und begann, sich immer mehr über das Verhalten seiner Freundin zu ärgern. Es stank ihm einfach, wie locker sie mit Ihrem Leben umging, und er mußte schuften, um zurechtzukommen. Immer häufiger ging er also in sein Büro und hatte seinen Morgenfrust schon hinter sich. Jedesmal hatte er sich über das Verhalten seiner Freundin geärgert, und das vermieste ihm immer mehr Tage. Seine Leistungen und sein Umgang mit den Kunden spiegelten seinen Ärger an diesen Tagen sehr oft wider. Dann kam es, wie es kommen mußte: Seine Kunden waren immer unzufriedener mit seinen Leistungen und seinem Verhalten.

Alexander begann nach einiger Zeit damit, sich zu beobachten und stellte fest, woran es lag, daß er manchmal so verärgert seinen Tag begann. Es lag an seiner Freundin, und hier war die Ursache für sein Dilemma. Einerseits liebte er seine Freundin und wollte sie sogar in wenigen Monaten heiraten. Andererseits ärgerte sie ihn so sehr, daß er sich und seine berufliche Karriere im Graben sah.

Vielleicht kennen Sie diese Situation und ärgern sich auch manchmal über das Verhalten anderer Menschen. Oft handelt es sich dabei um einen Menschen, mit dem Sie sehr verbunden sind – Kinder, Ehepartner oder berufliche Kollegen. Sie ärgern sich über diese Menschen, und diese Menschen ärgern Sie. Vielen Menschen sind andere Menschen geradezu ein ständiges Ärgernis. Was ist zu tun?

Der Mensch ist nicht sein Verhalten

Als allererstes sollten Sie sich darüber im klaren sein, worüber Sie sich ärgern. Ist es tatsächlich so, daß der andere Mensch Sie ärgert, oder ist es nicht vielmehr so, daß Sie sich ärgern. Wenn Sie sich ärgern, so gibt es einen Grund dafür. Alexanders Grund ist seine Freundin. Obwohl es oft so formuliert wird: »Der oder die ist der Grund des Ärgernisses«, ist diese Aussage zum Glück falsch. Es besteht ein großer Unterschied zwischen dem Menschen und seinem Verhalten. Alexander ärgert sich also nicht über seine Freundin, sondern über das Verhalten seiner Freundin. Das ist ein entscheidender Unterschied. Auch Sie ärgern sich in ähnlichen Situationen nicht über den Menschen, sondern über sein Verhalten.

Wenn Ihr Sohn plötzlich zu rauchen anfängt und Sie verärgert sind, dann stört Sie doch, daß Ihr Sohn raucht und nicht, daß Ihr Sohn existiert. Sie werden Ihren Sohn noch immer lieben, auch wenn Sie seine Raucherei am liebsten nicht erleben würden. Auch wenn Ihr Lebenspartner mal wieder seine doofen Ansichten vertritt, ärgern Sie sich doch nicht über diesen Menschen, sondern eben über die Ansichten, die dieser Mensch verlauten läßt.

In aller Regel neigen Menschen jedoch dazu, nicht zwischen dem Verhalten und dem Menschen zu unterscheiden. Dann sagen Sie leicht: »Ich mag Dich nicht. Du rauchst zu viel.« Was Sie eigentlich meinen, ist jedoch: »Ich kann es nicht leiden, daß Du rauchst.« Was meinen Sie, wann Ihr Sohn betroffener ist und glaubt, daß Sie ihn nicht mehr mögen? Was glauben Sie, was für einen Menschen, der kritisiert wird, das schlimmste ist? Sicherlich gehört die Rücknahme von Liebe und Zuneigung an die oberste Stelle. Wie dumm, wenn Sie eigentlich etwas ganz anderes sagen wollten und nun Ihre Liebe zu den anderen in Frage stellten.

Trennen Sie also unbedingt Ihre Gefühle für einen Menschen von den Gefühlen, die ein bestimmtes Verhalten dieses Menschen bei Ihnen auslöst. Sagen Sie dem anderen Menschen auch präzise, was genau Sie nicht mögen. Hüten Sie sich davor zu verallgemeinern.

Doch zurück zu Alexander. Er hatte plötzlich festgestellt, daß nicht seine Freundin ihn ärgerte, sondern ihr Verhalten. Genauer gesagt ärgerte er sich über das Verhalten dieser Person. Auch diese Aussage ist jedoch nicht präzise genug. Alexander ärgerte sich nicht über das Verhalten seiner Freundin, sondern nur über ein bestimmtes Verhalten. Ihr sonstiges Verhalten war einwandfrei. Schließlich liebte er sie ja und stimmte mit ihr in fast allen Dingen überein. Es war also dieses eine spezielle Verhalten, welches sein Leben zur Hölle machen konnte.

Wie kann es sein, daß das Verhalten eines anderen Menschen Sie so extrem beeinflußt? Analysieren Sie einmal den Satz, der dies beschreibt: »Ich ärgere mich darüber, daß Du immer wieder den Müllbeutel auf die Treppe stellst, statt ihn gleich hinunterzubringen.« Hier wird ganz speziell ein bestimmter Umstand als Ursache für den Ärger erkannt. Somit stellen Sie Ihre Gefühle gegenüber der kritisierten Person nicht in Frage. Entscheidend sind jedoch die ersten drei Worte dieser Aussage: »Ich ärgere mich!« Nun, kein Wunder, daß es Ihnen nicht gutgeht. Sie ärgern sich!

Sie werden Gefangener eines Umstandes. Gefangener eines Verhaltens eines anderen Menschen. Das kann Ihnen sehr häufig passieren. Sicher haben Sie sich schon einmal über den Idioten vor Ihnen auf der Autobahn geärgert. Oder über den unverschämten Menschen, der sich dort vorgedrängelt hat. Hat es Ihnen geholfen, oder ging es Ihnen etwa schlecht?

Sie ärgern sich

Warum soll es Ihnen schlecht gehen? Wollen Sie das nicht ändern? Also fangen Sie sofort damit an. Entscheiden Sie sich doch einfach, daß Sie sich freuen, anstatt sich zu ärgern. Was ist das denn für ein Blödsinn, werden Sie vielleicht jetzt fragen. Das ist kein Blödsinn, denn lassen Sie uns einmal folgenden Satz analysieren: »Ich freue mich, daß es Dir gutgeht und daß Du im Bett bleiben kannst.« Merken Sie was? Es sind wieder die ersten drei Worte, die den berühmten Unterschied ausmachen. Anstatt »Ich ärgere mich«: »Ich freue mich.«

Natürlich sollen Sie nicht ab sofort alles gut finden, was andere Menschen machen. Sobald es Sie direkt betrifft und Ihnen persönliche Nachteile entstehen, sollen Sie sich ärgern. Das hilft Ihnen dann, diese Menschen mit Ihrem Ärger zu konfrontieren und die Ursache des Ärgers zu beheben. Ärger ist eine gute Schutzfunktion und hilft in manchen Situationen ganz sicher weiter. Ärger, der nichts mit Ihnen zu tun hat und der von einem Umstand ausgelöst wird, der Ihnen keine direkten Nachteile beschert, ist sinnlos.

Nachdem Alexander diese Zusammenhänge erkannt hatte, stellte er sich künftig immer die wichtigen Fragen: »Ist ihr Verhalten für mich nachteilig?« und »Geht es ihr gut, und kann ich mich für sie freuen?« Er begann, sich für sie zu freuen, und erkannte, daß er sich immer dann freute, wenn seine Freundin glücklich und zufrieden war. Wenn ihr Verhalten einen Nachteil für ihn bedeutete, dann konfrontierte er sie mit ihrem Verhalten und bat um Verbesserung.

Beginnen Sie also damit, die Vorteile des anderen zu suchen, wenn Sie sich nicht direkt benachteiligt fühlen, und freuen Sie sich lieber für den anderen, als sich zu ärgern. Denn in den meisten Fällen weiß die andere Person gar nicht, daß Sie sich ärgern, und Sie allein sind der Benachteiligte. Wenn der Ärger zu groß wird, werden die Menschen in Ihrem Umfeld es schließlich doch merken, und Sie werden unversehens zu »dem mit der schlechten Laune.« Freuen Sie sich jedoch für andere und damit für sich selbst, so werden Sie schnell der sein, »der immer gut drauf ist«. Entscheiden Sie sich also in Zukunft lieber für die Freude und gegen den Ärger, auch wenn schon Wilhelm Busch erkannt hat: »Die Freude flieht auf allen Wegen; der Ärger kommt uns gern entgegen.«

Kanäle der Wahrnehmung
oder
Nichts sehen, nichts hören, nichts fühlen – was für eine Strategie!

Dieses Kapitel steht unter der Überschrift »Kanäle der Wahrnehmung«. Wir möchten Sie gleich zu Beginn dieses Themenkomplexes zu einer Übung auffordern, die Sie sehr leicht in Ihrer nächsten Umgebung durchführen können. Suchen Sie sich ein paar Freunde oder Bekannte aus, und bitten Sie diese, ihr jeweiliges Zuhause zu beschreiben, und zwar auf höchstens einer A4-Seite. Vergessen Sie nicht, selbst auch eine entsprechende Beschreibung anzufertigen. Falls jemand behauptet, daß er oder sie das nicht könne, lassen Sie diese Person eben einen anderen Raum beschreiben. Zum Beispiel das Elternhaus, das Büro oder auch die Stadthalle. Es ist letztendlich egal, was Sie beschreiben, uns geht es im wesentlichen um die Wahl der Worte.

Wenn Sie nun 3 bis 5 verschiedene Beschreibungen erhalten haben, vergleichen Sie diese mit Ihrer eigenen. Stellen Sie einen Unterschied fest? Wenn nicht, dann ganz sicher am Ende dieses Kapitels. Wenn doch, dann gibt es vielleicht noch weitere Unterschiede, die Ihnen bisher nicht bewußt waren.

Erinnern Sie sich an eine tolle Mahlzeit. Sie haben den Braten bereits gerochen, als die Köchin ihn noch nicht einmal ganz auf dem Tisch hatte. Ihnen lief das Wasser im Munde zusammen, und der Geschmack des tollen Genusses war schon deutlich wahrnehmbar. Sie sahen schon, wie alle anderen mit ähnlichen Gelüsten zu kämpfen hatten. Sie wußten, nachdem jeder jedem einen guten Appetit gewünscht hatte, daß Sie jetzt loslegen konnten. Genußvoll hörten Sie das leicht schmatzende, immer noch ästhetische Geräusch beim ersten Bissen.

Nun, keine Angst, dieses Buch wird nicht plötzlich zum Roman, in dem der Mörder beim Festmahl das Licht ausschaltet und dann zuschlägt. Wir wollen Ihnen nur einmal aufzeigen, daß bei einem solchen Festmahl eine Vielzahl verschiedener Sinne involviert ist. Beim Essen beschränken wir uns keineswegs nur auf unsere Geschmacksnerven.

Wir verwenden unter Umständen alle unsere fünf Sinne. Wir riechen den Braten und verwenden dabei den Geruchssinn in unserer Nase. Man spricht auch von dem olfaktorischen Sinn. Wir schmecken die Speise schon, bevor wir ein Stück im Mund haben. Wir benutzen hierbei unseren Geschmackssinn oder auch den gustatorischen Sinn. Der kinästhetische Sinn, unser Gefühl, läßt Hunger aufkommen oder Befriedigung im Hinblick auf den bevorstehenden Bissen, den wir mit Wonne genießen werden. Mit Ihren Augen, also dem visuellen Sinn, sehen Sie, wie alle anderen Teilnehmer dieses Mahles hungrig auf den Braten blicken. Mit Ihren Ohren hören Sie schon das schmatzende Geräusch, wenn Ihre Zähne nun endlich in das saftige Stück Fleisch beißen. Dies ist eine sogenannte auditive Wahrnehmung.

Sie alle kennen diese Gefühle, Geräusche, den Geschmack, den Anblick und den Geruch. Alle Menschen können, sofern sie gesund sind, mit all diesen fünf Sinnen äußere Eindrücke aufnehmen und diese verarbeiten. Allerdings benutzt jeder Mensch diese fünf Sinne mit verschiedener Häufigkeit und Vorliebe. Manche Menschen sehen die Dinge ganz klar vor sich. Andere haben bei dieser Sache ein gutes Gefühl, und wieder andere sagen, daß sich das gut anhört.

Jemand, der die Dinge oder sein Leben, seine Ehe oder was auch immer ganz klar vor sich sieht, ist ein visueller Mensch. Das bedeutet, daß dieser Mensch sich von nahezu allem, an das er sich erinnern will, ein Bild macht. Gleiches gilt auch für alles, was sich diese Menschen für die Zukunft wünschen und für alle Dinge, die sie erfinden. Immer sehen sie diese Dinge oder Ihre Zukunft in Form von Bildern.

Diejenigen Menschen, die mehr nach dem Gefühl gehen, sehen im Gegensatz zum visuellen Typen keine Bilder, sondern glauben, daß sie auch in Zukunft glücklich sein werden (oder eben unglücklich, je nach verwendeten Glaubenssätzen). Sie können dieses Gefühl schon jetzt fühlen oder es im Falle der Erinnerung jederzeit wieder empfinden. Diese Gefühlsmenschen arbeiten selten mit Bildern, sondern sie verbinden alles mit Fühlen, Riechen und Schmecken.

Die dritte Gruppe sieht nun weder Bilder, noch herrschen Gefühle vor. Diese Menschen, die auditiven, arbeiten vorwiegend mit dem Sinn des Hörens. Sie können sich an Geräusche während einer bestimmten Situation erinnern und hören diese Geräusche, wann immer sie wollen. Sie erinnern sich bei einem Menschen an den Klang der Stimme und nicht an das Aussehen. Sie hören eine innere Stimme, die ihnen mitteilt, was zu tun ist.

In diese drei Gruppen kann man die Menschen bezüglich ihres Kommunikationsverhaltens grundsätzlich unterteilen. Bei der Zuordnung in drei Gruppen faßt man den olfaktorischen (riechen) Sinn und den gustatorischen (schmecken) mit dem kinästhetischen (fühlen) zusammen. Man spricht in dem Zusammenhang nur noch von dem kinästhetischen Sinn. Diese Zusammenfassung erleichtert die Einteilung wesentlich, weil man sich leichter auf drei Zustände als auf fünf konzentrieren kann. (Glauben Sie das etwa? So leicht entsteht ein Glaubenssatz!) Wie dem auch sei, es ist sicher für die meisten Menschen einfacher, sich auf weniger Dinge konzentrieren zu müssen als auf mehr.

Diese drei verschiedenen Eingangskanäle oder Sinnkategorien werden auch als Kanäle der Wahrnehmung bezeichnet. Bei Untersuchungen über das Kommunikationsverhalten der Menschen wurde festgestellt, daß jeder Mensch einen dieser drei Kanäle der Wahrnehmung bevorzugt benutzt. Das bedeutet nun keineswegs, daß der visuelle Mensch ausschließlich diesen Kanal benutzt, sondern diesen eben nur bevorzugt. Jeder Mensch ist in der Lage, jeden dieser Kanäle zu nutzen.

Die Kanäle der Wahrnehmung werden vom Menschen allerdings nicht nur in der Kommunikation mit der Außenwelt benutzt, sondern auch für die Kommunikation mit sich selbst. Was ist, wenn Sie von der Zukunft träumen? Sehen Sie sich an Bord eines Schiffes auf den sieben Meeren? Hören Sie die steife Brise, die Ihnen um die Ohren pfeifen wird, wenn Sie Ihre lang geplante Segeltour in zwei Wochen endlich antreten? Oder spüren Sie die unendliche Freiheit und Weite des Meeres? Diese Projektionen in die Zukunft sind ganz sicher keine äußeren Wahrnehmungen, sondern sogenannte interne Repräsentationen einer Begebenheit, die man als zukünftige Wahrheit interpretiert. Auch bei dieser internen Kommunikation verwendet der Mensch einen der drei Kanäle der Wahrnehmung bevorzugt. Bevorzugt bedeutet in diesem Zusammenhang, daß der Mensch lediglich einen dieser Kanäle statistisch wesentlich häufiger benutzt als alle anderen.

Wenn man nur einen Kanal der Wahrnehmung benutzt, limitiert man sich natürlich ganz gewaltig. Dies können Sie vermeiden, indem Sie sich über diese Einschränkung bewußt werden. Die Kommunikation mit anderen Menschen kann genau durch diese Limitation gestört werden. Dazu ein Beispiel aus der Praxis eines Automobilverkäufers.

Die Limitation im Verkauf

Der potentielle Kunde betritt den Ausstellungsraum eines Autohauses. Er nähert sich dem Topmodell der Marke und läßt seine Hand leicht über den Kotflügel streichen. Etwas später drückt er den Wagen am Heck herunter, weil er vermutlich die Stoßdämpfer prüfen möchte. Der zuständige Verkäufer ist inzwischen auf den Kunden aufmerksam geworden und nähert sich. »Guten Tag, kann ich Ihnen helfen?« begrüßt der Verkäufer den Kunden.

Kunde: »Ich interessiere mich für dieses Auto.«

Verkäufer: »Schön, lassen Sie sich nur Zeit, schauen Sie sich alles genau an, ich zeige Ihnen gerne alles.«

Kanäle der Wahrnehmung

Kunde: »Darf ich mich reinsetzen? Ich möchte einmal das Sitzgefühl erleben.«

Verkäufer: »Aber gerne, nehmen Sie Platz ..... schauen Sie nur, dieses tolle Leder und vor allen Dingen ist es eine exzellente Verarbeitung, wie Sie sehen.«

Kunde: »Wie ist denn das Fahrverhalten im Grenzbereich?«

Verkäufer: »Oh, ganz toll. Ich zeige Ihnen gerne ein entsprechendes Video von unseren Tests. Sie können dann selbst sehen, wie phantastisch dieses Auto auf der Straße liegt.«

Nun, was glauben Sie? Wird dieser visuelle Verkäufer seinen kinästhetischen Kunden überzeugen und ihm dieses Auto verkaufen? Wahrscheinlich nur dann, wenn der Kunde sich sowieso schon für dieses Modell entschieden hat. Andernfalls erlebten Sie (kinästhetisch) bzw. sahen Sie (visuell) bzw. hörten Sie (auditiv) hier einen typischen Fall von »aneinandervorbeireden.« Die Beteiligten fanden keine gemeinsame Plattform, weil beide offensichtlich in ihren jeweiligen bevorzugten Kanälen festhingen und sich damit limitierten. Im oben geschilderten Fall hätte der Verkäufer leicht seinen Kanal wechseln können, und der Kunde hätte als kinästhetischer Mensch ganz sicher das Gefühl bekommen, in guten Händen zu sein.

Wie kann der Verkäufer den Kinästheten erkennen? In diesem kurzen Beispiel sind hierfür zwei wichtige Ansätze. Erstens befühlen visuelle Menschen den gewünschten Gegenstand nicht so intensiv wie unser Kunde – was nicht heißt, daß visuelle Menschen das niemals machen – und zweitens würden visuelle oder auditive Menschen keinen großen Wert auf das Sitzgefühl und auf das Fahrverhalten legen. Das Ertasten des Autos war also der erste Hinweis auf einen kinästhetischen Menschen, der Wunsch, das Sitzgefühl zu erleben, war der Beweis.

Was kann der Verkäufer an seiner Kommunikation ändern? Mit dem Wissen aus diesem Kapitel fällt es Ihnen leicht, diese Frage zu beantworten. Sie als Verkäufer hätten ganz sicher gesagt: »Ja, setzen Sie sich nur hinein. Ist ein tolles Gefühl, in derart weichem Leder sitzen zu können. Auch die Sitzposition ist hervorragend, reinsetzen und wohlfühlen.« Auf die Frage nach dem Verhalten im Grenzbereich würden Sie etwa so antworten – unabhängig, welchen Kanal der Wahrnehmung Sie persönlich bevorzugt benutzen: »Sie erleben im Grenzbereich ein nie gekanntes Gefühl der Sicherheit.«

Sollten Ihre Antworten anders sein, lesen Sie dieses Kapitel unbedingt nochmal von Anfang an.

Hier ist noch ein Beispiel, welches viele Menschen sicher entweder in der eigenen Beziehung oder in der Beziehung anderer Menschen erlebt haben. Es geht um Ehekrach oder entsprechenden außerehelichen Disput, wenn die Partner unterschiedliche Kanäle der Wahrnehmung bevorzugen.

Sie: »Du liebst mich nicht mehr!«

Er: »So ein Nonsens, erst gestern habe ich dir diese wunderschönen Blumen mitgebracht.«

Sie: »Schon, aber du sagst mir nicht mehr, daß du mich liebst.«

Er: »Natürlich liebe ich dich. Sogar noch mehr als am Anfang unserer Beziehung. Siehst du denn nicht, daß ich mich jeden Tag für dich besonders toll anziehe?«

Sie: »Ist mir egal, auch meine Mama sagt, daß die Liebe mit der Zeit nachläßt.«

Und so weiter und so weiter. Auch hier reden zwei aneinander vorbei. Warum? Nun, er ist ein visueller Typ, und sie benutzt überwiegend den auditiven Kanal. Aus solchen Dialogen entstehen unter Umständen die extremsten Auseinandersetzungen. Leicht zu beheben, wenn man sich auf den Kanal des anderen in solchen Situationen einstellen kann.

Nun ist es keineswegs so, daß alle Menschen nur einen Kanal der Wahrnehmung benutzen. Alle Menschen benutzen regelmäßig alle Kanäle und können sowohl auf diesen senden als auch empfangen. In unserem »Ehestreit« kann es leicht sein, daß »sie« ein kinästhetischer Typ ist. In diesem speziellen Fall fühlt sich die Frau vielleicht vernachlässigt und beschwert sich deswegen. Das bedeutet, daß sie aus einem Gefühl heraus den auditiven Kanal benutzt, um zu hören, daß er sie liebt. Diese Aussage kann in ihr dann das vermißte Gefühl erzeugen, welches die gesamte Situation hervorgerufen hat. Mit dem Bild von den Blumen, egal wie schön diese auch waren, konnte sie das Gefühl nicht assoziieren.

Es gibt grundsätzlich drei Techniken, eine solche Situation zu bereinigen.

Technik Nummer 1: Sie können sofort die Kanäle, die Ihr Gegenüber wählt, benutzen und wechseln im Dialog genauso schnell mit wie Ihr Gesprächspartner. Diese Technik birgt allerdings einen entscheidenden Nachteil. Sie konzentrieren sich zu stark auf die Worte, die der andere benutzt und können sich nicht auf den Inhalt konzentrieren. Das bedeutet, daß Sie zwar den richtigen Kanal benutzen, jedoch die Inhalte Ihrer Worte unter Umständen das Thema total verfehlen. Das verschärft die Situation eventuell noch. Besser ist, Sie verwenden Technik Nummer 2.

Technik Nummer 2: Sie versuchen, den bevorzugten Kanal Ihres Gesprächspartners zu ermitteln. Dies ist unter den meisten Umständen ganz einfach, wir erklären Ihnen später, wie das geht. Noch besser ist es jedoch, wenn Sie den Kanal des anderen schon kennen, zum Beispiel bei einem Familienmitglied oder bei einem Kollegen. Falls der bevorzugte Kanal bekannt ist oder schnell ermittelt wurde, antworten Sie Ihrem Gegenüber in einer Streßsituation grundsätzlich in dessen bevorzugtem Kanal. Dadurch stellen Sie sicher, daß Ihre Antwort ankommt. Der bevorzugte Kanal eines Menschen ist nämlich immer auf Empfang, und der Angesprochene fühlt sich auf jeden Fall verstanden. Falls Sie einen anderen Kanal benutzen, kommt diese Botschaft meistens nicht an. Es sei denn, Sie haben genau den Kanal getroffen, den Ihr Gegenüber im Moment benutzt hat. Dadurch haben Sie gegebenenfalls zufällig Technik Nummer 1 angewandt.

Probieren Sie diese Technik an sich selbst aus. Je nachdem, welcher Typ Sie sind, erinnern Sie sich an eine Situation, die Sie aufregte. Falls Sie ein visueller Typ sind, stellen Sie sich die furchtbare Situation in lebhaften Farben vor. Als auditiver Typ hören Sie nochmal, was gesagt wurde. Erinnern Sie sich an alle Geräusche, an die Stimme und an den Tonfall. Als Kinästhet erzeugen Sie das schlechte Gefühl. Fühlen Sie sich schlecht. Regen Sie sich auf. Ärgern Sie sich!

Jetzt beenden Sie das Ärgernis! Wenn Sie den Ärger los sind, erinnern Sie sich bitte, wie Sie das Ärgernis beendet haben. Als auditiver Typ haben Sie mit hoher Wahrscheinlichkeit irgendetwas Beruhigendes zu sich selbst gesagt oder sich an eine Stimme erinnert, die Sie in dieser Situation gehört haben. Der visuelle Typ hat ein Bild erzeugt, und der Kinästhet hat ein entsprechend gutes Gefühl. Sie können mit diesem Experiment leicht erkennen, daß Sie nur Ihren bevorzugten Kanal nutzen, um das Ärgernis zu beenden.

Und genau das kann auch Ihr Gegenüber tun, um Ihren Ärger zu beenden und die stressige Situation zu bereinigen.

Was ist zu tun, wenn Sie den bevorzugten Kanal Ihres Partners weder kennen noch schnell herausfinden können und auch Technik Nummer 1 nicht anwenden wollen? Dieses Problem löst Technik Nummer 3.

Technik Nummer 3: Nachdem Technik Nummer 2 die effizienteste und schnellste ist, jedoch gewisse Voraussetzungen vonnöten sind, ist Technik Nummer 3 die sicherste und umfangreichste. Bei dieser Technik verwenden Sie ganz einfach für Ihre Antworten alle Kanäle der Reihe nach. Damit stellen Sie sicher, daß der bevorzugte Kanal Ihres Partners in jedem Falls benutzt wird. Sie antworten etwa so: »Liebling, was für eine dumme Idee. Natürlich liebe ich Dich sehr. Meine Gefühle sind unendlich groß. Oft sage ich mir, wie toll das Gefühl ist, mit Dir zusammenzusein, und sehe uns als das Liebespaar schlechthin.«

Kanäle der Wahrnehmung

Alle drei Kanäle zu benutzen, erweitert den Dialog und bedarf einiger Übung. Dies insbesondere deshalb, weil die Menschen oft so sehr in ihren eigenen Kanälen kommunizieren, daß sie ohne Übung nicht flexibel genug sind, um entsprechende Dialoge zu führen. Ganz besonders dann, wenn Emotionen mitspielen, also wenn die Situation sowieso aufregend oder ärgerlich ist.

Man kann alle drei Techniken leicht erlernen, über das Handwerkszeug dazu verfügen wir alle seit unserer Schulzeit. Letztendlich ist es eine Sache der Übung. Also gilt auch hier wie in den meisten anderen Disziplinen: üben, üben und nochmals üben.

Die Wahl der Worte

Wie können Sie nun die Kanäle erkennen, die benutzt werden? Hauptindikator ist die Wahl der Worte. Anhand der benutzen Ausdrücke und Worte sind die Kanäle leicht zu ermitteln. Je nachdem, wie lange Sie einen Menschen diesbezüglich beobachten, können Sie seinen bevorzugten Kanal ermitteln.

Haben Sie einen Menschen schon einmal sagen gehört: »Ich mag ihn nicht, ich kann ihn nicht riechen.« Menschen die so argumentieren, benutzen in diesem Moment den kinästhetischen Kanal. Benutzt dieser Mensch außerdem regelmäßig Aussagen wie: »Sie begreift (von greifen, tasten) das einfach nicht« oder »Ich hab' dabei ein schlechtes Gefühl, einen faden Beigeschmack« oder sogar »Ich fühle mich sehr unwohl und unbehaglich«, dann haben wir es ziemlich sicher mit einem Kinästheten zu tun. Das bedeutet, daß sich dieser Mensch bevorzugt auf sein Gefühl verläßt.

Der visuelle Mensch hingegen würde andere Worte benutzen. So zum Beispiel: »Ist doch ganz klar« oder »Ich seh es doch ganz deutlich, daß ...«. Auch die Aussage »Das sieht ja super aus« und der Hinweis auf eine blendende Zukunft läßt auf den visuellen Typ schließen.

Auditive Typen verwenden bevorzugt Worte wie verstehen, sagen oder hören. Sie treffen oft Aussagen wie: »Ich habe gehört, daß ...«. Der Klang und die Lautstärke sind wichtige Bestandteile ihres Lebens, und sie teilen das auch gerne anderen mit, indem sie zum Beispiel auf den tollen Sound verweisen.

Hier ein und dieselbe Aussage in allen drei Kanälen:

Der visuelle Typ: »Ich seh' das nicht so« oder »Ich seh' das anders.«

Der Kinästhet: »Ich fühle mich nicht gut dabei« oder »Ich hab' so ein flaues Gefühl in der Magengegend.«

Der auditive Typ: »Das hört sich aber nicht gut an« oder »Ich hör die Leute schon lästern.«

Sie haben jetzt eine ganze Menge über die Kanäle der Wahrnehmung und die Bedeutung dieser Kanäle in der Kommunikation gelernt. Was hat dies mit Glaubenssätzen zu tun? Glaubenssätze entstehen immer durch eine bestimmte Art der Kommunikation. Diese kann extern sein, also aus Gehörtem resultieren, oder intern, durch Rückschlüsse auf ein externes Ereignis. In jedem Fall findet die eine oder andere Art der Kommunikation statt, und es wird vorwiegend ein Kanal der Wahrnehmung benutzt. Im Fall der Glaubenssätze muß das allerdings nicht unbedingt der von diesem Menschen bevorzugte Kanal sein. Es kann auch vorkommen, daß es eine Folge von Ereignissen ist, intern und/oder extern, welche durch die verschiedenen Sinnessysteme wechseln.

Nehmen Sie als Beispiel die Angst vor Spinnen. Wie kann eine solche Phobie entstehen? Phobien sind die ausdrucksstärkste Form von Glaubenssätzen oder gar von ganzen Glaubenssystemen. In vielen Fällen ist diese Angst überliefert. Ein anderer Mensch erzählte davon, wie schrecklich gruselig Spinnen seien. Er malte die Spinnen in den schrecklichsten Farben, und der inzwischen Verängstigte sieht, wenn immer er an Spinnen auch nur denkt, die furchterregendsten Bilder. Ein Horrorszenario nach dem anderen. In diesem Falle hat sich der Glaubenssatz in Form von Bildern manifestiert.

Kanäle der Wahrnehmung

Einem solchen Phobiker kann nun geholfen werden, indem man die Bilder, die dieser Mensch sieht, mit ihm gemeinsam ändert. Zum Beispiel, indem er die Bilder verkleinert und verniedlicht. Je kleiner die Bilder, um so ungefährlicher wird die ganze Situation. Der Glaube an die Gefährlichkeit der Spinnen nimmt oft proportional mit der Größe der Bilder ab. Wichtig ist allerdings, daß Sie den gleichen Kanal benutzen, wie ihn auch der Phobiker bei der Erzeugung dieser speziellen Phobie in der jeweils speziellen Situation anwendet.

Natürlich funktioniert das auch bei Ihnen selbst. Stellen Sie sich einen Glaubenssatz vor, den Sie nicht mögen. Nehmen wir: »Immer, wenn ich meine Kollegin sehe, sehe ich rot und fange an, mich zu ärgern, weil sie mich immer übergeht!« Daß Ihre Kollegin Sie immer übergeht ist sicher ein Faktum. Warum sehen Sie rot und ärgern sich? Sie limitieren sich durch einen dummen Glaubenssatz, den Sie leicht ändern können.

Zuerst finden Sie den Kanal der Wahrnehmung heraus, und dann ändern Sie die Wahrnehmung. In diesem Falle ist der Auslöser des Ärgernisses eine visuelle Wahrnehmung Ihrer Kollegin, gefolgt von einem internen Bild, nämlich rot zu sehen. Nachdem Sie dies erkannt haben, ändern Sie die Bilder. Das externe Bild zu ändern ist sicher in diesem Falle schwerer als das interne. Deshalb sehen Sie Ihre Kollegin beim nächsten Mal doch etwas anders. Sehen Sie blau, oder stellen Sie sich vor, sie hätte blaue Haare. Ziemlich lächerliches Aussehen, oder nicht? Wahrscheinlich müssen Sie lachen und verhalten sich plötzlich offener gegenüber Ihrer bisher gehaßten Kollegin. Das führt dann in aller Regel dazu, daß auch Ihre Kollegin Sie netter findet und die bisher gestörte Kommunikation besser wird.

Wenn Sie jetzt noch Ihr Wissen über die Kanäle der Wahrnehmung kennen, dann können Sie leicht herausfinden, ob sie Sie wirklich immer übergeht oder ob auch dies nur ein dummer Glaubenssatz und kein Faktum war.

Wichtig ist also bei der Eliminierung von ungewollten und ungeliebten Glaubenssätzen, daß Sie immer auf die entsprechenden Kanäle achten, die bei dem Originalglaubenssatz verwandt wurden. Zum Ändern der Originalglaubenssätze nehmen Sie immer den gleichen Kanal, denn nur dann kommt es zu einer dauerhaften Veränderung. Es kommt im Grunde genommen zur Manifestation eines neuen oder eines variierten Glaubenssatzes. Wenn Sie nicht den richtigen Kanal benutzen, kommt es hingegen oft zu dem großen »Aber«: »Ich hörte zwar, sie überginge mich nicht, aber ich glaube nur, was ich sehe.«

Falls es Ihnen nicht gelingt, die richtigen Kanäle, die Ihr Glaubenssatz benutzt, zu finden, dann können Sie alternativ die Technik Nummer 3 anwenden. Sie verändern den Glaubenssatz einfach unter Zuhilfenahme einer Konstruktion, bestehend aus allen Kanälen: »Ich habe gehört, daß Sie mich eigentlich nicht übergehen will, und es sieht auch nicht so aus. Sie fühlte sich sicher auch sehr unwohl, wenn Sie es täte.«

Es gibt einen weiteren wichtigen Grund, warum Codename Hase über die Kanäle der Wahrnehmung spricht. Im Untertitel finden Sie die Worte: »Der ultimative Weg zu Glück, Gesundheit und Erfolg«. All dies hat unmittelbar damit zu tun, wie Sie kommunizieren, wie Sie mit sich selbst und mit Ihren Mitmenschen kommunizieren. Ganz sicher geht es jedem besser, wenn er sich verstanden fühlt und wenn man Sie mag, weil man sich von Ihnen verstanden fühlt. Dann steht Ihrem Erfolg und Glück eigentlich nichts mehr im Wege. Deshalb nutzen Sie die Kanäle der Wahrnehmung ab sofort intensiv, forschen Sie, welche Kanäle Ihr Gegenüber benutzt, und kommunizieren Sie in einer völlig neuen Art. Es wird Ihr Leben sofort verändern und verbessern.

Mit dem Wissen aus diesem Kapitel sollten Sie jetzt nochmal die Beschreibungen Ihrer Freunde und Bekannten von deren Heim lesen. Ganz sicher werden Sie nun enorme Unterschiede entdecken können. Dieses kleine Experiment hilft Ihnen jedoch nicht nur dabei, die Unterschiede in der Wahl der Kanäle zu entdecken, sondern es ist vielmehr der Schlüssel zu einer viel besseren Kommunikation mit den Menschen, die Ihnen bei diesem Experiment halfen. Sie haben nämlich mit hoher Wahrscheinlichkeit den bevorzugten Kanal Ihrer Freunde entdeckt. Es ist nun an Ihnen, dieses Wissen zu nutzen.

Verschwendete Energien
oder
warum die Richtung, in die wir zielen, so wichtig ist

Gedanken sind Energie, und Kopfarbeiter arbeiten. Sie bewegen keine Steine oder schleppen keine Kisten, sie arbeiten mit dem Kopf. Sie überlegen und entscheiden. Sie schreiben, machen Musik oder telefonieren mit anderen. All diese Menschen, die keine körperliche Arbeit verrichten und aus den verschiedensten Berufen kommen, sind am Ende des Tages genauso müde wie andere Menschen, die den ganzen Tag körperliche Arbeit verrichtet haben. Alle Menschen müssen schlafen, um neue Energien für einen neuen Tag zu sammeln.

Genauso, wie Sie allerdings eine Kiste in die falsche Ecke stellen und diese dumme Kiste dann noch mindestens einmal, meistens werden es eher ein halbes Dutzend Male, bewegen müssen, genauso können Sie Ihre Gedanken in die falsche Ecke lenken. Das Resultat: Sie beschäftigen sich mit diesem Gedanken immer wieder und kommen zu keiner oder zu einer eher unbefriedigenden Lösung. Und das allerschlimmste daran ist, daß Sie neben der Verschwendung der Energien eventuell Ihr Unterbewußtsein mit falschen Angaben programmieren. Ihr Unterbewußtsein reagiert immer auf eine gestellte Aufgabe und wird alles daransetzen, diese zu erfüllen. Ihr Unterbewußtsein versucht jedoch auch, Aufgaben zu lösen, wenn es mit den falschen Informationen versorgt wird. Und dann wird noch mehr Energie aufgewandt, um richtige Ergebnisse zu erzielen, Ihre Arbeitsleistung wird verschwendet.

Susanne bereitete ihre Reisen immer penibel vor. Anhand von Checklisten stellte sie regelmäßig alle Utensilien zusammen, die sie für die jeweilige Geschäftsreise benötigte. Sie ergänzte diese Listen immer, wenn ihr jemand erzählte, was ihm auf Reisen passiert war, und immer, wenn sie irgendwo von einem Unglück las, das einem anderen Reisenden widerfahren war. Im Laufe der Zeit hatte Sie eine ganz ansehnliche Liste zusammen, und die Vorbereitungen nahmen von Mal zu Mal mehr Zeit in Anspruch. Obwohl sie immer genauer nach diesen Listen arbeitete, konnte sie sich des Eindrucks nicht erwehren, daß irgendetwas fehlte. Sie zerbrach sich regelrecht den Kopf, um herauszufinden, wie sie ihre Reisen noch sicherer vorbereiten konnte. Sie fragte jeden, den sie kannte, ob dieser eventuell noch einen Tip für sie bereit hätte. Reisemagazine jeder Couleur verschlang sie regelrecht, immer auf der Suche nach Tips und Tricks von anderen Reisenden.

Ihr Kopf war voll von Überlegungen, was alles schiefgehen könnte. Hatte sie nicht erst kürzlich gehört, daß einer Kollegin die Handtasche in Berlin am Flughafen gestohlen wurde? Was, wenn ihr das passieren würde? Also, auf keinen Fall würde sie ihr Geld in der Handtasche lassen, im Koffer sowieso nicht, vielleicht am Körper? Wie dem auch sei, Susanne verwendete sehr viel Energie darauf nachzudenken, was alles passieren könnte. Ihre Überlegungen gingen immer davon aus, daß ihr alles und jedes passieren würde und wie sie sich davor schützen könnte.

Susanne stellte Ihre »Kiste« immer wieder von einer Ecke in die andere und verschwendete Energien zuhauf, die ihr sicher an anderer Stelle fehlten. Dabei ging sie immer vom negativen Ansatz aus und teilte ihrem Unterbewußtsein alle möglichen unangenehmen Dinge mit. Kein Wunder, daß sie mit der Zeit am Reisen keinen Spaß mehr, zum Schluß sogar Angst davor hatte.

Susannes Verhalten ist sehr typisch für die menschliche Art, die Dinge zu betrachten. Die Menschen verschwenden tonnenweise Energien und fragen sich: »Was kann schiefgehen? Was habe ich nicht bedacht? Man hört so vieles, wann trifft es mich?« Wenn Sie in diesen Mustern denken, verschwenden Sie wertvolle Energien. Sie programmieren Ihr Unterbewußtsein auf all die Möglichkeiten, die eventuell eintreffen könnten, und installieren einen entsprechenden Abwehrplan. Um Ihr Ziel zu erreichen, entwickeln Sie dutzende, manchmal sogar hunderte von verschiedenen Plänen, was wann zu tun ist. Haben Sie alle Möglichkeiten bedacht? Gibt es nicht doch noch eine Lücke?

Sicher kennen Sie den Ausspruch: »Ich werd' verrückt, wenn ich nur daran denke, was alles passieren kann.« Und es passiert in so vielen Fällen und bei so vielen Gelegenheiten, daß Menschen in dieser Manier denken: »Was kann der junge Mann mit meiner Tochter beim ersten Rendezvous alles anstellen? Was, wenn meine Kinder in der Schule nicht mitkommen? Was, wenn ich nicht befördert werde?« Und so weiter und so weiter.

Na, haben Sie eventuell einen Ihrer Gedanken wiederentdeckt? Vergessen Sie ihn! Vergessen Sie alle Gedanken in dieser Richtung. Sie verschwenden Energien. Sie denken in die falsche Richtung. Sie überschütten Ihr Unterbewußtsein mit allem möglichen Müll, und Sie lenken von den wichtigen Dingen ab!

In dem Kapitel über konditionierte Reaktionen haben Sie von der SWISH-Technik gehört. Leider funktioniert der SWISH auch in die entgegengesetzte Richtung. Immer, wenn Sie sich nämlich gerade vorgestellt haben, wie toll es sein könnte zu verreisen, und Sie sich dann vorstellen, was alles passieren könnte, dann haben Sie einen SWISH gemacht. Leider einen SWISH von der guten Sache zur schlechten. Und genauso wirksam, wie der SWISH eine unangenehme konditionierte Reaktion vernichten kann, ist es möglich, einen SWISH zu installieren, der genauso zuverlässig nach hinten losgeht.

Denken Sie deshalb ab heute zielgerichtet, und entdecken Sie die Vorteile, die Ihnen die Situation bietet. Sie erwischen sich dabei, etwas gut gemacht zu haben, und loben sich. Stellen Sie sich eine andere grundlegende Frage. Nicht: »Was kann alles passieren?«, sondern »Was will ich erreichen?« und »Was kann ich tun, um dieses Ziel zu erreichen?« Das Ergebnis ist wesentlich zielgerichteter, denn Sie denken an Ihr Ziel und nicht an das Nicht-Ziel, nämlich an die Dinge, die Sie nicht erreichen wollen.

Konzentrieren Sie sich nur auf Ihr Ziel. Wenn Sie sich erwischen, daß Sie an ein Nicht-Ziel (also die Was-kann-schiefgehen-Frage) denken, verdrängen Sie den Gedanken sofort, und konzentrieren Sie sich wieder auf Ihr Ziel.

Fernglas oder Lupe

oder

warum Sie auch in die falsche Richtung fokussieren können

Eines Tages erhielt der Unternehmensberater Jürgen einen Anruf von einem Topmanager eines großen Unternehmens mit der Bitte um Rat. »Jürgen, wir haben hier ein Problem und möchten Sie engagieren, daß Sie dieses für uns lösen.« Der Unternehmensberater antwortet daraufhin: »Leider kann ich Ihnen nicht helfen, denn wir lösen keine Probleme. Ich könnte Ihnen jedoch gerne ein Fax mit der Philosophie unseres Hauses zusenden, und wenn Sie dann immer noch unsere Hilfe in Anspruch nehmen wollen, so rufen Sie mich an.«

Daraufhin schickte Jürgen seinem Kunden ein Fax, auf dem nur ein einziger Satz stand: »Wir lösen keine Probleme, wir erarbeiten Lösungen.«

Nachdem der Kunde dieses Fax las, hörte Jürgen nichts mehr von ihm, zunächst einmal jedenfalls. Erst am Abend des nächsten Tages rief der Kunde an und sagte: »Jürgen, wir haben uns lange überlegt, wie Ihr Fax einzuordnen ist, und möchten Ihnen für Ihre Hilfe danken.«

Jürgen: »Nun, nichts zu danken, das habe ich doch gerne gemacht. Allerdings bin ich sehr gespannt darauf, was Sie unternommen haben.«

Kunde: »Wir haben lediglich Ihren Rat beherzigt und eine Lösung erarbeitet. Im Grunde genommen haben wir sogar zwei Lösungen erarbeitet. Beide bringen uns näher an das Ziel heran, und wir werden zunächst einmal die Lösung A umsetzen unter strengster Beobachtung des Zieles. Falls das nicht klappt, werden wir Plan B in Angriff nehmen. Wir sind sicher, daß die Kombination beider Strategien zum Erfolg führen wird.«

Fernglas oder Lupe

Jürgen lehnte sich daraufhin zurück und wies seine Sekretärin an, dem Kunden am nächsten Tag eine entsprechende Rechnung zu schicken.

Diese kleine fiktive Geschichte könnte tatsächlich wahr sein, denn das einzige, was ein erfolgreicher Unternehmensberater mit seinem Klienten macht, ist, dessen Fokus zu verändern. Genauso einfach, wie es sich anhört, ist es auch. Denken Sie einmal darüber nach, was es bedeutet, wenn Sie statt Probleme zu lösen, Lösungen erarbeiten. Ihre Blickrichtung verändert sich bei letzterer Ausführung um 180 Grad. Der Schriftsteller Antoine de Saint-Exupéry sagte einmal: »Um klar zu sehen, genügt ein Wechsel der Blickrichtung.«

Wenn Sie sich jedoch beim Lösen von Problemen mit dem Problem an sich beschäftigen, ist das etwa so, als würden Sie mit einer Lupe das Problem analysieren. Sie geraten so leicht in die Gefahr, daß Sie nur noch darüber nachdenken, wie Sie eventuell dieses Problem lösen und in Zukunft vermeiden könnten. Hier würden Sie sich mit Nicht-Zielen beschäftigen!

Wenn Sie jedoch das Problem quasi hinter sich lassen und akzeptieren, daß diese Aktion nicht zu dem Resultat führte, welches Sie anstrebten, und Sie sich statt dessen Ihrem eigentlichen Ziel zuwenden, kommen Sie nach vorne. Fokussieren Sie also bei der Erarbeitung von Lösungen mit einem Fernglas auf Ihr Ziel, und überlegen Sie, wie Sie dieses erreichen könnten. Der große Philosoph Friedrich Wilhelm Nietzsche umschrieb die Notwendigkeit, das Ziel zu fokussieren, so: »Viele Menschen verfolgen hartnäckig den Weg, den sie gewählt haben, aber nur wenige das Ziel.«

Als aufmerksamer Leser werden Sie darüber hinaus schon erkannt haben, daß alleine das Wort »Problem« zu der Kategorie der Unworte gehört und deshalb der erste Teil dieser Philosophie nicht gelten darf. Es bleibt also nur der Teil, der zum Erarbeiten von Lösungen führt.

Was passiert jedoch, wenn Sie mit Ihrem Feldstecher in Richtung Ziel schauen und sich überlegen, welche Schritte notwendig sind, um an Ihr Ziel zu gelangen? Sie beschäftigen sich in diesem Fall intensiv mit dem Ziel, egal auf welchem Kanal der Wahrnehmung Sie sich dieses Ziel verdeutlichen. Sie werden auf jeden Fall Ihren Erfolg haben und auch von Ihrem Umfeld bestätigt bekommen. Sie werden sich vorstellen, wie dieses Erfolgsbild aussieht, und Sie werden fühlen, wie toll es sein wird, wenn Sie an diesem Ziel angekommen sind. All dies betrachten Sie durch Ihr Fernglas.

Dieses hat natürlich noch eine zweite Funktion. Es kann den in der Ferne liegenden Zustand durch seine Vergrößerungsfunktion ein wenig näher heranholen, und Ihr Ziel wird immer deutlicher, je mehr Sie sich damit beschäftigen. Auch wird dadurch Ihr Fokus in jedem Fall direkt auf das Ziel geleitet, und Ihre Gedanken werden sich unmittelbar darum drehen, wie Sie dieses Ziel erreichen können und was Sie tun müssen, um es auch tatsächlich zu erreichen. Sie verwenden jetzt die gleiche Zeit darauf, Ihr Ziel zu erreichen, die Sie zuvor einsetzten, um Ihr Problem zu analysieren.

Jeder Gedanke in Richtung Ziel ersetzt also zwangsläufig einen Gedanken, der quasi als Gegenpol bezeichnet werden kann. Diese gegenpoligen Gedanken, nämlich jene, wie: »Wie kann ich mit diesem Problem fertig werden? Was kann ich tun, um dieses Problem zu lösen? Warum ist es überhaupt so weit gekommen?« sind verschwendete Energien und enden leicht damit, daß Sie im nachhinein gar nicht so genau wissen, was Sie nun eigentlich falsch gemacht haben und wie es dazu kam, und Sie vielleicht gar nicht mehr wissen, wo Sie eigentlich hin wollten. Als weiteren Pluspunkt können Sie auch verzeichnen, daß Sie bei der guten Zielauffassung die meiste Zeit mit dem Zielgedanken zubringen; Sie haben keine Zeit mehr, sich mit den »Problemen« zu beschäftigen.

Der amerikanische Komiker Georg Burns führte sein Alter von über 90 Jahren – und er ist immer noch aktiv auf der Bühne und im Fernsehen – unter anderem darauf zurück, daß er immer etwas hatte, auf das er zuging. Er hatte immer ein Ziel, auf das er fokussierte. Er sagte einmal: »Sie müssen einen Grund haben, um aus dem Bett aufzustehen. Ich kann im Bett sowieso nichts machen. Das Wichtigste ist also, ein Ziel zu haben, eine Richtung, in die Sie sich bewegen.« George Burns lebt nach diesem Muster und beweist es immer wieder aufs neue. Er hat heute schon ein Zimmer in dem geplanten Londoner Hotel Palladium für das Eröffnungsjahr 2000 gebucht und ist überzeugt, daß er dort als einer der ersten Gäste übernachten wird. Im Jahr 2000 wird er auch seinen 104. Geburtstag feiern.

Wenn Sie nun eine Lösung erarbeiten, indem Sie mit dem Fernglas auf das angestrebte Ziel schauen und nicht durch die Lupe das Problem analysieren, so heißt dies jedoch auch nicht automatisch, daß das Problem nicht gelöst werden soll. Mit diesem brauchen Sie sich nur nicht auseinanderzusetzen, denn in dem Moment, in dem Sie Ihr Ziel fokussieren, wird sich dieses Problem von selbst erledigen. Sie werden nach dem Fokussieren und der Entscheidung, in welche Richtung Sie eigentlich marschieren wollen, feststellen, daß Ihr Problem von selbst verschwindet, denn Sie sind all dem durch das Fokussieren einen Schritt voraus. Die einzige Regel, die Sie beachten sollten, lautet, daß Sie aus Ihren nun in der Zwischenzeit selbst gelösten Problemen gelernt haben.

Fokussieren Sie also auf Ihr Ziel und achten Sie darauf, daß Sie die Fehler, die zu dem Zustand geführt haben, den Sie als Problem bezeichneten, nicht wiederholen. Eine Wiederholung würde nur dazu führen, daß Sie wieder in den selben Zustand hineingeraten und eventuell auch wieder mit dem selben Problem konfrontiert werden, also wieder ein Resultat erzielen, das Sie gar nicht erzielen wollten.

Lernen Sie aus der Vergangenheit, und fokussieren Sie die Zukunft. Auf dem Weg zu Ihrem Ziel vermeiden Sie alle Fehler, die Sie in der Vergangenheit zu Ergebnissen geführt haben, welche Sie nicht wollten. Analysieren Sie Ihre Probleme nicht buchstäblich zu Tode. Werden Sie sich darüber klar, daß Sie diesen Fehler keinesfalls wiederholen werden, und fokussieren Sie in Zukunft nur noch mit dem Fernglas. Werfen Sie Ihre Lupe weg, mit der Sie bisher Ihre Probleme analysiert und untersucht hatten.

Der Fokus ist nicht nur im Zusammenhang mit Problemen wichtig, sondern in jeder Situation des Lebens. Es kommt ganz darauf an, wie Sie Ihren Standpunkt verändern und die Dinge aus einer anderen Sicht beurteilen. Situationen, die gerade schrecklich waren, können in der nächsten Sekunde harmlos erscheinen. Sie verändern Ihre Sichtweise, und »voilà« der Frust ist weg, und Freude kommt auf. Positives Denken, wie an anderer Stelle in diesem Buch beschrieben, hat viel damit zu tun. Oft genügt lediglich ein kurzer Gedanke daran, daß es möglicherweise einen anderen Grund für die Situation gibt, um den Frust zu beseitigen.

Wenn Sie mit einer besonders schwierigen Situation konfrontiert sind, können Sie mit einer kleinen Übung ganz leicht ein paar andere Aspekte dieses Vorganges entdecken, die Ihnen ganz sicher helfen, damit leichter fertig zu werden. Begeben Sie sich für diese Übung in das Zimmer Ihrer Wohnung, in dem die wenigsten Möbel stehen und wo Sie kaum von Ihrer Umgebung abgelenkt werden. Suchen Sie sich nun einen Platz in der Mitte des Raumes, und stellen Sie sich vor, daß sich die schwierige Situation dort abspielt. Sollte es ein Gegenstand oder ein Mensch sein, so plazieren Sie in Gedanken diesen Gegenstand oder Menschen an diese Stelle. Plazieren Sie immer die Umgebung mit in die Mitte des Raumes. Bei einem »menschlichen Problem« könnten es zum Beispiel seine Familie, seine Freunde, seine Kollegen sein, die ihn umgeben.

Wenn Sie dieses Bild, das sich nun in der Mitte des Raumes befindet, ganz klar sehen, dann gehen Sie einen Viertelkreis nach rechts und betrachten die Situation von dort. Wie sieht es jetzt aus? Haben sich einige Aspekte verändert? Setzen Sie sich mit diesem neuen Bild auseinander und verändern Sie dann Ihren Standpunkt erneut um einen Viertelkreis nach rechts. Bewegen

Fernglas oder Lupe

Sie sich tatsächlich in dem Raum um dieses Bild in der Mitte herum. Je weiter Sie herumkommen, umso mehr Veränderungen werden Sie an der Situation finden, und desto leichter fällt es Ihnen auch einmal, die andere Perspektive zu betrachten. Mit dieser Übung können Sie trainieren, in Zukunft das Ärgernis erst einmal von allen möglichen Seiten zu betrachten und sich eventuell erst gar nicht zu ärgern.

Ganz ähnlich können Sie auch im Berufsleben verfahren. Wenn Sie zum Beispiel einem Kollegen gegenübersitzen, der sich Ihrer Meinung nicht anschließen will oder kann, so kann das mit seinem Standpunkt zu tun haben, den Sie einfach nicht nachvollziehen können und umgekehrt. Oft hilft es enorm in dieser Situation, wenn Sie die Seite wechseln und sich tatsächlich auf die andere Seite des Tisches begeben und die Situation von »seiner« Seite aus betrachten. Möglicherweise können Sie sich dann mit Ihrem Kollegen gemeinsam auf eine der Kopfseiten des Tisches begeben und einen tragbaren Kompromiß erkennen.

Stellen Sie sich vor, Sie warten nun seit einer geschlagenen Stunde auf Ihre Freundin, und diese taucht einfach nicht auf. Weder ruft Sie an, noch konnten Sie sie erreichen. Der Kinofilm hat auch schon lange begonnen, und Sie ärgern sich immer mehr. Jetzt kommt es auf Ihre Sichtweise an. Sollten Sie denken, daß sich Ihre Freundin wie immer verspätet, eventuell sogar denken, daß ihr es ja sowieso egal ist, wie es Ihnen geht und sie das sogar absichtlich macht, so würden Sie sich grün und blau ärgern. Das wäre eine Sichtweise. Die andere wäre möglicherweise mit Sorgen verbunden und führte nicht zu Ärger. Vielleicht ist ihr etwas passiert? Vielleicht ist sie mit dem Auto liegengeblieben? Vielleicht in einen Stau geraten? Wie dem auch sei, Sie ärgern sich nicht, sondern Sie sorgen sich.

Sie sehen also, wie leicht es ist, andere Gefühle zu erzeugen, wenn der Standpunkt verändert wird. Überlegen Sie also immer, auf was Sie gerade fokussieren. Wenn es die Lupe ist, mit der Sie zum hundertsten Male Ihre Probleme analysieren, dann werfen Sie diese schnellstens weg. Wenn es ein Bild ist, das Ihnen

Schmerzen bereitet, dann versuchen Sie, die Situation von einer anderen Seite zu beleuchten. Es ist nämlich nicht die Situation, die uns zu schaffen macht, sondern nur die Art und Weise, wie wir diese betrachten.

Nicht-Ziele

oder

warum sich manche Menschen immer auf die falschen Ziele zu bewegen und damit vom eigentlichen Ziel weg

Am einfachsten sind Nicht-Ziele zu entdecken, wenn in der Zielformulierung das Wort »nicht« tatsächlich vorkommt. Wenn Sie also Ihre Ziele in dem Sinne formulieren: »Ich möchte nicht, daß mir dieses oder jenes passiert«, dann verfolgen Sie eindeutig Nicht-Ziele. Fatal an diesen sogenannten Nicht-Zielen ist: Je mehr Sie sich damit beschäftigen und je mehr Sie es beschreiben, desto eher wird es vom Unterbewußtsein als gegebene Möglichkeit hingenommen.

Derjenige, der sich erst gar nicht mit einer unangenehmen oder negativen Situation auseinandersetzt, bereitet sein Unterbewußtsein auch gar nicht darauf vor, daß es eine solche Situation geben könnte. Dies bedeutet allerdings nicht automatisch, daß dieser Mensch nicht doch in diese unangenehme Situation kommen kann. Wenn es doch geschieht, wird sein Unterbewußtsein alles dafür tun, sein positiv orientiertes Ziel zu erreichen und die negative Situation, in die er dennoch hineingeraten ist, intuitiv und mit allem Wissen, das dem bewußten und unterbewußten Teil des Menschen zur Verfügung steht, zu verlassen.

Derjenige Mensch, der hingegen die Nicht-Ziele ausführlich beschrieben hat, provoziert, daß sein Unterbewußtsein diese Situation erkennt, als gegebene Möglichkeit hinnimmt und eventuell die langfristige Zielauffassung verpaßt. Menschen, die sich intensiv mit Nicht-Zielen befassen, kommen nämlich in Situationen, die sie als Nicht-Ziel definiert haben, oft gar nicht mehr auf den Gedanken, daß sie ein Ziel erreichen wollten, sondern sehen nur noch die vorhandene Situation als das kleinere Übel an. Als Folge des Versuchs, die Situation zu verlassen und das Unglück zu vermeiden, findet man bei diesen Menschen oft eine gewisse Resignation, die aus dem Verlust des eigentlichen Zieles entsteht.

Die Resignation hat dann schon einen Namen und hat sich bereits in einem Glaubenssatz festgesetzt. Dieser neue Glaubenssatz ist derart etabliert, daß diese Menschen, die ursprünglich große Pläne hatten, sich heutzutage mit einem, aus damaliger Sicht zumindest, bescheidenen Schicksal abfinden. Viele Menschen, die eigentlich einmal studieren wollten und darin einen wesentlichen Lebensinhalt sahen, finden sich plötzlich als Angestellter in einem größeren Betrieb wieder und verdienen für sich und ihre Familie den Lebensunterhalt. Das Studium ist lange kein Thema mehr, und das formulierte Ziel ist nur noch, weiterhin genug Geld zu verdienen, um die Familie ernähren zu können. Die Voraussetzung dafür ist für diese Menschen natürlich das Nicht-Ziel, den Job nicht zu verlieren.

Die Definition von Nicht-Zielen ist sehr einfach. Jede verneinende Aussage ist ein solches Nicht-Ziel. »Ich sollte nicht so viel essen, damit ich nicht später wieder einen Schock bekomme, wenn ich auf die Waage steige.« Dies ist eine typische Vermeidungsaussage, die auch als Nicht-Ziel daran zu erkennen ist, daß das Wort »nicht« sogar mehrfach vorkommt.

Wenn Sie Ihre Ziele derart gestalten, verschwenden Sie Energie. Sie gehören dann zu denjenigen Menschen, die Gesundheit als Abwesenheit von Krankheit definieren. Die gleichen Menschen definieren Frieden als Abwesenheit von Krieg. Im Beruf darf schon mal die Beförderung ausbleiben, solange man nur den Job behält, obwohl man sich einen faux pax geleistet hat. All diese Aussagen sind eindeutig verschwendete Energien. Jeder Gedanke, den Sie in diese Richtung hegen, ist völlig sinnlos und bringt Sie Ihrem Ziel nicht näher. Nur positive Gedanken und gleichermaßen nicht verschwendete Energien bringen Sie Ihren Zielen immer näher.

Sie haben durch die Formulierung von Zielen anstatt von Nicht-Zielen eine konkrete Vorstellung Ihrer Ziele und kommen diesen auch immer näher. Ihre Ziele werden gleichsam zu Ihren Glaubenssätzen, und statt zu sagen: »Ich kann nicht« werden Sie sagen: »Ich kann und ich werde erreichen«. In schwierigen Situationen werden Sie immer noch diese Ziele vor Augen haben, doch Sie werden nicht mehr Gesundheit als Abwesenheit von Krankheit definieren, sondern Gesundheit als sich rundherum wohlfühlen und als einen Zustand von unerschöpflichen Ressourcen. Es sind die positiven und zielgerichteten Glaubenssätze, die uns die Energie verleihen, welche wir benötigen, um unsere Ziele zu erreichen.

Achten Sie deshalb genau darauf, wie Sie Ihre jeweiligen Aussagen zu bestimmten Themen treffen. Ganz sicher wird es auch Ihnen immer wieder passieren, daß Sie Energien verschwenden. Formulieren Sie deshalb Ihre Ziele in Zukunft positiv und somit als konkretes Ziel. Konzentrieren Sie Ihre Energien auf positive Ziele. Formulieren Sie das, was Sie erreichen wollen, und nicht das, was Sie nicht erreichen oder vermeiden wollen.

Achten Sie auch darauf, wie die Menschen in Ihrem Umfeld Ziele formulieren. Helfen Sie bei Bedarf diesen Menschen, deren Ziele positiv zu formulieren, indem Sie diese dabei »erwischen«, wenn sie etwas gut machen, und Ihnen den Unterschied zwischen Zielen und Nicht-Zielen erklären.

Nicht-Ziele verhindern den Erfolg

Ein leitender Angestellter einer Restaurantkette eröffnete alle Besprechungen mit der Frage: »Nun, was ist denn in der letzten Zeit alles schiefgegangen? Welche Probleme sind neu aufgetaucht, und welche bereits erkannten sind immer noch nicht gelöst?« Was glauben Sie, wie sich die Mitarbeiter verhielten? Sie erzählten dem Manager detailliert alles, was Sie von Problemen anderer Leute wußten, und verschwiegen alle Probleme, die Ihnen selbst zur Last gelegt werden konnten.

Moment mal! Dann erfuhr der Manager ja nur etwas über die unwichtigen Probleme. Richtig, denn er war ja gar nicht an den Zielen interessiert, sondern nur an den Nicht-Zielen und überhaupt nur an den Problemen. Bei der Anwendung der im Meeting erarbeiteten Problemlösungsstrategien war er denn auch sehr akkurat. Sollte es jemandem einfallen, es anders als besprochen zu machen oder einen neuen Fehler begehen, der zu vermeiden war, dann hagelte es Kritik und Schelte. Seine Mitarbeiter waren deshalb auch stets bemüht, bloß keine Fehler zu machen, und vermieden es unter allen Umständen, aufzufallen. Sein Restaurant, eines von 50 innerhalb der Restaurantkette, erhielt bei jeder Bewertung einen Platz unter den letzten drei. Seine Personalfluktuation war größer als bei all seinen Kollegen, und die Probleme wurden immer größer.

Nach einiger Zeit entschied der Chef der Restaurantkette, diesen Manager zu entlassen und einen neuen einzusetzen. Nach weniger als sechs Monaten wurde das Lokal mit dem neuen Chef auf Platz 5 gelistet, und weitere sechs Monate später gelang es dem neuen Mann, sein Restaurant auf Platz 1 zu lancieren. Was war der Unterschied zwischen beiden?

Der neue Mann eröffnete Besprechungen derart: »Was hat uns näher an unser Ziel gebracht? Welche Lösungen können wir heute erarbeiten und sofort anwenden, um noch näher an unser Ziel zu gelangen?« Nicht nur, daß er nach Zielen und Lösungen fahndete, er achtete genau darauf, was seine Mitarbeiter machten, und erwischte sie immer wieder dabei, wenn sie etwas richtig oder gut machten. Seine Leute bemühten sich also, Lösungen zu erarbeiten, und freuten sich, wenn sie auffielen, denn auffallen konnte man praktisch nur, wenn man etwas gut gemacht hatte.

Der Unterschied zwischen Zielen und Nicht-Zielen ist also ganz einfach: Anstatt Probleme zu lösen, fangen Sie sofort an, Lösungen zu erarbeiten!

Diese Technik des Erwischens, also wenn jemand etwas gut gemacht hat, wird in einem Buch von Kenneth Blanchard und

Spencer Johnson mit dem Titel »Der Minutenmanager« ausführlich beschrieben. In einem weiteren Buch dieser Serie »Das Minutenverkaufstalent« wird ebenfalls von der positiven Zielrichtung des Minutenverkaufstalentes berichtet. Dabei wird von einem Superverkäufer berichtet, dessen Ziel darin bestand, für den Kunden den größten Nutzen zu erzielen.

Beide Bücher zählen zu den absoluten Top-Lektüren von Menschen in leitenden Positionen und im Topmanagement auf der ganzen Welt. Anhand jeweils einer Kurzgeschichte legen die Autoren der Bücher »Der Minutenmanager« und »Das Minutenverkaufstalent« dar, wie positiv eine solche Strategie ist. Sie zeigen, wie man Menschen zu Höchstleistungen motiviert anhand der Strategie »Erwische deine Mitarbeiter, wenn sie etwas richtig gemacht haben« und das ist es doch, was Sie eigentlich wollen.

Sie wollen doch, daß die Menschen, die Ihnen zuarbeiten, dies erfolgreich machen. Sie erreichen Ihre Ziele doch nur dann, wenn diese Menschen Ihnen helfen und nicht, wenn Sie vermeiden, einen Fehler zu machen und lieber gar nichts zur Lösung beitragen.

Sicher kennen Sie es auch von sich selbst, daß Dinge, die nicht so einfach von der Hand gehen, Situationen, mit denen Sie noch keine Erfahrung haben, oft zu einem nicht voll befriedigenden Resultat führen. Wenn man Sie am Ende etwa wegen des schlechten Ergebnisses tadelt, erzeugt dies bestimmt keine positive Stimmung in Ihnen. Oft vermeidet man dann solche Rügen in Zukunft dadurch, daß man sich halt in Zukunft »nicht mehr so weit aus dem Fenster lehnt«. Es kommt sehr schnell zu der Formulierung von Nicht-Zielen, wobei der Betroffene dort typischerweise Formulierungen wählt wie: »Ich werde dieses Mal dem Kunden keinen Rabatt geben, auch wenn ich es eigentlich könnte. Lieber verzichte ich auf den Umsatz, denn ich bekomme mein Gehalt ja so oder so. Beim letzten Mal wurde mir zum Vorwurf gemacht, unter Preis verkauft zu haben. Daß der Kunde sonst zur Konkurrenz gegangen wäre, spielte ja keine Rolle.«

Diese Einstellung vieler Menschen ist sicher nicht gerade vorteilhaft für das Unternehmen und auch nicht für das gesamte kreative und konstruktive Umfeld, in dem wir leben und arbeiten. Besser hingegen ist es doch, wenn Sie jemanden dabei erwischen, wie er etwas richtig gut macht und Sie ein entsprechendes Lob aussprechen und denjenigen damit motivieren, sich beim nächsten Mal noch mehr Mühe zu geben und eine noch bessere Leistung zu bringen. Diese Art motivierter Menschen tragen oft einen völlig anderen Glaubenssatz in sich, der von Zielen und positiven Einstellungen nur so wimmelt. »Das letzte Mal hat mein Chef mich gelobt, als ich diese komplizierte Kalkulation für ihn vorbereitete. Bei der Lösung dieser neuen Aufgabe wird er erneut erfreut sein zu sehen, zu welchen Leistungen ich in der Lage bin. Das Lob ist mir gewiß.« Was glauben Sie? Welcher Mitarbeiter ist eine größere Bereicherung für das Unternehmen? Einer der mit Lob motiviert ist, oder einer der mit Tadel motiviert ist?

Der deutsche Beamte (nicht allzu ernst nehmen!)

Im deutschen Beamtentum gibt es ein Sprichwort, das die Tadelstrategie als Hauptmerkmal hat. Dieses Sprichwort stellt sehr schlüssig und nachvollziehbar das Verhältnis von Leistung und Beförderung dar und könnte als allgemeingültig akzeptiert werden, wenn es nicht gleichzeitig auch paradox wäre. Dennoch werden auch Sie sicherlich diesem Spruch ein kleines bißchen Wahrheit abgewinnen können:

»Wer viel arbeitet, macht viele Fehler. Wer weniger arbeitet, macht weniger Fehler. Wer nichts arbeitet, macht keine Fehler. Wer keine Fehler macht, wird befördert.«

Wie bereits erwähnt, ein wenig paradox, dennoch entbehrt dieser Spruch nicht jedweder Logik und ist sicherlich in der einen oder anderen Amtsstube immer noch anzutreffen. Hierbei handelt es sich um einen ganz klassischen Fall von Tadel und der konsequenten Verfolgung von Nicht-Zielen.

Nicht-Ziele

Um nun im Sinne von Codename Hase gesund, glücklich und erfolgreich zu bleiben, achten Sie darauf, daß Sie in Zukunft auch tatsächlich Ihre Ziele verfolgen, daß Sie diese erreichen, und verschwenden Sie keine Energien damit, darüber nachzudenken, was alles schief laufen könnte und was Sie nicht gerne erreichen oder tun möchten. Erwischen Sie sich dabei, wie Sie die Dinge richtig und gut machen. Erwischen Sie Ihr Umfeld, Ihre Mitarbeiter, Ihre Kinder und Ihren Partner, wie er oder sie Dinge richtig und gut machen. Sprechen Sie Lob aus, und tadeln Sie nur, wenn es unbedingt notwendig ist. Vergessen Sie dabei nicht, nach einem Tadel gleichzeitig diesem Menschen mitzuteilen, daß Sie ihn mögen oder akzeptieren bzw. respektieren. Daß jedoch speziell diese eine Sache, die Sie gerade zu tadeln haben, auch tadelnswert ist. Denn Menschen sind nicht ihr Verhalten. Menschen verhalten sich nur manchmal in einer Art und Weise, die Sie nicht mögen.

Deshalb gilt auch in Situationen, die Tadel erfordern: Konzentrieren Sie sich auf Ihre Ziele. Teilen Sie Ihrem Gegenüber genau mit, warum Sie sein Verhalten nicht mochten und warum es nicht mit Ihren Zielen konform geht. Achten Sie dann jedoch wieder vermehrt darauf, was der andere richtig macht, und loben Sie. Denken Sie nicht ständig darüber nach, was alles schiefgehen könnte, und versuchen Sie nicht ständig Ihre Mitarbeiter zu erwischen, wie diese etwas falsch machen. Konzentrieren Sie sich auf das positive Ziel und verschwenden Sie keine Energien.

Ihre Ziele und deren Bedeutung

oder

warum Sie immer Ziele brauchen und warum Ziele und Glück identisch sind

Was sind Ziele? Ein Ziel ist ein in der Zukunft liegender Zustand, den Sie heute noch nicht erreicht haben, und Sie arbeiten mit allen Ihnen zur Verfügung stehenden Energien, um diesen Zustand zu erreichen. Dies hört sich relativ kompliziert an, ist allerdings im Grunde genommen ganz einfach zu verstehen, denn es geht lediglich darum, daß alles, was Sie tun, auf ein Ziel hin gerichtet ist, das Sie irgendwann einmal als ein Ziel definiert haben.

So kann es zum Beispiel Ihr Ziel sein, viel Geld zu verdienen, damit Sie sich irgendwann einmal ein eigenes Heim leisten können. Andere Ziele können sein, ein Auto anzuschaffen, Kinder zu haben, einen Baum zu pflanzen, ein Buch zu schreiben und vieles andere. Achten Sie jedoch darauf, daß es auch sogenannte Nicht-Ziele gibt. Nicht-Ziele sind keine Ziele in diesem Sinne. Ziele, wie Sie sie haben sollten, sind zielgerichtet, positiv und weisen auf einen zukünftigen Zustand hin, den Sie entweder noch nicht endgültig erreicht haben oder den Sie dauerhaft beibehalten wollen.

Hier ist ein ganz wesentlicher Unterschied, der mit entscheidet, ob Sie glücklich werden, glücklich sind oder, was natürlich am allerbesten ist, ob Sie glücklich bleiben. Wenn Sie verschiedene Leute nach ihren Zielen fragen, so hören Sie oft, daß diese sagen: »Ich möchte glücklich werden oder gesund werden.« Manche möchten auch reich werden. Was ist nun der Unterschied zwischen gesund werden und gesund bleiben? Nun, im Grunde genommen steht hinter jeder dieser Aussagen ein Glaubenssatz. Nehmen Sie zum Beispiel die Aussage: »Ich möchte glücklich werden.« Was bedeutet diese Aussage? Sie bedeutet, daß dieser Mensch nicht glücklich ist. Das heißt, er glaubt, nicht glücklich zu sein, und er möchte glücklich werden.

Dies ist sicher ein sehr ehrenwertes Ziel und sollte eines für jeden Menschen sein. Was nun, wenn dieser Mensch plötzlich glücklich ist? Ist damit das Ziel hinfällig, oder bedarf es einer Aktualisierung der Zielbeschreibung? Im Grunde genommen ist dieses Ziel hinfällig, nur, ohne Ziele kann der Mensch nun einmal nicht leben, und deswegen bedarf es genaugenommen einer Aktualisierung, wobei das ehemalige Ziel, nämlich glücklich zu werden, nun in: »Ich möchte glücklich bleiben« umformuliert werden kann. Lassen Sie sich eines versichern: Der wahrhaft glückliche Mensch wird niemals formulieren, daß er glücklich werden möchte, sondern er wird immer sagen, daß er glücklich bleiben möchte. Nur hinter dieser Aussage steht auch der Glaubenssatz: »Ich bin glücklich!« Denken Sie immer daran: Es ist ein großer Unterschied zwischen »Glück und Freude zu erstreben« und »glücklich und mit Freude zu erstreben«.

Oft genug trifft man auf Menschen, die man ein ganzes Leben lang nach ihrem Ziel befragen kann, und immer wieder erhält man die gleiche Antwort: »Ich möchte glücklich werden«. Diese Menschen haben mit zwei grundsätzlichen Schwierigkeiten zu kämpfen. Erstens, sie wollen glücklich werden, wissen nur überhaupt nicht, was das bedeutet, und zweitens, sie halten ihr Leben lang an diesem Glaubenssatz fest, daß es noch so viel mehr zu erreichen gibt. Das, was sie erreicht haben, so glauben sie zumindest, ist auf keinen Fall mit dem Glück gleichzusetzen, welches sie erreichen könnten.

Erstaunlicherweise finden Sie diesen Glaubenssatz sehr häufig bei Menschen, bei denen Sie allgemein annehmen könnten, daß diese extrem glücklich sind, denn diese Menschen haben oft all das erreicht, was sich andere unter Glück vorstellen. Sie sind reich, haben eine wunderbare Familie, haben Erfolg, sind gesund und berühmt. Doch gerade diese Art von Erfolgsmenschen, von Managern angefangen über Politiker und Stars, sind oft die unglücklichsten, suizidgefährdetsten und drogenabhängigsten Menschen, die wir kennen.

»Warum ist das eigentlich so?«, werden Sie sich fragen. Das hängt unmittelbar damit zusammen, daß sie oft ein Ziel definiert haben, das es zu erreichen galt, und wenn diese Menschen es erreichten, nahmen sie daraufhin keine neue Zieldefinition vor. Dann beginnt nämlich die große Leere, und das neue Ziel fehlt. Nun wäre es wichtig gewesen, aus einem erreichten Ziel ein bleibendes zu machen.

Nochmal: Für jeden Menschen ist es überlebenswichtig, Ziele anzustreben. Ohne Ziele ist der Mensch nicht überlebensfähig und vegetiert nur noch so vor sich hin, er verspürt eine innere Leere, ein tiefes schwarzes Loch. Abraham Lincoln lehrte dies mit folgenden Worten: »Wer im Leben kein Ziel hat, verläuft sich.«

Andererseits ist es wichtig, Ziele flexibel zu gestalten und diese neu zu definieren, wenn die alten erreicht sind. Falls Sie Ihre Ziele nicht neu definieren, so sind Sie erneut ziellos nach Erreichen des alten Zieles. Es gibt nur wenige Menschen, die auf ein erreichtes Ziel ein neues folgen lassen, das größer und schwieriger ist. Auch diese Menschen haben nie gelernt, ein erreichtes Ziel später umzuformulieren und den Glückszustand dadurch beizubehalten. Statt dessen wollen Sie immer mehr und immer mehr. Das ist sicher auch ein Weg, um immer ein entsprechendes Ziel zu verfolgen, muß jedoch nicht mit Glück übereinstimmen.

Nehmen Sie als Beispiel einen kranken Menschen. Welches Ziel verfolgt der kranke Mensch? Er möchte natürlich wieder gesund werden. Was passiert nun, wenn er wieder gesund ist? »Ja«, werden Sie sagen, »er hat sein Ziel doch nun erreicht«. Stimmt. Eigentlich müßte er nun, wenn er sein Ziel nicht umformuliert, erneut krank werden. Das kann natürlich kein weiteres Ziel sein, es kann auch nicht sein, daß er endlich sein Ziel erreicht hat und sich dann wieder in eine negative Situation begibt, nur um das

Ihre Ziele und deren Bedeutung

alte Ziel erneut erreichen zu können. Doch so etwas gibt es wirklich. Natürlich ist es viel besser, wenn er nun das erreichte Ziel als bestehenden Zustand definieren würde und dies dadurch beibehalten kann. Für einen kranken Menschen, der zum Glück wieder sein Ziel, nämlich gesund zu werden, erreicht hat, bedeutet dies, daß er ab sofort als neues Ziel definieren sollte: »Ich möchte gesund bleiben.« Mit dieser Zielformulierung kann dann das Unterbewußtsein viel konkreter arbeiten, und der Zustand des Glücks kann so auch viel leichter herbeigeführt werden als bei fehlendem Ziel oder bei erreichtem Ziel mit fehlendem Anschlußziel.

Was nun, wenn Sie keine Ziele haben? Zunächst ist das wieder einmal so ein dummer Glaubenssatz. Ganz sicher hat jeder Mensch Ziele. Dem einen oder anderen sind diese Ziele jedoch nicht immer oder sofort bewußt. Was ist zu tun? Ganz einfach. Stellen Sie sich vor, was Sie sofort tun würden, wenn Sie wüßten, daß Sie nur noch wenige Monate zu leben hätten. Wenn Ihnen jetzt nichts einfällt, dann versuchen Sie es mal mit dieser Frage: »Was würde ich gerne tun, wenn ich wüßte, daß mir nichts schiefgehen könnte?« Sie haben sicher gemerkt, daß wir diese Frage viel besser formulieren können: »Was würde ich gerne tun, wenn ich wüßte, daß ich alles, was ich jetzt beginne, mit hundertprozentigem Erfolg zu Ende führen würde.« Sie erhalten in jedem Fall eine Antwort und werden dann wissen, warum Sie leben und welche erstrebenswerten Ziele noch vor Ihnen liegen.

Wie können Sie Ziele definieren und erreichen? Am Anfang steht sicherlich die Definition des zu erreichenden Ziels. Dies wird in aller Regel ein zukünftiger Zustand sein, den Sie bisher noch nicht erreicht haben, oder die Stabilität eines erreichten Zustandes. Ganz wesentlich ist es, daß Sie diesen Zustand ziemlich genau beschreiben. Achten Sie bei der Beschreibung auf alle Fälle darauf, daß es sich um Ziele handelt und daß Sie keine Nicht-Ziele formulieren. Je ausführlicher Ihre Beschreibung ist und je mehr Referenzen Ihre Beschreibung erhält, desto eher werden

Sie erfahren, wann Sie Ihr Ziel erreicht haben. Wenn Sie sich ein finanzielles Ziel setzen, definieren Sie es sehr genau! Eine Definition hierfür könnte sein: »Ich möchte eine Million DM auf meinem Konto haben.« In diesem Fall kommt Ihr Feedback sehr präzise von Ihrem Bankauszug, und Sie wissen genau, wann Sie Ihr Ziel erreicht haben.

An dieser Stelle ist es wichtig, daß Sie, sobald Sie Ihre Million auf dem Konto haben, Ihr Ziel umdefinieren. Falls Sie dies nicht tun, besteht größte Gefahr, daß es Ihnen so ergeht wie manchen Top-Managern oder Stars, die nach Erreichen des Reichtums offenbar ihre Ziele nicht neu definiert haben und von einer Drogenparty zur nächsten ziehen. Definieren Sie Ihr Ziel nun jedoch neu und sagen sich, daß Sie immer mehr als eine Million auf dem Konto haben möchten, so werden Sie Ihr Geld sicher auch nicht so leichtfertig aufs Spiel setzen. Achten Sie wieder darauf, daß Sie kein Nicht-Ziel beschreiben. Sagen Sie niemals: »Ich möchte nicht weniger als eine Million auf meinem Konto haben.« Nur wenn Sie ein Ziel definieren, haben Sie, obwohl Sie Ihr ursprüngliches Ziel erreichen, immer noch ein weiteres. Wenn Sie das Nicht-Ziel formulieren, machen Sie sich letztlich nur die Vorgabe, eine Million und eine Mark zu besitzen. Selbst eine einzige Million wäre doch wohl noch immer ein erreichtes Ziel. Welche Motivation können Ihnen jedoch 1,5 Millionen oder noch mehr einbringen? Sie werden unter Umständen immer eine Million haben und aus Angst, diese zu verringern oder gar zu verlieren, nichts davon ausgeben. Ihr Leben wird langweilig und von Angst gezeichnet sein.

Aus diesem Grund sollte Ihre Zielvorgabe ganz klar heißen: »Ich möchte ab sofort immer mehr als eine Million haben, es können auch gerne zwei oder mehr sein.« Mit einer solchen Formulierung verhindern Sie auch, vorausgesetzt, Sie haben es tatsächlich zu der in unserer westlichen Welt schon magischen Million gebracht, daß Ihr Kontostand fällt, und Sie lassen sich alle Möglichkeiten nach oben offen und sind nicht am sogenannten langweiligen Ende der Fahnenstange.

Nichtmaterielle Ziele

Geld zu haben ist sicherlich ein triviales Ziel und steht oft nur als Ersatzbefriedigung für andere Dinge, die wir uns in Wirklichkeit wünschen. All diese können in Erfüllung gehen, wenn Sie davon eine detaillierte Zielbeschreibung machen und wenn Sie dann dieses Ziel nach der Feedback-Methode angehen. Diese Methode ist recht einfach und hocheffizient.

Nachdem Sie Ihr Ziel klar definiert und Referenzpunkte etabliert haben, wie zum Beispiel, was genau passieren wird, wenn Sie Ihr Ziel erreicht haben, gehen Sie daraufhin einen Schritt in die Richtung, von der Sie glauben, daß diese Ihrem Ziel näherkommt. Nachdem Sie dies getan haben, vergleichen Sie dann die neu vorgefundene Situation mit Ihrer eigentlichen Zielvorstellung und benutzen die Referenzpunkte, um festzustellen, ob Sie auch wirklich auf dem richtigen Weg sind. Falls das Feedback dann positiv ist, also eine Bejahung der Frage: »Bin ich auf dem richtigen Weg?«, dann gehen Sie den nächsten Schritt, und zwar so oft, bis Sie Ihr Ziel erreicht haben. Sollten Sie auf dem Weg zum Ziel feststellen, daß Sie ein Schritt in eine Situation gebracht hat, die mit dem Ziel nicht übereinstimmt, gehen Sie diesen Schritt zurück und versuchen es in eine andere Richtung. Oder Sie machen auf der Stelle kehrt und gehen in die neue Richtung.

Genauso funktioniert das Feedback-Modell des Ziel-Erreichens. Sie gehen einen Schritt in die Richtung, von der Sie glauben, sie sei richtig. Sie überprüfen, ob Sie sich dem Ziel genähert haben, wenn ja, nehmen Sie den nächsten Schritt in dieselbe Richtung, wenn nein, so versuchen Sie eine andere Richtung. Sie werden feststellen, daß es sehr viele Wege gibt, in die Sie sich verlaufen können. Dazu gehören Millionen von falschen Wegen, die sich oft als Sackgasse und eventuell auch einmal als eine Schnellstraße in die falsche Richtung herausstellen. Um diese falschen Wege zu entdecken, benötigen Sie das Feedback, denn genau darin liegt der Schlüssel zum Erfolg: auswerten, überprüfen und gegebenenfalls die Richtung ändern – mit Hilfe des Feedbacks. Denken Sie immer daran: Nur eine klare Zieldefinition ermöglicht ein Feedback. Denn: Wenn Sie nicht wissen, was passiert, wenn Sie Ihr Ziel erreichen, dann wissen Sie auch nicht, wann Sie es erreicht haben.

Nur diese Art und Weise bringt Sie Ihren Zielen näher. Nur so werden Sie Ihre Ziele erreichen, und dann ist es ganz wesentlich, daß Sie Ihre Ziele derart umdefinieren, daß sie zeitgemäß sind, einen bleibenden Zustand bewahren oder daß die Skala Ihrer zu messenden Erfolge höher gesetzt wird.

Wenn aus Mißerfolgen Resultate werden

Ein weiterer wichtiger Punkt ist, daß Sie all die Schritte, welche ein negatives Feedback erzeugen, nicht unter der Abteilung »Mißerfolg« abspeichern, sondern unter der Abteilung »Erfahrung« oder »Resultate« einordnen sollten. Der Unterschied zwischen erfolgreichen und weniger erfolgreichen Menschen ist der, daß die erstgenannten wissen, daß Sie 100 Versuche brauchen, um ein Ziel zu erreichen. Sie wissen, daß Sie an 100 Türen klopfen müssen, um Erfolg zu haben. Erfolgreiche Menschen verbuchen die ersten 99 Versuche unter der Rubrik »Erfahrung«. Weniger erfolgreiche Menschen hören nach dem 99sten Mal resignierend auf. Hier genau liegt der Unterschied. Der eine sagt nach 99 Mißerfolgen, daß er aufgibt und die Nase voll hat, der andere sagt sich, daß er 99 unterschiedliche Erfahrungen gemacht und 99 verschiedene Resultate erzielt hat.

Der nächste Versuch ist es nun, der ihn letztendlich zu seinem Ziel bringen kann. Aus diesem Grund versucht er auch gerne die hundertste Methode. Mit dieser Einstellung befinden Sie sich in jedem Fall auf der Gewinnerstraße. Diese Straße haben vor Ihnen viele bekannte und berühmte Menschen aus allen Bereichen des Lebens beschritten; in vielen Biographien finden Sie diese Philosophie bestätigt. Der Automobilindustrielle Henry Ford kam einmal zu folgendem Schluß: »Es gibt mehr Leute, die kapitulieren, als solche, die scheitern.«

Ihre Ziele und deren Bedeutung

Ein Reporter fragte einmal den großen Thomas Alpha Edison, ob er denn nicht ziemlich frustriert sei, da ihm über 1000 Versuche mißlungen seien, die Glühbirne zu erfinden. Herr Edison antwortete diesem Reporter, daß er keineswegs frustriert sei und daß er vor allen Dingen keine mißlungenen Versuche vorzuweisen habe. Schließlich habe er nun inzwischen über 1000 Versuche erfolgreich beendet und über 1000 Wege gefunden, wie man auf keinen Fall eine Glühbirne durch elektrischen Strom zum Leuchten bringen könne. Er kannte über 1000 Kombinationen von Stoffen, welche sich für das Funktionieren der Glühbirne nicht eigneten.

Irgendwann später kam dann der große Durchbruch, und Thomas Alpha Edison wurde als Genie gefeiert. Dabei war es weniger das Genie, was diesen Mann die Glühbirne erfinden ließ, sondern vielmehr der feste Glaube daran, daß er sie erfinden kann. Solange sein Feedback nicht in Ordnung war, versuchte er es auf immer neue Arten, bis er dann schließlich die Glühbirne erfand.

An diesem Beispiel erkennen Sie, wie wichtig es ist, nach dem Feedback-Modell zu arbeiten und eine klare Definition des Zieles zu haben. Wenn Sie darüber hinaus das Wort Mißerfolg aus Ihrem Wortschatz streichen und durch Erfahrung ersetzen, dann können auch Sie etwas erfinden. In dem Feedback ist auch der Glaube an das Ziel und die genaue Vorstellung darüber enorm wichtig. Edison wollte die Glühbirne erfinden. Aus diesem Grund unternahm er weit über 1000 Versuche, »nur« um ein Gerät zu erfinden, das bis zum Tag der Erfindung nur in seiner Phantasie existierte. Der Schriftsteller und Kunsthistoriker Aldous Huxley beschrieb Erfahrung einmal so: »Erfahrung ist nicht das, was einem zustößt. Erfahrung ist das, was man aus dem macht, was einem zustößt.«

Es muß nun nicht unbedingt ein technisches Gerät sein, welches Sie erfinden sollen. Genausogut kann Ihr beruflicher Erfolg als Ziel definiert werden oder ein sozialer Erfolg. In jedem Fall ist es wichtig, sich genaue Vorstellungen davon zu machen, was man eigentlich erreichen will, und anschließend gilt es dann, hierfür einen Plan zu entwickeln. Wenn Sie dann in die Richtung Ihres Ziels marschieren und das Feedback negativ ist, so versuchen Sie eben eine andere Richtung.

Wir möchten Ihnen nun eine kleine Geschichte von einem Mann erzählen, der genau nach diesem Muster vorgegangen ist. Genau wie bei diesem Mann kann man dieses Muster bei vielen anderen erfolgreichen Menschen fast 1 : 1 wiederentdecken. All diese Menschen produzieren keine Mißerfolge, sondern nur Resultate. Resultate und Erfahrungen, die ihnen helfen, sich noch genauer auf das Ziel zu justieren und noch präziser auf dieses Ziel zuzugehen. Doch werfen wir zunächst einmal einen kurzen Blick auf die Geschichte eines Verlierers, um den Unterschied noch deutlicher zu machen.

Dieser Mann war Geschäftsmann und Politiker und wurde nur ganze 31 Jahre alt, bis er seine erste Pleite erlebte. Mit 32 Jahren verlor er dann einen Wahlkampf, mit 34 Jahren ging sein nächstes Geschäft in Konkurs, als er 35 Jahren alt war, starb seine Frau, mit 36 Jahren brach er dann völlig zusammen. Spätestens in diesem Moment wäre es mehr als verständlich gewesen, wenn dieser Mann aufgegeben und ein unbekanntes Leben in Armut in der großen Menschenmasse gefristet hätte.

Trotz seines Schicksals oder gerade deshalb bewarb er sich um einen politischen Posten und verlor die Wahl mit 38 Jahren erneut. Weitere politische Niederlagen erlitt er dann im Alter von 43, 46, 48, 55, 56 und 58 Jahren. Trotz alledem schien der Verlierer nicht aufzugeben. Mit 60 Jahren hatte er dann endlich sein Ziel erreicht und wurde zum Präsidenten der Vereinigten Staaten von Amerika gewählt. Dieser Mann hieß Abraham Lincoln und war sicherlich kein Verlierer, zumindest nicht mehr aus unserer heutigen Sicht. Zum damaligen Zeitpunkt, als er in seinen Dreißigern war, fühlte er sich ganz sicher das eine oder andere Mal als Verlierer. Er hatte jedoch nie aufgegeben, und dieses Beispiel zeigt Ihnen eindrucksvoll, wie wichtig es ist, alle hundert Wege zu gehen, die zum Ziel führen und gleichzeitig nicht an den vermeintlichen Mißerfolgen zu scheitern.

Ihre Ziele und deren Bedeutung

Das Wichtigste für den Weg durch das Leben ist es sicherlich zu lernen, Ergebnisse, die nicht zu dem Ziel führten, das Sie ursprünglich anstrebten, als Resultat und Erfahrung oder einfach auch als nicht richtigen Weg zu erkennen und zu akzeptieren und sich dann bewußt dafür zu entscheiden, einen anderen Weg einzuschlagen. All dies natürlich auf die Gefahr hin, daß Sie wieder nicht die Resultate erreichen, die Sie erreichen wollten. Ein altes Sprichwort sagt: »Fallen ist keine Schande, liegenbleiben schon.«

Jetzt wissen Sie fast alles über Ziele und wie Sie diese erreichen können. Sie formulieren Ziele und keine Nicht-Ziele. Sie benutzen das Feedback-Modell, um Ihre Ziele zu erreichen, und sind flexibel bei der Formulierung von Zielen. So weit alles schön und gut. Es gibt jedoch noch eine böse Falle, in die viele Menschen laufen: Sie können nur ihre eigenen Ziele erreichen!

Eigene Ziele, fremde Ziele

Heidi wußte, daß es ihr gutgehen würde, wenn ihr Mann ihr sagte, daß er sie liebte. Sie sehnte sich nichts so sehr herbei wie diese Bestätigung. Ihr Ziel war eindeutig: »Ich möchte, daß mein Mann mir sagt, daß er mich liebt.« Sie beurteilte jeden Tag mit dem Feedback-Modell und wartete wochenlang auf das entsprechende Ereignis. Es funktionierte nicht wie erwartet, und Heidi verzweifelte fast.

Heidi ging in besagte Falle und formulierte ein Ziel für einen anderen Menschen. Sie machte ihr Ziel davon abhängig, daß ein anderer Mensch etwas unternahm. Sie war passiv und erwartete von ihrem Mann, daß er aktiv wurde.

Ähnlich erging es Clemens. Auch er formulierte ein Ziel für einen anderen Menschen, nämlich für seine Frau. Während Heidis Zielformulierung sogar das beinhaltete, was sie vom anderen erwartete und was dieser Mensch zu tun hatte, war dies bei Clemens nicht so eindeutig. Er wollte nur, daß seine Frau ihn besser verstand. Wenn Sie bei einer solchen Aussage nicht genau hinhören, kann es Ihnen schon leicht entgehen, daß Sie eine Zielformulierung für einen anderen Menschen ausgesprochen haben. Was genau wollte Clemens? Er wollte, daß seine Frau ihn verstand. Wohlgemerkt, seine Frau. Erst wenn man dieses Ziel genau untersucht, stellt man diesen kleinen und doch feinen Unterschied fest.

Wann immer Sie also Ihr Ziel formulieren, achten Sie besonders darauf, daß es in Ihrer Hand liegt, diese Ziele auch zu erreichen, und zwar ganz allein in Ihrer Hand. Für Heidi wäre ein passendes Ziel zum Beispiel: »Ich werde mich besonders um meinen Mann kümmern und ihn wissen lassen, daß ich ihn liebe.« Die Reaktion ihres Mannes wird dann in aller Regel jene sein, die Heidi erreichen möchte. Bei dieser Zielformulierung kann Heidi im Unterschied zum ersten Ziel jedoch selbst aktiv werden und damit einen Weg zum Ziel aktiv beschreiten. Bei der Ursprungsformulierung war sie nur der Anhalter am Straßenrand, der auf die passende Mitfahrgelegenheit wartete. Auch Clemens kann leicht aktiv werden und das Feedback-Modell auf sich selbst anwenden. Er braucht nur sein Ziel so zu formulieren: »Ich möchte meine Kommunikation so verbessern, daß meine Frau mich gut versteht.«

Entscheiden Sie sich jetzt für Ihr Glück

Neben den vielen Zielen, die man verpaßt, weil es Ziele für jemand anderen sind, gibt es noch eine Besonderheit in der Beziehung zwischen Glück und Zielen. Viele Menschen sagen: »Wenn ich befördert werde, dann bin ich glücklich« oder »Wenn ich mir irgendwann einmal ein solches Auto leisten kann, dann bin ich glücklich.« Diese Menschen machen ihr Glück von einem erreichten Ziel abhängig, welches möglicherweise noch in weiter Ferne liegt. Im ungünstigsten Fall liegt es so weit entfernt, daß sie es in diesem Leben nicht mehr erreichen. Das kann dazu führen, daß diese Menschen nie glücklich sind! Was jedoch, wenn sie ihr Ziel erreichen? Warum sind sie dann glücklich?

Ihre Ziele und deren Bedeutung

Weil sie sich entscheiden, glücklich zu sein. Sie haben ihr Ziel erreicht und fühlen das Glück. Sie haben sich selbst in einen Zustand des Glücks versetzt. Es war nicht das Auto oder der neue Arbeitsplatz. Sie waren es höchstpersönlich selbst und niemand anderes. Das bedeutet jedoch auch, daß der Mensch in der Lage ist, sich selbst glücklich zu fühlen. Die Sache an sich hat damit gar nichts zu tun. Die Sache an sich ist nur ein Indikator, daß Sie glücklich sein wollen. Wenn Sie also sofort glücklich sein wollen, können Sie das sofort sein. Warum wollen Sie warten, bis ein äußerer Umstand eingetreten ist, der Ihnen eine Hilfestellung gibt, ein Zeichen, daß Sie sich nun in einen Zustand des Glücks versetzen können? Es ist Ihre alleinige Entscheidung, sich jetzt sofort in diesen Zustand zu versetzen oder auf diesen Hinweis zu warten. Warum warten – fangen Sie einfach an, glücklich zu sein!

Fragen, Fragen, Fragen

oder

warum manche Menschen so viel wissen und andere einfach nicht weiterkommen

Sicher haben Sie auch schon von dem Information-Super-Highway gehört. Dieser Highway, der nichts mit deutschen Autobahnen zu tun hat, ist zum Transport von elektronischen Daten geeignet. In solche Daten lassen sich alle möglichen Informationen zerlegen: Texte, Bilder, Töne und gleich ganze Filme. Durch den Information-Super-Highway steht dem Benutzer, also Ihnen, in Zukunft eine Unmenge von Informationen zur Verfügung, die Ihnen das Leben erleichtern sollen. Sie erfahren vom Super-Highway, welches Kinoprogramm heute läuft oder wie viele Tore Ihr Lieblingsfußballspieler in den letzten drei Jahren geschossen hat. Nicht nur das. Sie erhalten neben dem letzten Jahresbericht der Deutschen Bank auch noch die letzten Forschungsergebnisse der Immunbiologie. Toll, nicht wahr? Zu dumm, daß Sie diesen Information-Super-Highway noch nicht haben (der eine oder andere von Ihnen wird ihn sogar haben, wenn er dieses Buch liest). Doch was ist, wenn Sie über ihn verfügen können? Können Sie auch damit umgehen? Wie erfahren Sie denn, wann die nächste Sonnenfinsternis ist? Nun ganz einfach: Stellen Sie Fragen. Und genau darum geht es in diesem Kapitel.

Denn Sie haben den Super-Highway schon. Ihr Gehirn ist mit Ihren Sinnen durch den schnellsten Information-Super-Highway verbunden, den es gibt. Sie können ihn genauso nutzen wie den Datenhighway aus Glasfaserkabel und Satellitenkanälen. Nur ist Ihrer viel schneller. Wenn Sie die richtigen Fragen stellen, erhalten Sie die richtigen Antworten.

Wenn Sie also fragen, erhalten Sie in aller Regel auch Antworten. Wenn Sie mehr fragen, erhalten Sie mehr Antworten. Antworten zeigen Ihnen den Weg, den es sich einzuschlagen lohnt, und deshalb ist es wichtig zu fragen. Manche Menschen schämen sich zu fragen, weil sie annehmen, sie würden sich lächerlich machen oder ihre Unwissenheit zugeben. Wenn Sie zu diesen Menschen gehören, halten Sie sich einfach an ein altes chinesisches Sprichwort: »Wer fragt, ist ein Narr für fünf Minuten. Wer nicht fragt, bleibt es für immer.«

Wenn Sie also kein Narr bleiben wollen, stellen Sie Fragen, denn dadurch erhalten Sie Informationen. Informationen zählen in unserer heutigen Zeit zu einem der wichtigsten Wirtschaftsgüter, die uns zur Verfügung stehen. Viele Wirtschaftswissenschaftler und Politiker haben erkannt, daß wir am Ende des Atomzeitalters stehen und vor uns das Zeitalter der Information liegt. Deshalb auch die hohen Investitionen in den Information-Super-Highway und all seine neuen Technologien. Nur wer richtige Informationen erhält, die er nur dann bekommen kann, wenn er Zugang zu den entsprechenden Informationsquellen hat, der kann in Zukunft mit an der Spitze dabei sein. Immer mehr Disziplinen bilden sich im Arbeitsleben heraus, und immer weniger Menschen haben einen Zugang zu einer Anzahl von verschiedenen Disziplinen. Die einzelnen Fachgebiete werden immer komplexer, so daß es immer mehr der Spezialisierung bedarf, um in dem einzelnen Fachgebiet überhaupt noch mitreden zu können. Die Produktionsfaktoren unserer industriellen Gesellschaft unterliegen einem Wandel, und der Produktionsfaktor Information wird zu einem der wesentlichen.

Information scheint also der Schlüssel zu sein, der uns eine positive Zukunft ermöglicht. In der Tat ist es so, daß Informationen schon immer wichtig waren. Informationen erhält man durch gezieltes Fragen und vor allen Dingen durch richtiges Fragen. Die richtige Art zu fragen macht den Unterschied aus zwischen erfolgreich und erfolglos und zwischen glücklich und unglücklich. Die richtige Art zu fragen entscheidet, ob Sie Ihr Ziel erreichen oder verwirrt mit Tausenden von Informationen umherirren, die Sie Ihrem Ziel keinen Zentimeter näherbringen und Sie statt dessen nur belasten. Genau wie bei der Formulierung von Zielen ist es auch daher bei der Formulierung von Fragen extrem wichtig, zwischen Fragen und Nicht-Fragen zu unterscheiden.

Vielleicht erscheint Ihnen dieser Terminus sehr ungewöhnlich, dennoch möchten wir ihn in diesem Buch benutzen. Was sind nun Nicht-Fragen? Nicht-Fragen hat nichts damit zu tun, daß Sie überhaupt keine Fragen stellen, sondern hat unmittelbar damit zu tun, daß Sie nach den negativen Aspekten einer Situation suchen. Genau wie bei der Formulierung von Nicht-Zielen, bei der Sie Dinge aufzählen, die Sie vermeiden möchten, um Ihr Ziel zu erreichen, dürfen Sie bei der Formulierung von Fragen nicht nach den negativen Eigenschaften suchen. Einige Beispiele zu Nicht-Fragen sind: »Was kann mir alles passieren, wenn ich dieses oder jenes tue? Welche Nachteile werde ich haben, wenn ich in diese Richtung gehe? Wie lange wird dieses oder jenes noch gutgehen, bevor mir alles um die Ohren fliegt?«

Diese Nicht-Fragen sind es, die die meisten Verbrecher dazu veranlassen, einen Fehler zu machen. Sie haben vielleicht einen Kunstraub in einer Villa begangen und sind nun an einem sicheren Platz. Dann tauchen die ersten Nicht-Fragen auf: »Habe ich etwas vergessen, aufgrund dessen man mich identifizieren könnte? Habe ich alle Spuren verwischt?« Und so weiter und so fort. Oft führen diese Nicht-Fragen dann dazu, daß sich der Verbrecher zum Tatort zurückbegibt und prompt in eine Polizeifalle tappt. In diesem Fall erweisen sich also die verwirrenden Nicht-Fragen als etwas Positives für die Beraubten und die Polizei, und bitte beachten Sie an dieser Stelle: Dieses Buch soll keine Anregung zum perfekten Raub geben. Wir möchten dieses Beispiel nur heranziehen, weil hier für den Betroffenen eine sehr deutliche negative Auswirkung aufgrund von Nicht-Fragen stattfindet.

Nicht-Fragen und Nicht-Ziele haben etwas gemeinsam

Wenn Sie diese Art Fragen stellen, also Nicht-Fragen, erhalten Sie die negativen Aspekte einer Situation. Das ist ungefähr genauso, als ob Sie ein Nicht-Ziel definieren. Viel wichtiger und wertvoller ist es, wenn Sie die richtigen Fragen stellen und dabei Nicht-Fragen komplett vermeiden. Richtige Fragen sind zum Beispiel: »Wie komme ich am besten von München nach Frankfurt? Welche Vorteile ergeben sich für mich aus dieser Situation? Wie werde ich mich fühlen, nachdem ich dieses oder jenes getan habe?«

Markus war ein sehr vorsichtiger Mann. Er hinterfragte stets alle Dinge und versuchte durch Abwägen aller Möglichkeiten, Schaden von sich fernzuhalten. Stets fragte er sich: »Was kann schlimmstenfalls passieren, wenn ich dieses oder jenes tue? Welcher Schaden kann entstehen?« Nun, Markus erlitt nie richtigen Schaden im Leben, er erreichte allerdings auch nichts. Er beschäftigte sich jedes Mal so intensiv mit allen Dingen, die passieren könnten, bevor er einen Plan in die Tat umsetzte, daß er am Ende diesen nicht verwirklichte, weil zu viele Unwägbarkeiten auftauchten. Er lebte aufgrund dieses Umstands ein geradliniges Leben, ohne daß er jemals irgendwelche Abenteuer zu bestehen hatte, auch ohne daß er jemals besondere Glücks- oder Erfolgsmomente erleben durfte. Obwohl ihn sein Drang, mehr zu erreichen, oft veranlaßte, Pläne zu schmieden, verwarf er diese doch immer wieder, weil ihn die verwandten Nicht-Fragen regelmäßig so verunsicherten, daß er den Plan immer wieder aufschob oder gar aufgab.

Sie sehen also, wie leicht Sie durch die falsche Fragestellung, die Stellung von Nicht-Fragen, Ihre Zukunft einengen und limitieren können. Öffnen Sie sich deshalb in Ihren Fragen, und hinterfragen Sie immer die positiven Aspekte einer Situation. Je häufiger Sie die positiven Aspekte hinterfragen, desto selbstverständlicher wird diese positive Sichtweise für Sie, und früher oder später können Sie dem Leben nur noch Positives abgewinnen. Alle negativen Aspekte, die Sie bisher möglicherweise herausgefunden haben, werden verschwindend klein gegen die positiven Dinge des Lebens. Die einfachste positive Frage, die Sie sofort anwenden können, lautet: »Was ist positiv an dieser Situation?« Allein durch die Fragestellung zwingen Sie sich quasi selbst dazu, positive Aspekte herauszufinden, ohne daß Sie über die negativen erst nachdächten. Als Folge davon werden Sie diese positiven Dinge jeder Lebenslage automatisch abgewinnen können. Sie werden bei Verwendung der positiven Fragetechnik überhaupt nicht mehr dazu kommen, über die negativen und nachteiligen Aspekte nachzudenken.

Wann immer Sie sich also in einer unangenehmen Situation wiederfinden, stellen Sie sich intelligente und machtvolle Fragen, und Sie fühlen sich sofort besser. Eine der besten Fragen ist diese: »Wird dieser Umstand in 10 Jahren noch irgendeine Bedeutung haben, oder rege ich mich vielleicht umsonst auf?« oder »Was kann ich für meine Zukunft aus diesen Erkenntnissen gewinnen?«

Die neutrale Frage

Eine weitere Art der Fragestellung ist die sogenannte neutrale Fragestellung. Die neutrale Frage hilft sehr oft bei wichtigen und wesentlichen Entscheidungsprozessen, wobei diese oft nur für die eigene Person wichtig und wesentlich sind. Der Allgemeinheit hingegen erscheinen sie eher trivial. Eine der wichtigsten persönlichen Fragen lautet daher: »Wie werde ich mich fühlen, nachdem ich diesen Hamburger gegessen habe?« Dies erscheint Ihnen vielleicht als eine ganz simple und unbedeutende Frage, weil Sie sowieso keine Hamburger essen und außerdem auch kein Gewichtsproblem haben. Für einen übergewichtigen Menschen hingegen, der versucht, seine »Freß-Sucht« loszuwerden, kann diese Frage jedoch über Glück oder Unglück entscheiden. Viele übergewichtige Menschen neigen nämlich dazu, immer noch mehr zu essen, obwohl sie bereits satt sind. Danach fühlen sie sich meistens noch mieser. Zum einen haben sie ein unangenehmes Völlegefühl, zum anderen plagt sie natürlich das schlechte Gewissen, weil sie gerade versuchen, abzunehmen und trotzdem wieder jedes Maß und Ziel beim Essen verloren haben. Für diese Menschen ist es sicherlich von entscheidender Bedeutung, sich vorher zu fragen, wie sie sich wohl fühlen werden, nachdem sie diesen Hamburger noch in sich hineingestopft haben.

Die neutrale Frage, die immer in die Zukunft gerichtet sein muß, liefert in diesem Fall als Antwort ein Feedback auf den Zustand nach dem Essen. Dies bedeutet, daß die Information aus der Erfahrung vorhergehender Situationen lauten wird: »Es wird mir schlecht gehen, ich werde ein Völlegefühl und ein schlechtes Gewissen wegen meiner Diät haben.« Mit dieser neutralen Frage, die in der Fragestellung keine Wertung enthält, wird der momentane Hunger- oder Appetitimpuls sehr wesentlich beeinflußt und gegebenenfalls sogar völlig unterdrückt, weil das zukünftige Gefühl oft dem vermeintlichen Hungergefühl, welches in Wirklichkeit mit Appetit oder Gusto verwechselt wurde, entgegensteht.

Sie sehen also, wie wesentlich die richtige Fragestellung für das zukünftige Wohlbefinden sein kann. Eine der grundsätzlichen Strategien bei einer neutralen Frage ist, nach dem zukünftigen Zustand zu fragen. Die Antwort gibt Ihnen daraufhin ein Feedback, quasi aus der Zukunft heraus, das für die heutige Entscheidung fundamental wichtig ist.

Fragen sind der Schlüssel zum Erfolg. Denken Sie einmal an kleine Kinder und wie häufig sie Fragen stellen. Oft nervt es die Erwachsenen, da das Kind unablässig eine Frage nach der anderen auf den Vater oder die Mutter abschießt und diese sich oft aus den Kettenfragen nicht mehr retten können. Oft geschieht es sogar, daß sich die Erwachsenen durch eine einzige Falschinformation in eine furchtbare Sackgasse hineinmanövriert haben. Sie können bei solchen Kettenfragen oft miterleben, mit welch entwaffnender Technik Kinder Unwahrheiten entlarven. Oft kann sich der Erwachsene dann drehen und wenden, wie er will, es gibt keinen Ausweg mehr. Die Fragerei nimmt kein Ende. Immer wieder wird diesen Situationen mit der Aussage: »Dafür bist Du noch viel zu klein« ein abruptes Ende gesetzt. Kinder benötigen diese Antworten, um zu lernen. Sie fragen auf eine ganz natürliche, unvorbelastete Art und Weise. Sie werden niemals ein Kind erleben, das mit pessimistisch logischer Überlegenheit fragt: »Was kann mir alles passieren, wenn ich mit zuviel Schwung schaukle?«

Diese natürliche Art des Fragens, also das Erkunden-Wollen des positiven Aspektes einer Sache und neutrale Fragen sind Fragestellungen, die Sie am besten von Kindern lernen können. Diese Fragen helfen natürlich nicht nur den Kindern, zu lernen und den eigenen Weg zu gehen, sondern auch Ihnen können Fragen helfen, mehr Informationen zum Thema zu sammeln, bessere Entscheidungen zu treffen, zielgerichteter zu leben. Achten Sie deshalb in Zukunft darauf, daß Sie qualitativ hochwertige Fragen stellen. Je hochwertiger die Frage, desto besser wird die Antwort sein, und je bessere Informationen Sie zur Verfügung haben, desto leichter und qualifizierter können Sie eine entsprechende Entscheidung treffen, die Sie in Richtung Gesundheit, Glück und Erfolg bringt. Johann Wolfgang von Goethe erteilte deshalb schon zu seiner Zeit den folgenden Rat: »Wenn du eine weise Antwort verlangst, mußt du vernünftig fragen.«

Versteckte Ziele

oder

warum Sie sich selbst manchmal nicht verstehen, ganz zu schweigen davon, daß Ihre Freunde Sie nicht verstehen

Nach alledem, was Sie nun über Ziele und deren Erreichen und Formulieren erfahren haben, wollen wir Sie über einen wichtigen Umstand nicht im unklaren lassen. Viele Menschen formulieren oft ein Ziel, das Sie in Wirklichkeit gar nicht erreichen wollen. Der wahre Beweggrund, warum diese Menschen derart handeln, ist ein verstecktes Ziel, das sie unbewußt dazu veranlaßt, sich so zu verhalten.

Andre war ein sehr kränkliches Kind und wurde deswegen von seiner Mutter rund um die Uhr beschützt und behütet. Er wuchs in einer sicheren Umgebung auf, und seine Mutter war immer für ihn da. Auch als Andre größer wurde und zur Schule ging, sorgte sich die Mutter um ihn, denn er war immer noch ein sehr anfälliges Kind. Er studierte später Physik und fand eine Anstellung in einem Labor, wo er sich mit hochwissenschaftlichen Forschungsarbeiten beschäftigte. Nach wie vor wurde er immer wieder von allen möglichen und unmöglichen Krankheiten heimgesucht, und er äußerte Freunden und Bekannten gegenüber, daß es sein größter Wunsch sei, endlich völlig gesund zu werden und diese lästigen Krankheiten loszuwerden. Schon nach kurzer Zeit nannte man ihn nur noch »den Kranken«. Die ganze Sache hatte allerdings auch einen positiven Aspekt, denn immer wenn Andre krank war oder sich nicht wohlfühlte, empfanden seine Freunde Mitleid mit ihm und kümmerten sich intensiver um ihn, als sie das normalerweise taten. Einige von ihnen gingen sogar so weit, daß sie Andre in solchen Phasen zu sich nach Hause einluden.

Obwohl Andre immer seine Krankheiten loswerden wollte und dies auch als Ziel formulierte, gab es dennoch einen Hintergrund, warum er immer wieder Beschwerden hatte, die es zu beklagen galt. Schon als Kind hatte er gelernt, daß einem eine besondere Aufmerksamkeit zuteil wird, wenn man erkrankt ist. Vergleichen wir seine Krankengeschichte mit seiner persönlichen Geschichte, so läßt sich erkennen, daß jeder ausbrechenden Krankheit eine Phase der Einsamkeit und Isolation vorangegangen war, in der Andre weniger Kontakte hatte. Aus dieser Isolation heraus wurde er meistens krank und erreichte so natürlich, daß sich wieder mehr Menschen um ihn kümmerten.

Sie sehen also, daß hier Andres Ziel, gesund zu werden, von dem unterbewußten Ziel, Aufmerksamkeit und Geborgenheit zu empfangen, dominiert wurde. Es ist demnach ein verstecktes Ziel, das die Menschen oft zu gewissen Handlungen motiviert. Um diese versteckten Ziele zu verändern, sollten Sie deshalb, wenn Sie ein Ziel formuliert haben, auch noch einen sogenannten Ökonomie-Check durchführen. Dies bedeutet herauszufinden, welche Änderungen Sie erfahren, wenn Sie ein in der Zukunft liegendes Ziel erreicht haben, und welchen zusätzlichen Status Sie gewinnen werden. Die veränderte Fragestellung hier heißt also: »Wie werde ich mich fühlen, wenn ich diesen Zustand erreicht habe, und welche anderen Änderungen werden ebenfalls vollzogen sein?«

Beim Ökonomie-Check müssen Sie, genauso wie bei der Fragestellung an sich, darauf achten, daß Sie keine Nicht-Fragen stellen. Dieser Check sollte demnach niemals so aussehen: »Wenn ich diesen Zustand erreicht habe, was werde ich verlieren?« Achten Sie immer darauf, daß Sie nach dem fragen, was Sie gewinnen und welche positiven Veränderungen sich in Ihrem Leben ergeben. Ausgehend von diesen Veränderungen, untersuchen Sie dann deren positiven Aspekte.

Der Ökonomie-Check ist sehr wichtig, denn Sie wollen ja schließlich ein Ziel erreichen und sich danach besser fühlen. Es würde Ihnen nichts nützen, ein Ziel zu erreichen, das Sie aufgrund eines versteckten Zieles niemals wirklich erreichen können, weil dies Sie immer davon abhalten wird. Aus diesem Grund sollten Sie sich die Zielsituation auch sehr ausgiebig vorstellen und alle Veränderungen beurteilen, die dann stattfinden werden. Überprüfen Sie jede einzelne Veränderung auf ihren Nutzen hin. Sollte eine Veränderung nicht augenscheinlich unbedingt positiv sein, so müssen Sie jetzt die wahre Absicht hinter dieser zunächst einmal negativ erscheinenden Veränderung überprüfen. Auf alle Fälle ist es so, daß Sie dadurch die versteckten Ziele erkennen und dies dann mit in Ihren Zielfindungsprozeß einbauen können, um letztendlich ein noch besseres und qualitativ wertvolleres Ziel zu formulieren.

Wenn Sie sich in Gedanken diese Fragen auf dem richtigen Kanal stellen, dann werden Sie ganz sicher eine Antwort erhalten, die Ihnen Hinweise gibt, welche Ziele Sie erreichen sollten, bevor Sie das Gewünschte in Angriff nehmen. Wenn Ihnen also eine Stimme etwas sagte, als Sie gerade in Ihrem Zukunftsbild schwelgten, dann fragen Sie bewußt diese Stimme, was sie denn einzuwenden habe. Bei einem unguten Gefühl vergleichen Sie es mit einer anderen Situation, die ein ähnliches Gefühl hervorruft. Bei einer »Bildstörung« versuchen Sie, das störende Bild detaillierter zu erkennen.

In all diesen Fällen erhalten Sie auch Hinweise über versteckte Ziele, die im Laufe der Zeit ihre Bedeutung verloren haben. Daß diese Ziele Ihnen nichts mehr bedeuten, ist jedoch verborgen. Durch den Ökonomie-Check kommt es in der Regel dazu, diese unnötigen Ziele ein für allemal zu verändern.

Manchmal finden Menschen ein neues Ziel und entschließen sich sofort, danach zu leben. Es geht dann schief. Warum? Sicher kennen Sie auch jemanden, der schon die hundertste Diät begonnen hat, nur um die nächste zu versuchen, weil die letzte nicht geholfen hat. Das versteckte Ziel hält diesen Menschen davon ab, sein Ziel effizient zu erreichen. Es ist schon vorgekommen, daß dieses versteckte Ziel sehr trivial war. So ist die unbewußte Angst, daß die Kleider nicht mehr passen, in manchen Fällen ein wesentlicher Auslöser für die negativen Resultate der Hungerkuren und Diäten.

Oft sind es jedoch wesentlich komplexere Gründe, die verhindern, das selbst formulierte Ziel zu erreichen. Diese Gründe finden Sie immer am besten mit Hilfe des Ökonomie-Checks. Bei diesem Check schlagen Sie sozusagen eine Brücke in die Zukunft und stellen sich vor, wie es sein wird, wenn Sie Ihr Ziel erreicht haben, und wie Sie sich dann fühlen. Wenn ein verstecktes Ziel vorliegt, wird Ihnen Ihr Unterbewußtsein einen entsprechenden Hinweis geben, und Sie werden lernen, warum Sie Ihr Ziel auf diesem Wege bisher noch nicht erreicht haben. Benutzen Sie den Ökonomie-Check deshalb regelmäßig, um festzustellen, ob Ihr vermeintliches Ziel auch Ihr wirkliches Ziel ist.

Entscheidung und Erfahrung

oder

warum man nach dem ersten Fehler keinen zweiten machen darf und schon gar nicht den gleichen nochmal

Sie haben sich gerade entschieden, ein neues Auto zu kaufen. Selbstverständlich kaufen Sie bei dem Händler, bei dem Sie Ihr altes Auto bereits gekauft hatten. Schließlich waren Sie ja mit dem alten Fahrzeug hochzufrieden, und außerdem war der Service dort exzellent. Warum also sollten Sie zu einem anderen Händler gehen und eine andere Marke ausprobieren? Ihr Nachbar hatte schließlich auch schon Pech mit seiner Wahl. Er fuhr eine andere Marke als Sie und hatte seinen Wagen auch ganz woanders erstanden. Die letzten zwei Jahre war immer wieder etwas an seinem Fahrzeug kaputt. Er wird ganz sicher nicht noch einmal ein Auto des gleichen Herstellers bei diesem Händler kaufen.

Sie haben sich nun also entschieden, ein neues Auto zu kaufen, und diese Entscheidung ist aufgrund von Erfahrungen, die Sie selbst und die andere für Sie gesammelt haben, gefallen. Sie können ziemlich sicher sein, daß diese Entscheidung die richtige war, denn alle Erfahrungen sprechen dafür, daß Sie eigentlich nichts falsch machen können, wenn Sie übermorgen Ihr neues Vehikel abholen.

In diesem oder ähnlichem Sinne treffen Sie ständig Entscheidungen. Einige erweisen sich im nachhinein als richtige Entscheidung, andere erweisen sich zunächst einmal als falsch. Viele Menschen neigen nun dazu, die ehemals getroffenen Entscheidungen in Frage zu stellen und sich insofern zu beschweren, daß Sie sagen: »Hätte ich mich damals nur für das Haus auf der Südseite entschieden, dann hätte ich jetzt mehr Sonne.« Nun, unabhängig davon, ob Sie damals hätten oder nicht, Sie haben nun einmal nicht. Ganz abgesehen davon, daß Sie auch heute wieder die falsche Entscheidung, nämlich die gleiche wie damals treffen würden, sofern Sie nur über die Erfahrungen von damals verfügen würden und sich in der gleichen Situation befänden.

Denn zu der Zeit, als Sie diese Entscheidung trafen, hatten Sie guten Grund, dieses Haus zu kaufen. Alle Ihnen zur Verfügung stehenden Informationen veranlaßten Sie, genau dieses Haus und nicht ein anderes zu kaufen. Mit den gleichen Informationen und nicht mit denen, über die Sie heute verfügen, würden Sie auch heute wieder die gleiche Entscheidung treffen.

Von daher können Sie den Terminus »falsche Entscheidung« grundsätzlich aus ihrem Wortschatz streichen. Zum Zeitpunkt der Entscheidung war ihr gesamtes damaliges Wissen in diesen Entscheidungsprozeß involviert, und die Entscheidung war zumindest zu dem Zeitpunkt, zu dem sie getroffen wurde, von Ihnen als richtig empfunden. Falls Sie damals nicht der Meinung waren, daß diese Entscheidung richtig sei, dann hätten Sie diese mit Sicherheit zum damaligen Zeitpunkt nicht getroffen. Also hat es überhaupt keinen Sinn, eine ehemalige Entscheidung zu bereuen, denn die Zeit und die Energie, die Sie dafür aufwenden, können Sie viel besser investieren, um aus dieser Entscheidung zu lernen. Malcolm Forbes hat dies einmal so definiert: »Jeder Fehler, aus dem wir lernen, ist ein Erfolg«.

Es gibt wenige Ausnahmen, bei denen man sich, obwohl man weiß, daß die Entscheidung falsch ist, dennoch bewußt entscheidet, diesen als falsch erkannten Weg zu gehen.

Anne fuhr schon jahrelang den Wagen ihrer Lieblingsmarke. Er war bequem, zuverlässig und genoß ein gewisses Image in der Gesellschaft. Sie wußte, daß sie wieder einen Wagen dieser Firma erstehen würde, wenn ihr »alter« zu alt wurde. Als es dann soweit war und ihr alter Wagen nicht mehr straßenfest war, kaufte sie plötzlich einen Wagen einer anderen Marke, der nicht so bequem war, ihr nicht so toll gefiel und bei weitem nicht das positive Image hatte, das für sie wichtig war.

Was war geschehen? Anne hatte inzwischen eine Beziehung zu einem Mann aufgebaut, die für sie persönlich sehr viel bedeutete. Dieser Mann war nun ein Fan von einem anderen Autohersteller und empfahl ihr, unbedingt ein Auto von dieser Firma zu kaufen. Er suchte den Wagen sogar für sie aus. Obwohl sie sich innerlich für eine andere Marke entschieden hatte, nahm sie doch das Fabrikat, das er ihr ausgesucht hatte, nur um eine Konfrontation zu vermeiden und um ihn ja nicht zu enttäuschen. In diesem Fall ist hinter der Absicht, den falschen Weg zu gehen, eine weitere Absicht, die es rechtfertigt, den falschen Weg zu nehmen. Im Endeffekt war ihre Entscheidung also doch unter gegebenen Umständen die richtige. Falls sie sich irgendwann einmal von diesem Mann trennt und dann den Kauf als falsche Entscheidung bereut, ist dies nicht besonders hilfreich.

Bereuen Sie also keine Entscheidungen, sondern lernen Sie daraus! Das einzige, was Sie tun, wenn Sie Entscheidungen bereuen, ist, daß Sie sich nachhaltig über eine Sache aufregen, die ohnehin in die falsche Richtung gelaufen ist. Und wer kann schon die Vergangenheit verändern? Das alles bringt Sie außerdem keinen Schritt weiter, und es sind verschwendete Energien, denn schon der Dichter Agathon fand heraus: »Sogar Gott kann die Vergangenheit nicht ändern«.

Wie sind nun Entscheidungen zu werten, die offensichtlich falsch waren? Als Mißerfolge? Nun, es gibt Menschen, die solche Erfahrungen als Mißerfolg werten. Es lebt sich jedoch wesentlich leichter, wenn Sie dieses Vergangene als Erfahrung einstufen und für sich so viel daraus gelernt haben, daß Sie denselben Fehltritt nicht ein zweites Mal begehen würden. Im Endeffekt kommt es nur auf eines an: Je mehr Informationen und Erfahrungen Sie sammeln, desto kompetenter können Sie in einer neuen Situation entscheiden. Immerhin haben Sie überhaupt etwas getan und dadurch wieder etwas gelernt. Andere stehen immer noch unentschlossen vor einer bestimmten Situation und können sich nicht entscheiden. Diesen Menschen fehlt in der Regel auch jegliche Erfahrung, weil sie aus Angst vor »Mißerfolgen« auch nichts versuchen.

Es sind nicht die Umstände, die unser Leben bestimmen, sondern wir Menschen sind es selbst, die die Freiheit haben, unser Leben zu bestimmen. Letztendlich ist es eine Vielzahl von Entscheidungen und doch wieder jede einzelne Entscheidung für sich, die den Unterschied zwischen Glück und Unglück ausmachen. Es ist nicht die Situation, die unser Leben bestimmt, sondern es ist immer unsere Entscheidung, wie wir in dieser Situation handeln, die über unseren weiteren Lebensweg bestimmt. Jede Entscheidung, etwas zu tun, ist besser, als zu warten, bis etwas mit uns getan wird. Sollte sich die Entscheidung einmal als eine herausstellen, die nicht zu dem gewünschten Ergebnis führt, so steht es uns frei, neu zu entscheiden und einen anderen Weg zu beschreiten.

Seien Sie sich darüber bewußt, daß Sie nicht alles im Leben kontrollieren können. Es wird immer wieder Vorfälle geben, die unerwartet sind. Vorfälle, die gerade jetzt nicht hätten passieren dürfen und gerade jetzt unser Leben auf den Kopf stellen. Die Bank kündigt den Kredit, der Vermieter kündigt die Wohnung wegen Eigenbedarf, Ihr Auto springt nicht mehr an und vieles mehr. Sie können diese Situationen nicht verhindern, nicht vermeiden und ihnen auch nur bis zu einem gewissen Grade vorbeugen. Eins können Sie jedoch immer: Sie können sich entscheiden, die Situation zu akzeptieren, und dann das beste daraus machen. Sie können jederzeit aktiv werden und sofort anfangen, Ihre persönliche Situation zu verbessern. Sie sollten sich nie von einer Situation überwältigen lassen und tatenlos zusehen, wie die Situation Sie kontrolliert.

Irgend jemand hat einmal Erfolg als die Summe aller Erfahrungen definiert. Dabei ist natürlich ganz wichtig zu beachten, daß Erfahrungen nur dann wertvoll und sinnvoll sind, wenn Sie in der Zukunft bei neuen Entscheidungen entsprechend berücksichtigt werden. Fehler macht jeder, und Fehler zu machen ist keine Schande. Solange Sie aus früheren Fehlern lernen, diese als Erfahrung verbuchen und bei dem Entscheidungsprozeß in

Zukunft mit berücksichtigen, solange sind Sie auf der Gewinnerstraße. Sie befinden sich auf dem ultimativen Weg zu Glück, Gesundheit und Erfolg.

Natürlich gilt das zuletzt Gesagte auch für positive Erfahrungen. Lernen Sie also nicht nur aus Fehlern, sondern merken Sie sich besonders Situationen, die erfolgreich waren. Wenn Sie diese noch mit in Ihre Entscheidungen einbauen, erzielen Sie noch bessere Resultate. Oft hilft es sogar, sich vor wichtigen Entscheidungen an eine andere wichtige Situation zu erinnern, wo alles zur vollsten Zufriedenheit verlief. Wenn Sie sich an eine solche Situation erinnern, also sie sich bildlich wieder vorstellen, dann stehen Ihnen auch noch diese positiven Erfahrungen zur Verfügung. Sie befinden sich dann automatisch in einer stärkeren und besseren Verfassung und können qualitativ besser entscheiden. Man spricht auch von einem Zustand der Exzellenz.

Profitieren Sie von den Erfahrungen anderer

Oft helfen nicht nur die eigenen Erfahrungen, ein bestimmtes Ziel schneller und einfacher zu erreichen, sondern die Erfahrungen anderer Menschen sind hierbei recht hilfreich. Aus diesem Grund ist es sehr wertvoll, wenn Sie auf diese Erfahrungen hören und Sie durch gezielte Fragestellungen Informationen anderer Menschen bekommen und diese mit Ihren eigenen Erfahrungen vergleichen, ergänzen und erweitern.

In der Goldgräberzeit des Personalcomputer-Zeitalters, Anfang der 80er Jahre, gab es einen Mann, der mit dieser Philosophie eine Firma gründete und eine lange Zeit sehr erfolgreich war. Diese Firma hieß Victor Technologies und entwickelte den Sirius-Computer. Der Gründer und Geschäftsführer, Chuck Peddle, war ein bekannter Mann der noch jungen Computerindustrie. Peddle stellte seine Manager nach einem ganz wesentlichen Kriterium ein: Um eine Managementposition bei Sirius zu übernehmen, mußte der Bewerber mindestens eine Pleite oder einen Konkurs verzeichnen können. Peddle vertrat die Auffassung, daß nur die Leute, die schon einmal ein Unternehmen in den

Sand gesetzt hatten, über die richtige Erfahrung verfügten, um seine Firma vor eben diesem Schicksal zu bewahren. Die Strategie ging tatsächlich auf, und die Firma Sirius wurde zu einem der Highfligher zu Beginn der 80er Jahre.

Allerdings gab es noch einige andere Fehler, die man machen konnte. Deswegen überlebte diese Firma letztendlich doch nicht. Spätestens nach dieser Unternehmung wußte Mr. Peddle jedoch ganz zuverlässig, daß, auch wenn er viele erfahrene Manager um sich herum versammelte und das Unternehmen extrem erfolgreich war, er nicht jedem seiner Manager einen Ferrari zur Verfügung stellen sollte. Der Firmenparkplatz von Sirius soll einer Ferrari-Niederlassung gleichgekommen sein.

Sie sehen an diesem Beispiel, daß die Erfahrungen anderer Menschen sicherlich sehr wertvoll und wichtig sind, Sie aber trotzdem Ihre eigene Entscheidungsfähigkeit und die eigenen Erfahrungen mit berücksichtigen sollten. Bauen Sie also in Ihren Entscheidungsfindungsprozeß zukünftig die Summe aller Erfahrungen ein, die Sie bisher selber gemacht haben, und versuchen Sie, so viel wie möglich aus anderen Erfahrungsquellen zu erhalten. Bücher sind übrigens eine tolle Quelle, um sich über die Erfahrungen anderer Menschen zu informieren. In der Regel erhält man viele Strategien von erfolgreichen Menschen und viele Tips, was diese erstmal falsch gemacht haben. In letzter Konsequenz können Sie die besten Entscheidungen dann treffen, wenn Sie über viele Erfahrungen und Informationen verfügen. Es gibt ein englisches Sprichwort, welches wir Ihnen an dieser Stelle nicht vorenthalten wollen und das den unmittelbaren Zusammenhang zwischen Büchern und Erfahrung darstellt: »Leaders are Readers« (Führer sind Leser; ein Reim im Englischen).

Was ist Erfolg?

Was ist nun eigentlich Erfolg? Erfolg, definiert aus dem Resultat der Summe aller Erfahrungen, ist eine Seite der Medaille. Die andere ist, wie Sie Ihren persönlichen Erfolg definieren. Für die eine Person ist es ein Erfolg, am nächsten Tag noch einen Arbeitsplatz zu haben, und für die andere Person ist Erfolg ganz woanders angesiedelt, möglicherweise in dem Besitz eines Hauses am Strand. Erfolg ist also ein sehr individueller Terminus und hängt sehr stark davon ab, was Sie persönlich darunter verstehen. Der persönliche Erfolg, und dies ist letztendlich auch der entscheidende Erfolg, läßt sich generell so definieren: »Jedes meiner Ziele, das ich erreiche, ist ein persönlicher Erfolg.«

Nur so sollten Sie Erfolg definieren. Denn was interessiert es Sie, was Ihre Umwelt davon hält, und welchen Vorteil haben Sie, wenn Ihr Nachbar neidisch auf Ihr Auto schaut oder Ihre Nachbarin voller Neid auf Ihre neuen Schuhe? Gut, machen wir uns nichts vor. Manchmal verschafft es uns doch eine gewisse Genugtuung, wenn wir »es« manchen Menschen zeigen können, die immer schon nichts von uns gehalten haben und die uns nie mochten. Dies sollte natürlich nicht zu dem wesentlichen und entscheidenden Erfolgskriterium werden, nach dem wir unser Leben ausrichten.

Leider können wir uns nicht immer von diesen doch recht primitiven Bedürfnissen freimachen und brauchen eben auch ab und an die Anerkennung und den Neid des Mitmenschen. Diese grundlegenden Charaktereigenschaften der Menschen wollen wir gar nicht erst versuchen zu verändern, nur sollten sie nicht zu einem erklärten Ziel werden. Das Wichtigste ist doch, daß Sie sich wohl fühlen und daß Sie Ihr persönliches Ziel erreicht haben. Im umgekehrten Fall, wenn Leute über Sie lästern, daß Sie es noch nicht geschafft haben, sich einen tollen Wagen und eine Blondine zuzulegen, lassen Sie sich nicht verunsichern. Für Ihren Erfolg ist es entscheidend, daß Sie lernen, diesen als Ihren persönlichen zu verzeichnen.

Entscheidend ist, daß Sie Ihre persönlichen Ziele erreicht haben. Lassen Sie sich nicht von den anderen beeinflussen, sondern arbeiten Sie immer auf Ihre persönlichen Ziele hin, und werten Sie jeden Teilschritt in Richtung Ihres Ziels als Erfolg. Mit dieser Einstellung, losgelöst von den äußeren Einflüssen, werden Sie ganz sicher zum erfolgreichen Menschen.

Zum Schluß möchten wir noch einmal den amerikanischen Erfolgsautor Anthony Robbins zitieren, der in seinem Buch »Gigant Steps« zu folgender Erfolgsformel kommt: »Erfolg ist das Resultat von guten Entscheidungen, gute Entscheidungen sind das Resultat von Erfahrung, und Erfahrung ist oft das Resultat von schlechten Entscheidungen.« Er schließt sein Kapitel ab mit der Frage: »Was haben Sie aus vergangenen Fehlern gelernt, was Ihnen heute weiterhelfen kann?«

Umlernen, aber wie

oder
warum Sie nie aufhören zu lernen und immer besser werden

Sie sind bereit umzulernen, wissen jedoch noch nicht genau wie. Umzulernen und automatische Abläufe zu unterbrechen ist auf zwei Ebenen möglich. Zum einen können Sie auf der äußeren Bewußtseinsebene, also im sogenannten Wachbewußtsein (in diesem Zustand befinden Sie sich gerade beim Lesen dieses Buches) umlernen und Ihr Unterbewußtsein entsprechend beeinflussen, indem Sie die Kommunikationsregel und alles, was Sie über Glaubenssätze und Glaubenssysteme in diesem Buch lesen, beachten und aktiv anwenden. Zum anderen können Sie umlernen, indem Sie sich auf eine entspannte Ebene begeben, wie zum Beispiel die Meditation, die in den fernöstlichen Religionen gelehrt wird. Eine Technik, wie man auf dieser Ebene Zugang zum Unterbewußtsein erreicht, können Sie in einem späteren Kapitel nachlesen.

Was bedeutet nun genau Lernen?

Es gibt unzählige Modelle aus der Biologie, Psychologie oder Medizin des menschlichen Lernens. Einige davon sind rein theoretisch, andere wiederum sind eher praktisch anzuwendende Modelle. Viele wurden eine gewisse Zeit als gut empfunden, dann jedoch wieder fallengelassen. Einige haben allerdings auch heute noch ihre Gültigkeit. Ein allgemein akzeptiertes und schon seit Jahrzehnten bekanntes Modell ist das sogenannte Kompetenzmodell. Dieses Lernmodell besteht aus vier Stufen, die im folgenden näher erläutert werden.

Erst das Verständnis, wie das menschliche Gehirn lernt, und somit auch, wie das Unterbewußtsein trainiert wird und wie automatische Abläufe auf Basis von Glaubenssätzen in Verbindung mit Erfahrung etabliert werden, hilft Ihnen zu verstehen, was notwendig ist, um Glaubenssätze und automatische Abläufe (konditionierte Reaktionen) zu unterbinden.

Ein gewisser Lernprozeß begleitet den Menschen von Geburt an bis hin zum Tode. Besonders intensiv ist dieser bei kleinen Kindern zu beobachten. Sie stellen oft die verrücktesten Sachen an, ohne sich über die Gefahren im klaren zu sein. Kompetenzmäßig betrachtet sind Babys ganz sicher als inkompetent zu bezeichnen. Diese Inkompetenz spielt sich auf zwei unterschiedlichen Ebenen ab, welche direkt aufeinander folgen. Die erste Stufe wird als unbewußte Inkompetenz bezeichnet. Das ist die Stufe, auf der sich Säuglinge und kleine Kinder befinden, die einfach nicht wissen, daß zum Beispiel Autos gefährlich sind bzw. daß es überhaupt Autos gibt.

Mit zunehmendem Alter werden diese Kinder jedoch aufgeklärt und lernen, daß es Autos gibt und daß diese eine gewisse Gefahr für spielende oder unachtsame Kinder bergen. Hier wechselt das Kleinkind von der Stufe der unbewußten Inkompetenz auf die Stufe der bewußten Inkompetenz. Dies bedeutet, daß sich das Kind nun darüber im klaren ist, auf Autos zu achten. Wenn es dies nicht tut, so wird das Kind dies nun bewußt falsch machen. Es bedarf Erklärungen und Übung, um das Kind von der Stufe der bewußten Inkompetenz auf die Stufe der bewußten Kompetenz zu führen. Diese Stufe wird in der Regel durch ein Verkehrstraining erreicht. Außerdem wird das Kind trainiert, indem man ihm klare Verhaltensregeln vorgibt, zum Beispiel, was zu tun ist, bevor man eine Straße überquert – nämlich rechts-links-rechts-schauen. Das bedeutet für das Kind, auf der Stufe der bewußten Kompetenz, daß das Kind sehr bewußt am Rande der Straße stehenbleibt und diese Regel laut vor sich hinsagt. In der Stufe der bewußten Kompetenz spielen sich all diese Vorgänge in einem vollständig bewußten Vorgang ab.

In diesem bewußten Zustand ist das Bewußtsein und das logische Überlegen dafür verantwortlich, daß dieser Vorgang genau nach Lehrbuch vollzogen wird. Durch diese mitkontrollierte Vorgehensweise wird der gesamte Vorgang langsamer ablaufen als bei einem Menschen, der schon eine Stufe weiter ist und sich schon auf der höchsten Stufe des Lernens befindet. Diese letzte und gleichzeitig höchste Stufe des Lernens bezeichnet man dann als unbewußte Kompetenz. Auf dieser Stufe übernimmt wieder das Unterbewußtsein die Hauptrolle und steuert diese Abläufe aus dem Unterbewußtsein heraus, so daß sich der Mensch nicht immer darüber im klaren ist, warum er gerade dieses oder jenes getan hat. Es geht sogar noch weiter: Diesem Menschen ist oft gar nicht bewußt, daß er vor dem Überqueren der Straße nach links und nach rechts geschaut hat.

Die vier Stufen des Lernens

Sie können anhand dieser Beispiele nun erkennen, daß sich nach diesem Modell der Lernprozeß in vier Stufen gliedert:

1. Unbewußte Inkompetenz
2. Bewußte Inkompetenz
3. Bewußte Kompetenz
4. Unbewußte Kompetenz

Die erste und die letzte Stufe werden also vom Unterbewußtsein gesteuert. Dies ist exakt das Handikap, mit dem Sie und alle anderen zu kämpfen haben. Oftmals sind es die unbewußten Reaktionen, die Ihr Leben schwerer gestalten, als es eigentlich sein müßte. Legt man das oben geschilderte Lernmodell zu Grunde, scheint also die Festigung eines jeden Glaubenssatzes von der unbewußten Ebene über die bewußte Ebene erneut zur unbewußten Ebene abzulaufen. Sehr viele Glaubenssätze, die Sie fast täglich behindern und limitieren, finden sich im Stadium der unbewußten Kompetenz. Das bedeutet, daß der Mensch viele Handlungen vornimmt, von denen er überzeugt ist, daß sie richtig sind. In den meisten Fällen befindet sich der Mensch dann im Stadium der unbewußten Kompetenz und ist dennoch von der Richtigkeit seines Tuns überzeugt, weil er ja diese Handlung nicht in Frage stellt. Diese Handlungsabläufe werden vollständig aus dem Unterbewußtsein aufgrund eines vorangegangenen Lernprozesses gesteuert.

Ein solcher Lernprozeß begegnet uns in den vielfältigsten Situationen und könnte so aussehen: Ein Kind in der zweiten Klasse der Grundschule ist sich nicht darüber bewußt, daß es Rechnen oder Lesen gut oder schlecht kann. In der Regel rechnet es aufgrund der Regeln, die ihm der Lehrer beigebracht hat, und kommt so zu einem Ergebnis. Das Kind befindet sich hier noch im Zustand der unbewußten Inkompetenz. Dadurch, daß es in den meisten Schulsystemen ein Feedback über seine Leistungen bekommt, zum Beispiel hier, indem es vom Lehrer die richtige Lösung erhält, ist es in der Lage, die entsprechende Aufgabe als falsch oder richtig zu erkennen. Durch weiteres Training gelangt es dann über die drei weiteren Stufen zu der höchsten Stufe, der unbewußten Kompetenz. In diesem Prozeß lernt das Kind, wie es mit Zahlen umgehen muß. Dieser Lernprozeß kann jedoch sehr leicht durch eine unbedachte Äußerung seitens des Lehrers oder anderer Menschen aus dem Umfeld des Kindes in eine falsche Richtung geleitet werden.

Werden die Hausaufgaben beispielsweise von der Mutter kontrolliert und stellt diese fest, daß ihr Kind bei Addition und Subtraktion noch Schwächen aufweist, so kommt es oft zu Gesprächen zwischen Eltern, die das Kind mithört und wo es dann zu Aussagen kommt wie: »Er/Sie ist schwach im Rechnen, aber das ist ganz logisch, da bei unserer Familie auch alle schlecht in diesem Fach waren.« In diesem Fall wird die bisher unbewußte Inkompetenz des Kindes möglicherweise zur bewußten Inkompetenz. Ein Glaubenssatz auf Bewußtseinsebene hat sich manifestiert.

Auf der Stufe der bewußten Inkompetenz kann es nun leicht dazu kommen, daß die weitere Entwicklung in eine andere Richtung gelenkt wird, als es notwendig gewesen wäre, um die Grundregeln des Rechnens zu erlernen. Auf bewußter Inkompetenzebene geht das Kind nun davon aus, daß es nicht gut in

Mathematik ist. Statt nun in diesem Fach besser zu werden, wird diese Aussage der Mutter als Beruhigung und Ausrede, auch aus Enttäuschung und Frustration, dazu dienen, daß es in Mathematik nicht gut klarkommt. Als Folge davon kann es zu einer bewußten Kompetenz kommen, deren Kernaussage wie folgt lauten könnte: »Ich bin, genau wie alle anderen in unserer Familie, nicht gut in Mathematik.« Der Glaubenssatz hat sich zu diesem Zeitpunkt schon manifestiert, obwohl er noch auf der bewußten Ebene vorhanden ist. Wenn sich dieser Glaubenssatz noch tiefer festsetzt, dann wird der Schritt von der bewußten Kompetenz zur unbewußten Kompetenz vollzogen.

Das Wort Kompetenz klingt hier wohl eher wie eine Farce, denn im Grunde genommen ist das Kind nun darin kompetent, nicht kompetent bzw. nicht gut in Mathematik zu sein. Immerhin gibt es einen sehr wesentlichen Grund für den jungen Menschen, unbewußt kompetent darin zu sein, etwas nicht zu können. Von diesem Zeitpunkt an ist der Glaubenssatz auf der unbewußten Ebene und hat sich dort derart fest etabliert, daß dieser Glaubenssatz den Rest des Lebens besteht, sofern er nicht umgelernt oder umprogrammiert wird.

Um entsprechende Glaubenssätze nun erfolgreich beseitigen zu können, ist von entscheidender Bedeutung, die Stufe der unbewußten Kompetenz rückgängig zu machen, so daß man zur Stufe der bewußten Inkompetenz gelangt. Solange Programme automatisch im Menschen ablaufen, kann er sich nicht dagegen wehren, weil er nicht wissen kann, daß er etwas automatisch getan hat. Die Stufe der bewußten Inkompetenz kann man nur dadurch erreichen, indem man Handlungen, Tagesabläufe und automatische Reaktionen erkennt und diese dann hinterfragt.

Falls Sie durch entsprechendes Entdecken einer falschen unbewußten Kompetenz diese in eine bewußte Inkompetenz wandeln, können Sie dann auf der Stufe der bewußten Inkompetenz erneut anfangen zu lernen und somit den Glaubenssatz, der Sie bisher limitiert hat, in eine andere Richtung lenken und die Begrenzungen aufheben.

Die Alternative dazu ist natürlich, sehr bewußt Veränderungen herbeizuführen, unabhängig davon, ob ein Glaubenssatz erkannt worden ist oder nicht. Sie fangen auf der Stufe der bewußten Kompetenz an und tun so, als ob. Genau das können Sie mit vielen Kommunikationsregeln dieses Buches erreichen. Dabei hilft unter anderem die »Ich-bin-Technik« aus diesem Buch. Bei Anwendung dieser Technologie wird ein Glaubenssatz auf bewußter Kompetenz etabliert, so daß Sie annehmen, dieses oder jenes zu sein oder zu können oder beides. Diese bewußte Kompetenz bedeutet, daß Sie, wie im Beispiel erwähnt, Kommunikationstrainer sind, immer besser werden und von Tag zu Tag mehr dazulernen. Durch die Aussage »Ich bin Kommunikationstrainer« wird diese bewußte Inkompetenz sofort auf die Stufe der bewußten Kompetenz gewandelt. Je nachdem, wieviel und wie schnell Sie auf dieser Stufe dazulernen, um Ihre Fähigkeiten in dem Feld des Kommunikationstrainings zu verbessern, desto schneller gelangen Sie an den Punkt, wo Sie Kommunikationstrainer sind, ohne daß Sie darüber nachdenken müßten, was genau Sie zu tun haben, um Ihre Kommunikationsseminare zu veranstalten.

Wenn dieser Schritt vollzogen ist, befinden Sie sich im Lernprozeß auf der Stufe der unbewußten Kompetenz. Das bedeutet, daß Sie das Kompetenzmodell benutzen, um Ihr Unterbewußtsein zu überlisten, indem Sie sofort auf Stufe 3 einsteigen, nämlich der Stufe der bewußten Kompetenz, und diese dann simulieren. Dieser Effekt funktioniert genauso wie bei dem Kind, das falsch lernt und daraus dann falsche Schlüsse für seine eigenen Kompetenzen zieht. Auch bei dem Kind, das in Mathematik schlecht war, weil die ganze Familie in diesem Fach schon seit eh und je Schwierigkeiten damit hatte, passiert das gleiche. Hier wird das Unterbewußtsein überlistet, und mit dem gleichen Effekt können auch Sie dies tun. Am besten, indem Sie gleich auf Stufe 3 einsteigen und dem Unterbewußtsein eine Präsentation simulieren, die genauso wie der falsche Glaubenssatz akzeptiert und zum Schluß wieder zur unbewußten Kompetenz wird.

Dies bedeutet andererseits, daß Abläufe automatisiert werden, Reaktionen konditioniert werden und somit bei bewußter Anwendung dieser Unterbewußtseinssteuerung nur noch der positive und erfolgreiche Weg vorprogrammiert wird. Nutzen Sie also Ihr Wissen über Ihr Unterbewußtsein, und lassen Sie sich von ihm helfen. Denken Sie immer daran: Ihr Unterbewußtsein hat ein einziges Ziel, nämlich es Ihnen ganz allein recht zu machen und Ihnen Recht zu geben. Es ist ein entscheidender Unterschied, ob Sie Ihrem Unterbewußtsein beibringen, was Sie alles können, oder Sie ihm signalisieren, was Sie alles nicht können.

Wie wird aus einem Steinblock ein Löwe

oder

warum einfach, wenn es auch kompliziert geht?

Sicher kennen Sie die oft naturgetreuen Steinbilder von Menschen und Tieren, die begnadete Künstler mit viel Talent und Können aus einem zuvor rohen Steinblock gemeißelt haben. Oft fragt man sich voller Bewunderung, was man wohl alles können muß, um solche Leistungen zu vollbringen. Dieses Phänomen wollen wir jetzt einmal untersuchen.

Wie gingen Sie also vor, wenn man Ihnen einen Hammer, einen Meißel und einen riesigen Steinquader zur Verfügung stellte und Sie beauftragte, daraus das Bild eines Löwen zu fertigen?

Manche Menschen beginnen damit, daß sie die Umrisse eines Löwen von außen auf den Steinblock zeichnen. Andere wiederum besorgen sich ein Bild, möglichst eine detaillierte Photografie. Wieder andere vermessen den Steinblock und erstellen eine hochkomplizierte technische Zeichnung. Vorbereitung scheint also alles zu sein. Wie beginnt jedoch der wahre Meister?

Er meißelt alles weg, was nicht nach Löwe aussieht!

Hört sich simpel an, nicht wahr? Und genauso simpel ist es auch. Warum wollen Sie sich mit einer Million Lösungsmöglichkeiten beschäftigen, wenn es ganz einfach ist? Dieses Beispiel verdeutlicht Ihnen, wie einfach der Ansatz sein kann, eine offensichtlich schwierige Aufgabe zu lösen. Wann haben wir es mit einer schwierigen Aufgabe zu tun?

Immer dann, wenn die »Probleme« zu groß werden. Immer dann, wenn Sie das Gefühl haben, daß die Situation Sie überlastet, Sie sich total überfordert fühlen, Sie weder ein noch aus wissen. Es ist etwas, was Sie nicht können, nicht wollen, etwas, was Sie noch nie konnten und auch jetzt nicht können. Auf solche Situationen treffen Sie sicher auch ab und zu. Was ist zu tun?

Vereinfachen Sie die Lösung. Suchen Sie nach dem simpelsten Weg, um das Ziel zu erreichen. Werfen Sie alle komplizierten Gedanken und Lösungsansätze über Bord. Finden Sie den einfachsten Weg, den Sie in einem einzigen Satz beschreiben können.

Die hier vorgestellte Methode der Simplifizierung wurde in der Vergangenheit von vielen verschiedenen Denkern und Wissenschaftlern unabhängig voneinander entwickelt und ist in verschiedener Literatur in verschiedenem Kontext eingebunden. Im Grunde genommen geht es jedoch immer um das gleiche: Formulieren Sie so einfach wie möglich auf der Basisebene. Wenn Sie von einer Situation überrannt werden, stoppen Sie sofort, und überlegen Sie in aller Ruhe: »Was ist der einfachste Weg, um weiterzukommen?«

Mit dieser Art der Simplifizierung erreichen Sie innerhalb kürzester Zeit erstaunliche Ergebnisse. Sie lernen, das Wesentliche im Leben zu erkennen, und finden leichter die sogenannte Quintessenz.

Je weiter Sie unangenehme Dinge simplifizieren, desto einfacher werden Sie diese auch erledigen können, und desto schneller werden die unangenehmen Gefühle verschwinden. Das gilt für jede Lebenslage und ist immer anwendbar. Es spielt keine Rolle, ob Sie eine schwierige Aufgabe an Ihrem Arbeitsplatz zu erledigen haben oder ob Sie nun endlich abnehmen wollen.

Können Sie sich am Montagmorgen vorstellen, am Freitagnachmittag in die Innenstadt zu fahren und kurz vor Ladenschluß in einem Kaufhaus einen Anzug zu kaufen, den Sie am Samstagmorgen bei einer Familienfeier anziehen müssen?

Sicher können Sie. Es wird also wie folgt ablaufen: Sie kommen nach Hause, um Ihre Frau abzuholen. Sie starten mit Ihrer Frau Richtung Innenstadt. Schon der erste Zubringer zur Innenstadt ist verstopft. Na, das kann ja heiter werden. Endlich sind Sie in der Innenstadt. Jetzt noch einen Parkplatz, oh je, und dann schnell, schnell ins Kaufhaus. Puh, einen Parkplatz zu finden ist immer wieder der gleiche Streß, besonders am Freitagnachmittag. Es scheint immer so, als ob alle Welt am Freitagnachmittag zum Einkaufen führe.

Ok, Sie haben Ihren Parkplatz, jetzt Beeilung, bitte schön, denn das Kaufhaus schließt in einer Stunde, und Sie müssen sich noch durch die Fußgängerzone quälen, dann durch das wahrscheinlich – wie immer – überfüllte Kaufhaus, dann noch eine Verkäuferin finden, die Ihnen hilft, einen bzw. mehrere Anzüge anzuprobieren. Dieser muß dann auch noch Ihrer Frau gefallen. Danach wieder raus aus der Innenstadt und per Stop and Go nach Hause.

Eine äußerst unangenehme Geschichte. Vor allen Dingen liegt jetzt noch die ganze Woche vor Ihnen, und dieser Freitag rückt immer näher. Nun, wenn Ihnen so etwas passiert, nutzen Sie die Methode der Simplifikation. Überlegen Sie sich erst einmal, was der einfachste Weg ist, Ihr Ziel zu erreichen. Daß Sie einen neuen Anzug am Samstag anziehen, ist klar. Sie wollen also einen neuen Anzug kaufen. Nächste Frage: Wo? Vielleicht gibt es ja einen Laden, der nicht in der Innenstadt liegt. Vielleicht können Sie einen geschäftlichen Termin in der Innenstadt mit Ihrem Einkauf verbinden, zum Beispiel am Mittwochvormittag. Vielleicht können Sie sogar einen halben Tag frei nehmen und mit Ihrer Frau in die Innenstadt fahren und auch noch ein paar andere Dinge erledigen, eventuell sogar mal wieder in ein tolles Restaurant gehen.

Simplifizieren bewirkt, daß Sie anfangen, über Alternativen nachzudenken, und Alternativen finden. Statt »Ich muß jetzt am Freitagnachmittag in die Innenstadt« finden Sie sich plötzlich in der Situation, daß Sie die ganze Woche Zeit haben, um einen neuen Anzug zu kaufen. Kein Wort von Freitagnachmittag, kein Wort von Innenstadt und erst recht keine Horrorvorstellung vom Einkauf an sich, wie oben beschrieben. Glauben Sie nicht auch, daß Sie leichter zufrieden sind, wenn Sie den zweiten Weg wählen und Sie mehr Wahlmöglichkeiten haben?

Im Endeffekt geht es doch nur darum, daß Sie sich selbst aus dem vorhandenen Muster befreien und mehrere Wege zur Auswahl aufzeigen. Diese verschiedenen Alternativen sind jedoch versteckt, wenn Sie zu sehr in ein Muster verstrickt sind. Zu sehr verstrickt sind Sie immer dann, wenn Sie glauben, zu viele Details von einer Situation zu kennen. Achten Sie bitte auf die Formulierung: Sie glauben zu kennen.

Warum unser Kopf rund ist

Vielleicht haben wir es hier wieder mit einer Art Glaubenssatz zu tun? Ganz richtig. Situationen, die Sie zu detailliert kennen und vorhersagen können, die lassen Ihnen keine große Alternative mehr. Sie wissen ja genau, was passieren wird, und Sie können sofort damit beginnen, sich zu ärgern. Sie kennen jedes Detail des Unglücks. Es wird so sein wie immer. Vielleicht ist es jedoch ganz anders, als Sie denken. Unterbrechen Sie einfach Ihre bekannte Situation, und machen Sie sich mal Gedanken, warum Ihr Kopf rund ist!

Francis Picabia fand eine gute Antwort: »Unser Kopf ist rund, damit das Denken die Richtung wechseln kann.« Wenn Sie diese Metapher weiterentwickeln, werden Sie leicht verstehen, warum Gedanken simplifiziert werden müssen. Ein langer Gedanke kann sich schließlich nicht drehen, weil er länger ist als der Durchmesser des Kopfes!

Spaß beiseite: Was Sie wissen, wenn Sie die gegebene Situation simplifizieren, ist, daß Sie einen neuen Anzug kaufen möchten. Sie wissen nicht, was Ihnen passieren kann. Ihnen können sogar ganz tolle Abenteuer bevorstehen. Sie können neue Leute kennenlernen oder einfach mal wieder Ihrer Frau eine Freude bereiten. Nicht so, wenn Sie ja sowieso wissen, daß Sie am Freitag nachmittag in die Innenstadt fahren.

Entscheiden Sie sich also ab sofort für mehr Wahlmöglichkeiten, und vereinfachen Sie alle Dinge, die Ihnen möglicherweise unangenehm sein könnten. Simplifizieren Sie jedoch keine positiven Ziele oder Ereignisse. Genau wie Sie unangenehme Dinge vereinfachen, so wenden Sie diese Strategie im umgekehrten Fall auch umgekehrt an. Malen Sie sich die positiven Dinge möglichst detailliert und umfangreich aus. Stellen Sie sich genau vor, was alles Tolles passieren wird. Werden Sie nicht müde, die positive Seite zu finden.

Glücklich oder unglücklich innerhalb von Sekunden

oder

warum Sie gerade stehen sollten

Was glauben Sie? Geht's oder geht's nicht? Wir behaupten, es geht. Warum? Ganz einfach, jeder Mensch entscheidet nun mal selbst, wie er sich fühlt. Und es ist einfach eine simple Entscheidung, ob Sie sich gut oder schlecht fühlen. Ja, Sie haben richtig gelesen, es ist Ihre eigene Entscheidung, ob Sie sich gut fühlen oder schlecht fühlen. Die alten Römer wußten schon von diesen Zusammenhängen, und der römische Kaiser Marc Aurel formulierte es so: »Die Gedanken sind es, die das Leben der Menschen glücklich oder unglücklich machen.«

Es gibt manche Menschen, die behaupten, sie seien immer schlecht drauf. Gibt es so etwas überhaupt? Ein Mensch, der nie lacht, sich nie freut. Sicher nicht. Es gibt allerdings Menschen, die lachen häufiger, und andere, die lachen weniger häufig. Es gibt auch Menschen, die behaupten, es gehe ihnen gut, und andere sagen, es gehe ihnen nicht so gut. Grundsätzlich können wir also feststellen, daß jeder Mensch in der Lage ist, zu lachen und zu weinen. Der einzige Unterschied, diese verschiedenen Stadien zu erreichen, ist nur, daß Sie sich entscheiden, lustig zu sein, oder daß Sie sich entscheiden, mißmutig gelaunt zu sein.

Leider liegt dieser Entscheidungsprozeß im verborgenen in unserem Unterbewußtsein. Mit den Techniken dieses Buches können Sie jetzt schon einige dieser unterbewußten Beeinflussungen zum Positiven verändern und Kontrolle über diese Vorgänge erhalten. So zum Beispiel, daß Sie von Herausforderungen sprechen und nicht von Problemen. Allein durch die Verwendung eines anderen Wortes und des anderen Wortschatzes können Sie so die Voraussetzungen ändern, die Ihre Stimmung beeinflussen. In dem folgenden Kapitel werden Sie außerdem noch lernen, was es genau mit dem Unterbewußtsein auf sich hat und inwieweit dies mit entscheidet, wie Sie sich fühlen.

Grundsätzlich können Sie jedoch Ihr Unterbewußtsein immer dominieren und den Zustand, in den Sie hineingeraten sind, ablehnen. Dann entschließen Sie sich einfach für einen neuen Zustand und beginnen diesen neuen, gewünschten Zustand zu spüren. Neben den schon besprochenen Möglichkeiten und den noch folgenden, die im wesentlichen mit Kommunikation zu tun haben, wollen wir Ihnen hier einmal die Möglichkeit aufzeigen, Ihre Stimmung per Körperhaltung zu verändern.

Was machen Menschen, wenn sie sich freuen? Sie strahlen über das ganze Gesicht, möglicherweise springen sie sogar in die Luft vor Freude, jauchzen und teilen jedem mit, wie sehr sie sich freuen. Je nach Intensivität der Freude kommt diese zum Ausdruck. In jedem Fall ist es so, daß der freudige Mensch voller Energie dasteht, den Körper anspannt, den Kopf gerade auf den Schultern und den Blick zuversichtlich nach vorne hat.

Ganz anders der unglückliche oder gar trauernde Mensch. Oft in sich zusammengesunken, den Blick nach unten oder ins Leere. Schlürfenden Schrittes bewegen sich Menschen, die ihrem Leid ergeben sind. Die ganze Physiognomie dieser unglücklichen Menschen läßt den Betrachter, genau wie die Körperhaltung beim glücklichen Menschen, darauf schließen, in welcher Stimmung sich dieser Mensch befindet.

Das bedeutet, daß unsere Körperhaltung ein Resultat unserer Stimmung ist. Läßt sich diese Formel eventuell umkehren? Ist unsere Stimmung eventuell auch ein Ergebnis unserer Körperhaltung?

Therapeuten und Ärzte berichten von einem Ereignis, das diese Theorie bestätigt. Wenn Patienten zur ersten Besprechung kommen, dann deshalb, weil es Ihnen nicht gutgeht oder sie glauben, daß ihnen etwas fehlt. Auf die Frage des Therapeuten, was den Patienten zu ihm führe, antwortet der Angesprochene meistens derart: »Ach, wissen Sie, ich fühle mich immer so schlecht.«

Der Patient sitzt in aller Regel energielos und oft in sich zusammengesunken auf dem Stuhl vor dem Therapeuten. Sie können ganz sicher davon ausgehen, daß sich dieser Mensch in diesem Moment wirklich nicht besonders gut fühlt.

Einige Ärzte und Therapeuten arbeiten an dieser Stelle dann mit einer sehr wirksamen Musterunterbrechung und weisen den Patienten mit mehr oder weniger freundlichen Worten darauf hin, daß die Behandlung noch nicht begonnen habe und der Patient bitte neutral erzählen solle, was passiert sei.

Derart in seinem Muster unterbrochen, geschieht dann ganz Erstaunliches mit dem Patienten. Er fühlt sich irritiert, strafft seine Körperhaltung, entschuldigt sich beim Gegenüber und erzählt mit völlig veränderter Stimme und Tonlage seine Geschichte. Seine Körperhaltung korrespondiert mit seinem neuen Zustand, und der Arzt kann fast regelmäßig erkennen, daß es dem Patienten sofort besser geht.

Sie können nun selbst ausprobieren, inwieweit Ihre Körperhaltung Ihre Stimmung beeinflußt. Versuchen Sie einmal, herzhaft über einen tollen Witz zu lachen und sich an dieser Situation zu erfreuen. Dann jedoch senken Sie Ihren Kopf dabei, schauen Sie nach unten ins Leere, und lassen Sie Ihren Körper so richtig energielos hängen. Das macht nicht so richtig Spaß, oder?

Jetzt umgekehrt: Stellen Sie sich gerade hin, fühlen Sie die Energie in Ihrem Körper, und schauen Sie mit einem Lächeln auf den Lippen und hocherhobenen Hauptes in eine freundliche Zukunft. In dieser Stellung sollten Sie jetzt einmal versuchen, traurig oder gar depressiv zu sein.

Ihre Stimmung und Ihre Laune sind also ein unmittelbares Resultat Ihrer Körperhaltung. Dieses Wissen ist ein sehr wertvolles Instrument, um – wann immer Sie Ihren Zustand verändern möchten – sich so zu fühlen, wie Sie es wirklich wollen.

Erwischen Sie sich dabei, sich nicht gut zu fühlen. In diesem Moment ist Ihr Körper ganz sicher nicht so kraftvoll aufgerichtet wie sonst. Ihr Kopf neigt sich ganz sicher eher nach unten, und Ihre Augen glänzen nicht so wie in anderen Zuständen. An dieser Stelle brauchen Sie sich nur zu entscheiden, daß es Ihnen besser gehen soll und Ihre Körperhaltung entsprechend zu verändern, et voilà, schon geht es Ihnen viel, viel besser.

Sie können diesen Zustand auch beliebig lange aufrechterhalten. Solange Sie mit einer powervollen Körperhaltung dastehen, so lange fühlen Sie sich gut – zumindest viel besser als vorher. Wenn Sie natürlich wieder in sich zusammensinken, werden Sie auch genausoleicht den vorhergehenden energielosen Zustand wiederherstellen.

Der gewünschte Wechsel ist jederzeit möglich. Schleichen Sie in geduckter Haltung, leicht bedrückt – Sie erkennen leicht die Wortverwandtschaft – so erleben Sie die Welt einmal in dunklen, trüben Farben, und Sie haben nichts mehr zu lachen. Richten Sie sich auf und bleiben in einer energiegeladenen Haltung, solange Sie wollen, dann wird sich Ihnen die Welt voller Energie und Freude präsentieren. Die Entscheidung liegt ganz allein bei Ihnen.

Sie sind nie allein

oder

warum der andere Teil in Ihnen den Unterschied zwischen Mensch und Tier ausmacht

Eine wahrhaft mysteriöse Überschrift, die, wie schon in der Einleitung dieses Buches erwähnt, nichts mit religiösen Einstellungen zu tun hat. Trotzdem kann man behaupten, daß jeder Mensch, selbst wenn er sich alleine am Nordpol befindet und im Umkreis von mehreren hundert Kilometern niemand ist außer Eis und unendlich tiefen Temperaturen, nicht »alleine« ist. Jeder Mensch »schleppt« neben seinem Bewußtsein, mit dem er die äußere Welt wahrnehmen kann und mit seinen fünf Sinnen entsprechend aufnimmt, einen Teil mit sich herum, den man als Unterbewußtsein bezeichnet.

Was bedeutet nun dieses Unterbewußtsein? Wer oder was ist es, was macht es, inwiefern beeinflußt es unser Leben?

Wie das Wort schon ausdrückt, ist es ein Bewußtsein unter unserem Bewußtsein, also eine Art Zweitbewußtsein oder Ersatzbewußtsein. Ganz sicher haben auch Sie schon Dinge getan, von denen Sie später behaupteten, Sie hätten diese unbewußt getan. Tatsächlich erledigen Sie tagtäglich eine Vielzahl von Aktivitäten völlig unbewußt. Überlegen Sie sich zum Beispiel, daß Sie jetzt gerade den Herzmuskel anspannen müssen, damit Blut durch die Herzkammern gepumpt wird, um Ihre Körperzellen mit Sauerstoff zu versorgen, oder seien Sie sich nun darüber bewußt, daß jetzt gerade Ihre Haare wachsen. Auch Ihre Verdauung funktioniert, ohne daß Sie bewußt darauf Einfluß nehmen könnten. Dasselbe gilt für Erfahrungen, die Sie gemacht haben. Wenn Sie einmal bei Glatteis versucht haben, mit einfachen Schuhen zu laufen, und dabei hingefallen sind, so werden Sie dies sicherlich beim zweiten Mal nicht mehr tun.

All dies wird von Ihrem Unterbewußtsein gesteuert, verwaltet und Ihnen entsprechend der Notwendigkeit zur Verfügung gestellt. Die meiste Zeit des Tages funktionieren wir unbewußt, und unser Unterbewußtsein kontrolliert all das, was wir tun, wie wir sind, wer wir sind. Unser Unterbewußtsein hat im Laufe der Jahre gelernt, wer wir sind bzw. wer wir sein wollen, was wir tun oder lassen wollen, und es verfeinert den Automatismus von Tag zu Tag. Genau hier liegt die Gefahr, nämlich, daß sich automatische Abläufe eingeschlichen haben, die wir in Wirklichkeit gar nicht wollen. Wir sind möglicherweise jemand, der wir gar nicht sein wollen!

In diesem Buch haben Sie viele Techniken kennengelernt, die Ihnen helfen können, Ihr Leben nachträglich zu verändern und zu verbessern. Alles, was Sie in diesem Buch über Kommunikation lernen, bezieht sich jedoch nicht nur auf die Kommunikation mit anderen Menschen, sondern insbesondere auf die Kommunikation mit Ihnen selbst. Denken Sie immer daran, Sie sind nie allein. Ihr Unterbewußtsein ist stets wach und ständig in höchstem Grade aufnahmebereit. Ihr Unterbewußtsein ist von Ihren Befehlen absolut abhängig und hat nur ein einziges Ziel: Ihren Weisungen Folge zu leisten. Ihr Unterbewußtsein wird Ihre Wünsche erfüllen!

Die Rolle des Unterbewußten

Sind es wohl immer Ihre eigenen Anweisungen, die Ihr Unterbewußtsein befolgt? Sind es vielleicht auch Anweisungen, die vom Unterbewußtsein falsch aufgenommen werden? Anweisungen, die Sie gar nicht so gemeint haben und bei denen Sie nur schwache oder ressourcearme Wörter benutzt haben, die bei Ihrem Unterbewußtsein falsch angekommen sind. In jedem Fall ist die Kommunikation ein sehr entscheidender und wesentlicher Punkt, mit der Sie Ihrem Unterbewußtsein mitteilen, was Sie wollen, wohin Sie wollen und wer Sie sind. Achten Sie dabei auch insbesondere auf die Kommunikation mit sich selbst.

In fast allen Ländern der Welt gibt es eine Regel, die sich mit Glaubenssätzen beschäftigt, ohne den direkten Zusammenhang herzustellen. Diese Regel lautet: »Ob du nun glaubst, daß du etwas kannst oder glaubst, daß du etwas nicht kannst, du wirst immer recht behalten.« Man spricht auch von der sich selbst erfüllenden Prophezeiung (selffulfilling-prophecy). Diese sich selbst erfüllenden Prophezeiungen funktionieren deshalb, weil die dort formulierte Nachricht unmittelbar Ihr Unterbewußtsein erreicht. Selbst wenn Sie denken, übermitteln Sie Ihrem Unterbewußtsein Nachrichten.

Wir reden täglich, stündlich, ja sogar jede Minute mit uns selbst. Nicht so, daß wir Selbstgespräche führen, also mit lauter Stimme vor uns hinmurmeln, nein, viel gefährlicher, wir denken. Wir denken, überlegen, planen, schätzen ein und bewerten die Dinge am laufenden Band. Wo auch immer Sie sich jetzt befinden und dieses Buch lesen, Sie werden Ihre Umgebung in irgendeiner Form bewertet und eingeschätzt haben. Genauso, wie Sie sich in Gedanken Ihre Meinung über dieses Buch bilden. All diese Meinungen und Gedanken, die Sie da produzieren, teilen Sie Ihrem Unterbewußtsein sofort mit. Ihr Unterbewußtsein hat dann lediglich die Aufgabe, diese Befehle zu bewahrheiten. Unser Unterbewußtsein ist eine ganz hervorragende Institution. Wenn Sie ihm mitteilen, daß Sie dumm sind, so wird in diesem Falle Ihr Unterbewußtsein alles daransetzen, Ihren Wunsch zu erfüllen bzw. diesen Glaubenssatz zu bewahrheiten, und so werden Sie sich mit Sicherheit in vielen Situationen dumm verhalten. Das Schöne daran ist jedoch: Es funktioniert genauso zuverlässig auch in die andere Richtung.

Also, achten Sie auf Ihre Gedanken und auf Ihre Kommunikation. Versuchen Sie auch in Gedanken, die Grundregeln der Kommunikation aus diesem Buch zu beachten. Geben Sie sich in Gedanken Streicheleinheiten, und loben Sie sich ruhig einmal selbst. Formulieren Sie präzise und in positiven Worten, welche Ziele Sie verfolgen, wer Sie sind und was Sie wollen. Ihr Unterbewußtsein wird alles daransetzen, daß Sie Ihre Ziele erreichen. Sie haben die Wahl zwischen Dummheit und Geschicklichkeit.

Ihr Unterbewußtsein sorgt schon dafür, daß Sie auch tatsächlich immer recht behalten. Ihr Unterbewußtsein hat nichts anderes zu tun, als Ihre Glaubenssätze und Überzeugungen zu bewahrheiten oder dafür zu sorgen, daß Ihre Ziele oder auch Nicht-Ziele tatsächlich erreicht werden. Das Unterbewußtsein sendet entsprechend Ihrer Wünsche und Ziele Signale zum Körper, damit dieser in die Richtung aktiv wird, die zum Erreichen Ihres angestrebten Zieles notwendig ist.

Wenn Sie Ihrem Unterbewußtsein mitteilen, daß Sie nicht weiter als 4,20 Meter springen können und aus diesem Grund jeder Versuch, diese Grenze zu überschreiten, für Sie sinnlos erscheint, dann wird Ihr Unterbewußtsein Ihren Körper sicher nicht veranlassen, mehr Muskeln anzuspannen und mehr Energie in den Anlauf und den Sprung zu legen, als wenn Sie sich sagen würden, daß Sie die 4,20-Meter-Grenze überwinden können. Ein guter Sportler unterscheidet sich von einem weniger guten dadurch, daß er seinem Unterbewußtsein ständig mitteilt, daß er 4,20 Meter leicht überspringen kann, daß er es schafft und daß er es kann! In diesem Fall wird er sicher recht behalten, weil sein Unterbewußtsein alles daran setzen wird, dem Körper Signale zu senden, daß er jetzt extrem schnell laufen muß, natürlich mit hoher Spannkraft, und am Absprungbrett all seine Energie aufwenden muß, um die vorherige Grenze zu überspringen. Noch einmal: Egal, wie Sie also Ihr Unterbewußtsein beeinflussen, es ist Ihr stärkster Partner, und es wird das tun, was Sie von ihm verlangen.

Exakt in unserem Unterbewußtsein befindet sich der Ort, wo unsere Glaubenssätze tief verankert sind. Glaubenssätze jeder Art, also positive wie auch negative, limitierende und Glaubenssätze jener Art, die uns mehr Handlungsspielraum einräumen. Das Schwierige an unserem Unterbewußtsein ist, daß es sich unter unserem Bewußtsein befindet. Das bedeutet, daß Sie oft gar nicht wissen, was in Ihrem Unterbewußtsein abgespeichert ist. Oftmals reagieren Sie dann nur auf irgendwelche Stimuli mit Programmen, die in Ihrem Unterbewußtsein abgespeichert sind und welche Sie irgendwann einmal fälschlicherweise gelernt haben. Deshalb ist es der wichtigste Schritt, diese unbewußten Programme zu entdecken, zu stoppen oder sie so umzuprogrammieren, daß Sie glücklich bleiben. Dieses erreichen Sie ultimativ durch die Kommunikation, durch Veränderung von Glaubenssätzen und durch die Etablierung von neuen, positiven Glaubenssätzen. Vergleichen Sie Ihr Unterbewußtsein mit einem kleinen Computer. Wenn Sie heute in einen Computer ein Programm einspeichern und die Voraussetzungen dieses Programmes gegeben sind, so wird es auch ablaufen. Es wird jedoch auch so lange in der gleichen Art und Weise ablaufen, bis irgend jemand das Programm ändert.

Nur Sie sollten Ihr Unterbewußtsein steuern

Natürlich sollen Sie selbst Ihr Programm ändern, denn es nützt Ihnen nichts, wenn dies jemand anderes tut. Die Änderung dieser unterbewußten Programme ist mit und durch Kommunikation möglich. Nichts anderes als Programmänderung ist zum Beispiel die klassische Werbung. Sie benutzt ganz gezielt Programme, die in uns gespeichert sind, ändert sie ab oder etabliert neue Programme. Der Einfluß, den die Werbung auf unser Unterbewußtsein hat, ist derart stark, daß oft schon ein ganz geringer Auslöser, wie zum Beispiel die Farbe einer bestimmten Zigarettenmarke, uns direkt einen Hinweis auf das entsprechende Produkt gibt. Auch das ist Kommunikation und Programmierung, der Sie sich nicht entziehen können und durch die Sie somit beeinflußbar sind.

Aus diesem Grunde ist es umso wichtiger, daß Sie Ihre eigene Kommunikation und die mit Ihren Mitmenschen bewußt und kontrolliert gestalten. Mobilisieren Sie Ihr Unterbewußtsein! Nutzen Sie es! Entscheiden Sie sich dafür, Dinge zu tun! Leben Sie Ihr Leben! Steuern und kontrollieren Sie es selbst! Es gibt nichts, was Sie nicht selbständig in die Hand nehmen könnten! Gestalten und formulieren Sie Ihr Leben alleine! Zuerst in Gedanken, dann in Worten und dann in Taten. Ihr Unterbewußtsein wird Ihnen dabei

Sie sind nie allein

behilflich sein, Worte zu formulieren und darauf Taten folgen zu lassen. Eines ist sicher, wenn Sie sich nicht entscheiden, etwas zu tun, dann wird ein anderer für Sie entscheiden, und dann leben Sie nicht Ihr Leben, sondern Ihr Leben lebt Sie!

Die Aufgabe Ihres Unterbewußtseins ist es, Ihnen recht zu geben. Ihr Unterbewußtsein ist es auch, das Ihre Körperfunktionen steuert und verwaltet. Sie höchstpersönlich können es beeinflussen. Es gibt genügend Fälle, in denen schwer erkrankte Menschen von den Ärzten schon längst aufgegeben waren und dennoch überlebten. Krebs wurde besiegt, allein durch die bewußte Steuerung des Unterbewußtseins. Mit klaren Anweisungen wird Ihr Unterbewußtsein eben alles daransetzen, diese zu erfüllen. Hier hat es Körperfunktionen aktiviert, das Immunsystem gestärkt und die Krebszellen aktiv bekämpft.

Verbessern Sie im ersten Schritt Ihre gedankliche Kommunikation mit sich selbst. Glauben Sie daran, daß es möglich ist. Sagen Sie sich in Gedanken: »Ich kann und ich werde«. Als zweiten Schritt verändern Sie die Kommunikation mit Ihrem Umfeld, insbesondere mit Ihrem Arzt, in einem solchen Fall wie oben beschrieben. Widersprechen Sie ihm, wenn er Sie darauf hinweist, daß Sie nicht mehr lange zu leben haben. Sagen Sie ihm ganz deutlich, daß Sie von ihm erwarten, daß er Ihnen Fälle zeigt, in denen der hoffnungslose Patient wieder gesund wurde. Denken, reden und kommunizieren Sie nun auch nur noch die Möglichkeiten des Gesundwerdens. Verhalten Sie sich so, als ob Sie völlig gesund wären. Suchen Sie täglich nach Beweisen, daß Sie gesund sind (Ziel), und nicht nach Beweisen, daß Ihre Krankheit weniger schlimm ist (Nicht-Ziel). Erzählen Sie Ihren Freunden und Bekannten, daß Sie sich von Tag zu Tag immer besser fühlen. Denken Sie daran: Sie sind nie allein! Ihr Unterbewußtsein ist immer bei Ihnen.

Deswegen ist es wichtig, daß Sie ihm ganz klare Impulse und Anweisungen geben, wenn Sie die positive Seite erreichen wollen. Ihr Unterbewußtsein wird Ihnen helfen zu erreichen, was Sie wollen. Je positiver Sie formulieren, je zuversichtlicher Ihre Worte sind, desto leichter werden Sie den entsprechenden Erfolg verzeichnen. Sie können natürlich Ihr Unterbewußtsein nicht hundertprozentig steuern, denn es liegt, wie Sie bereits erfahren haben, unter Ihrem Bewußtsein. Sie können es jedoch sehr massiv und sehr zielgerichtet beeinflussen, Sie können ihm neue Programme einprogrammieren, neue Lernprozesse herbeiführen und in letzter Konsequenz die neuen Programme anstelle der alten setzen und damit die entsprechend gewünschten Programme herbeiführen. Was Sie mit Ihrem Unterbewußtsein tun, ist nichts anderes als ein Lernprozeß. Sie trainieren es, und Ihr Unterbewußtsein wird wie ein guter Schüler immer mehr dazulernen und immer mehr den Vorgaben folgen, die Sie erreichen wollen.

Der Biocomputer des Menschen
oder
warum der Mensch ohne Strom besser funktioniert und ein Computer ohne Strom überhaupt nicht

Wenn Sie einen der schnellsten und leistungsfähigsten Computer unserer Zeit nehmen und ihn mit unserem eingebauten vergleichen, so schneidet dieser Techniksklave des Menschen extrem schlecht ab. Der Biocomputer des Menschen, das Gehirn, ist weiter entwickelt und wesentlich komplexer als jeder Computer, den Menschen mit eben diesen Gehirnen erfunden und entwickelt haben. Selbst wenn man unterstellt, daß die Entwicklungszeiten für Computer immer kürzer werden und die Leistungsfähigkeit exponentiell ansteigt, so ist es noch nicht absehbar, wann ein solches technisches Gebilde auch nur annähernd die Leistungsfähigkeit des menschlichen Gehirns erreichen wird. Hinzu kommt, daß der Mensch noch nicht endgültig jede Funktionalität und Regel des Gehirns verstanden hat.

Hätte die Forschung genügend Informationen über die Arbeitsweise des Gehirns, so wären Bücher wie dieses nicht notwendig, weil Sie dann für jede Stimmung, die Sie benötigten, ganz sicher eine entsprechende Arznei bekommen könnten. Das Gehirn widersetzt sich schon seit Jahrzehnten den ehrgeizigen Plänen des Menschen, es bis auf das kleinste Detail zu erforschen.

Dennoch gelingt es dem Träger dieses Biocomputers, dem Menschen, immer mehr Informationen über das Gehirn zu sammeln, und die Vorgänge im Gehirn, die Arbeitsweisen und Funktionalitäten, werden zumindest theoretisch immer erklärbarer. Einige dieser Theorien sind in der Zwischenzeit mit den Mitteln der heutigen Wissenschaft als bestätigt und wahr anerkannt. Andere Vermutungen sind weder anerkannt noch bewiesen. Sie sind und bleiben der Versuch, näher an das Geheimnis dieses Wunderwerkes der Natur über abstrakte Theorien heranzukommen.

Zu der Arbeit von vielen Forschern, die sich mit der Tätigkeit und Funktionsweise des Gehirns befassen, gehört zu den wenigen konkreten und nachweisbaren Theorien, daß das Gehirn aus zwei verschiedenen Hemisphären besteht. Man spricht in diesem Zusammenhang von der linken und von der rechten Gehirnhemisphere oder Gehirnhälfte. In diesen zwei Hemisphären sind verschiedene Kontroll- und Funktionseinheiten vorhanden, mit deren Hilfe das Gehirn den Körper steuert.

Grundsätzlich kann man davon ausgehen, daß die rechte Gehirnhälfte oder Hemisphäre für den linken Teil des Körpers zuständig ist. Umgekehrt ist die linke Hemisphäre für die Funktion der rechten Körperhälfte zuständig. Außer diesen rein funktionalen Dingen, wie etwa das Bewegen eines Armes oder das Inkraftsetzen einer Muskelanspannung, ist auch die sogenannte Intelligenz des Menschen in diesen beiden Funktionseinheiten aufgeteilt. So entscheidet die linke Gehirnhälfte über rationelle, wissenschaftliche Dinge, während die rechte mehr für das Gefühl und die Kreativität zuständig ist. Sie können davon ausgehen, daß in dem Moment, in dem Sie dieses Buch aufmerksam lesen, Sie dieses hauptsächlich mit Ihrer linken Gehirnhälfte tun. Das heißt, die linke Gehirnhälfte sorgt dafür, daß Ihre Augen den Buchstaben folgen, die Informationen an Ihr Gehirn senden, das Gehirn diese empfangenen Informationen entsprechend decodiert und in Gedanken umsetzt, so daß Sie verstehen können, was Sie gerade lesen.

Die ersten Forschungen in dieser Richtung, die zum Erfolg führten, wurden von dem französischen Neurologen Pierre Paul Broca unternommen. Das Resultat war, daß die nach ihm benannte Region im Gehirn eindeutig als für gewisse sprachliche Fähigkeiten zuständig identifiziert wurde. Weitere Forschungen wurden am California Institut of Technology durchgeführt und bestätigten die Hemispheren-Theorie. Dort entdeckte der Forscher Roger W. Sperry, daß bei Epileptikern die Epilepsie nicht auf die andere Hirnhälfte übertragen wird, wenn man den Teil, der beide Gehirnhemispheren verbindet, mechanisch durchtrennt. Sperry erhielt 1982 den Nobelpreis für seine Arbeiten. Nach diesen Erkenntnissen wurde oft die linke Hemisphäre mit dem Bewußtsein in Verbindung gebracht und die rechte als Heimat des Unterbewußtseins bezeichnet. Modernere Erkenntnisse haben jedoch ergeben, daß es doch nicht ganz so einfach ist. Unser Gehirn arbeitet nicht in diesen definitiven Grenzen, sondern ist an Komplexität nicht zu überbieten.

Trotzdem ist eine grundsätzliche Zuordnung der beiden Hemispheren, wie hier beschrieben, durchaus gerechtfertigt. Neben den beschriebenen Aufgaben kontrolliert die linke Hemisphäre ebenfalls alle Tätigkeiten, die im wissenschaftlichen Bereich angesiedelt sind oder die wir unter vollem Bewußtsein mit hoher Aufmerksamkeit umsetzen. Das bedeutet, daß Sie mit der linken Gehirnhälfte Auto fahren oder eine Rechenaufgabe lösen, aufmerksam einen Film anschauen oder eine Antwort auf eine Denksportaufgabe finden. In der linken Gehirnhälfte sitzt quasi die Logik des Menschen.

Welche Funktion übernimmt nun die rechte Hemisphäre? Rechts sitzt die Kreativität, das Schöpferische und Künstlerische. Die rechte Gehirnhälfte ermöglicht dem Menschen kreatives Denken, Schaffen von neuen Formen, Ideen, Philosophien. Die rechte Gehirnhälfte übermittelt auch Gefühle, entscheidet, ob ein Gemälde als schön oder als nicht schön empfunden wird. Sie setzt sich über die Ratio des Menschen hinweg, sie entscheidet also oft unlogisch, mehr künstlerisch und kreativ.

Natürlich ist das nicht bei 100 % der Menschen genau so, wie hier beschrieben. Auch hier gilt: keine Regel ohne Ausnahme, und ein gewisser Prozentsatz der Menschheit funktioniert genau umgekehrt, was vor allem natürlich bei Linkshändern der Fall ist. Die Angaben diesbezüglich sind in Literatur und Forschungsberichten sehr unterschiedlich. Sie können jedoch davon ausgehen, daß zirka fünf bis zehn Prozent der Weltbevölkerung mit vertauschter Funktionalität der Hemisphäre lebt, ohne unbedingt

Linkshänder zu sein. Dies ist weder ein Nachteil noch ein Vorteil, sondern bedeutet lediglich, daß die rechte Gehirnhälfte für die Logik zuständig ist und die linke für die Kreativität, Muse und die künstlerische Schöpfung. Bezüglich der Körperhälftensteuerung ergibt sich kein Unterschied. Auch hier steuert die rechte Gehirnhälfte den linken Teil des Körpers und umgekehrt.

Das Zusammenspiel der beiden Hemisphären

Was hat das alles nun mit Zielen, Ihren Wünschen und mit den Limitationen durch Ihre Glaubenssätze und Glaubenssysteme zu tun?, werden Sie sich fragen. Nun, stellen Sie sich einmal vor, Sie sollten für die bevorstehende Ankunft eines außerirdischen Raumschiffes einen Landeplatz vorbereiten. Dieser sollte neben einer exakten Positionierung nach Angabe des außerirdischen Kommandanten auf einem bestimmten Teil der Erde und bestimmten Konstruktionen ebenfalls eine entsprechende Werbung beinhalten, damit der Kommandant und seine Besatzung freundlich und in Frieden empfangen werden könnten. Vor eine solche Aufgabe gestellt, können Sie diese grundsätzlich in zwei Teile aufteilen: zum einen in den technisch-wissenschaftlich-logischen Teil und zum anderen in den gefühlvollen Teil. Hier könnten Sie versuchen, mit Ihrem menschlichen Gefühl eine Art Empfang aufzubauen, damit ein entsprechender Willkommensgruß für die Außerirdischen bereitstünde. Wenn Sie sich mit dieser Aufgabenstellung befassen, werden Sie sicherlich zu dem Entschluß kommen, daß eine der einfachsten Möglichkeiten, diese Aufgabe zu lösen, sein wird, einen Ingenieur oder Techniker mit dem technischen Teil zu beauftragen und einen Kreativkünstler oder eine Werbeagentur mit dem Werbe- und PR-Teil zu beschäftigen.

Sie bauen also ein Team auf, bestehend aus einem technischen Teil (der linken Gehirnhälfte) und einem kreativen Teil (der rechten Gehirnhälfte). Beide zusammen und synchron geschaltet ergeben eine optimale Lösung für die entsprechende Aufgabe. Entscheidend bei der Realisierung des Projektes ist jedoch, inwieweit beide Teile kontrolliert und synchronisiert zusammenarbeiten. Es würde die Lösung keineswegs erleichtern, wenn der kreative Teil eine technische Voraussetzung bräuchte, die gleichzeitig den technischen Anforderungen für eine sichere Landung diametral entgegensteht. Angenommen, der Ingenieur benötigte eine glatte Oberfläche, damit das Raumschiff exakt aufsetzen könnte, der kreative Teil wiederum fände es besonders gut, wenn die Oberfläche mehr der einer Golfball-Oberfläche gleichen würde. Somit würden beide Teams nicht synchron arbeiten können, und es käme zu keiner Lösung oder gar zur Katastrophe.

Dies bedeutet, daß Sie unbedingt darauf achten müssen, daß beide Teile auch synchron arbeiten. Wenn Sie dieses Beispiel nun auf das menschliche Gehirn übertragen, wo genau dieselben Voraussetzungen herrschen, nämlich auf der einen Seite der Ingenieur, auf der anderen Seite der Künstler (repräsentiert durch die beiden Hemisphären unseres Gehirns), so werden Sie sicher mit uns übereinstimmen, daß synchrones bzw. Hand-in-Hand-Arbeiten bessere Ergebnisse erzielt, als wenn jeder für sich arbeiten würde. Vielleicht werden Sie jetzt sagen, daß Sie das doch schon immer so gemacht haben.

Wenn Sie vor einem Problem standen, dann benutzten Sie immer Ihren gesamten Kopf und Ihr gesamtes Gehirn und haben sehr intensiv darüber nachgedacht, wie Sie diese Aufgaben bewältigen könnten. Sollten Sie in der westlichen Welt aufgewachsen sein oder dort viele Jahre gelebt haben, so ist das in diesem Fall ein Nachteil. Sie benutzen nämlich, ohne daß Sie sich dessen bewußt sind, vorwiegend die linke Gehirnhälfte, weil Sie in westlichen Schulen und Systemen vorwiegend zum logischen Denken erzogen wurden.

Der westliche Mensch prüft automatisch alle seine Entscheidungsfindungen mit Hilfe der linken Gehirnhälfte (fünf bis zehn Prozent mit Hilfe der rechten Hemisphäre) auf Logik und Schlüssigkeit. Wenn Sie sich einmal an Ihre Kindheit erinnern oder sich selbst, als Elternteil, gegenüber Ihrem Kind sehen, so finden Sie sicher oft die Situation, daß Kinder im Alter von einigen Jahren einer scheinbaren Traumwelt nachgehen, die weder real existiert noch irgendeine Logik als Grundlage hat. Sicher wurden auch Sie als Kind so erzogen, Dinge auf ihre Logik hin zu überprüfen, auch auf den wissenschaftlichen Inhalt hin zu hinterfragen, und auch wird der Erwachsene in seinen Erklärungen immer logische und wissenschaftliche Ansätze mit eingebracht haben.

Die umgekehrte Situation, nämlich die Benutzung der kreativen Hemisphäre zum überwiegenden Teil, herrscht in östlichen Ländern und östlichen Philosophien vor. Die blumige Ausdrucksweise in Fabeln und die oft anzutreffende Übertreibung in fernöstlichen Philosophien zeugt ganz deutlich vom Einsatz der kreativen Hemisphäre. Auch der arabische Bazar steht viel stärker unter dem Einfluß der rechten Gehirnhälfte als der eines westlich rationell denkenden Menschen, der sich beim An- und Verkauf von Waren eher auf seinen Taschenrechner verläßt als auf ein lang andauerndes Verhandeln, das oft äußerst emotionsgeladen ablaufen kann. Beide Arten von Menschen haben jedoch einen gravierenden Nachteil durch diese recht einseitige Nutzung der jeweils bevorzugten Hemisphäre.

Östliche und westliche Kulturen

Während die östlichen Kulturen eher ihren Landeplatz mit Vertiefungen versehen würden und damit einen Willkommensgruß an die außerirdischen Besucher senden würden, würde der westlich orientierte und erzogene Mensch wohl eher der nackten Stahlplatte ohne Willkommensgruß den Vorzug geben. Im einen Fall würde das Raumschiff bei der Landung ganz erheblich beschädigt werden, im anderen Fall fehlte ein deutlicher Hinweis auf die entsprechend friedliche Absicht. In beiden Fällen wurde also das Ziel nur zum Teil erreicht, und es könnte zu einer mehr oder weniger schweren Katastrophe kommen.

Wie können Sie die Gehirnhälften synchronisieren? Was ist nötig, um sowohl den kreativen Teil als auch den wissenschaftlich-technischen Teil zu veranlassen, konstruktiv und zielorientiert zusammenzuarbeiten? Was kann der westliche Mensch tun, um seine kreative Gehirnhälfte wesentlich mehr in die Entscheidungsfindung mit einzubinden als bisher, und umgekehrt, wie kann der östlich orientierte Mensch mehr die linke, also technisch orientierte Hemisphäre, in seinen Entscheidungsprozeß mit einbeziehen? In beiden Fällen bedeutet ein Zuwachs der Tätigkeit der bisher ungenutzten Seite eine wesentliche Verbesserung der erzielten Ergebnisse. Mit dieser grundsätzlichen Fragestellung beschäftigen sich Gehirnwissenschaftler und Forscher verschiedener Fachrichtungen schon seit vielen Jahren.

Eines Tages kamen diese Forscher auf die Idee, die Gehirnströme des Menschen zu messen. Im Laufe der Zeit stellte man fest, daß je nach Zustand die Gehirnströme in der Frequenz variierten. Dies bedeutet, daß mit unterschiedlicher Geschwindigkeit Informationen zwischen den einzelnen Zellen des Gehirns ausgetauscht werden. Diese Frequenzen, die dort vorherrschen, lassen sich in vier grundsätzlich unterschiedliche Kategorien einteilen.

Während unseres normalen Tagesablaufs, im sogenannten Wachbewußtsein, herrschen Frequenzen von 15 Schwingungen pro Sekunde und darüber vor. Üblicherweise liegt diese Tagesfrequenz, welche man auch als Beta bezeichnet, in der Größenordnung von 21 Impulsen pro Sekunde. Dies bedeutet: In jeder Sekunde werden 21 Informationseinheiten zwischen den Zellen ausgetauscht. Kommt es nun zu einer Erhöhung der Frequenz, so ist davon auszugehen, daß dieser Mensch aufgrund äußerer Umstände oder aufgrund innerer Vorstellungen schneller reagieren muß. Nehmen Sie an, Sie würden sich mit einem Messer schneiden. In diesem Fall müssen Ihr Körper und Ihr Immunsystem sehr schnell reagieren, um die Blutung zu stillen. Die Meldung der Schnittwunde an das Gehirn, die Verarbeitung der entsprechenden Information und die Bekanntgabe an entsprechend körpereigene Botenstoffe und Zellen entsteht wesentlich schneller als im üblichen Ablauf.

In solchen Situationen kann es leicht zu Gehirnfrequenzen von über 60 Impulsen oder mehr kommen. Gleiches geschieht in gefährlichen Situationen, in denen plötzlich Adrenalinausstöße gefordert werden und blitzschnelles Handeln innerhalb von Sekunden notwendig ist. Versuche haben ergeben, daß während der vorherrschenden Gehirnfrequenzen im Betabereich der Mensch nur wenig Zugang zu beiden Gehirnhälften gleichzeitig erhält. Er hat in der Stufe der Betafrequenzen in der Regel nur den Zugang zu einer der beiden Hälften, wobei wir gelernt haben, wie sich der westlich orientierte Mensch hierin vom östlich orientierten Menschen unterscheidet.

Als man Versuchskandidaten veranlaßte, sich mehr oder weniger bewußt Zugang zu der anderen Hemisphäre zu verschaffen, stellte man fest, daß auch die Gehirnfrequenz in der Regel auf 7 bis 15 Impulse pro Sekunde sank und sich vorwiegend in der Größenordnung von 10 Hertz aufhielt. Die Maßeinheit Hertz steht für Impulse pro Sekunde. Bei vorherrschenden Alphafrequenzen, also Gehirnfrequenzen zwischen 7 und 15 Impulsen pro Sekunde, war es den Testpersonen möglich, bewußt beide Gehirnhälften zu aktivieren. Dies konnte man durch eine Anzahl unterschiedlicher Tests beweisen.

Wenn man den Menschen in einen Zustand versetzt, in dem die Gehirnfrequenz noch langsamer ist als 7 Impulse pro Sekunde, bis hin zu 4 Impulsen, dann befindet sich dieser in einem tranceähnlichen Zustand. Senkt man die Gehirnfrequenz noch weiter ab, so ist der Mensch eingeschlafen. In den beiden unteren Stufen, die man als Delta und Teta bezeichnet, hat der Mensch keine bewußte Kontrolle über das, was er denkt oder tut. Auf diesen beiden Stufen spielt sich hauptsächlich die Traumwelt während des Schlafens ab. Entscheidend an den Forschungsergebnissen der verschiedenen Fachrichtungen war, daß tatsächlich die bewußte Kontrolle über beide Gehirnhälften im Zustand von Alphafrequenzen möglich war.

Einschränkend muß man auch bei den Gehirnfrequenzen erläutern, daß niemals eine Frequenz alleine vorhanden ist. Das menschliche Gehirn fließt gleichsam von einem Zustand in den nächsten, und die Frequenzen ändern sich ständig. Es ist jedoch nachweisbar, welche dieser Gehirnfrequenzen vorwiegend bzw.

vorherrschend sind. Dies sind eben im normalen Wachbewußtsein, also wenn wir nicht schlafen, die Betafrequenzen von 15 Impulsen pro Sekunde und mehr.

Wie erzeugt man Alphafrequenzen?

Wie können Sie nun Alphafrequenzen erzeugen? Jeder von uns kann dies und hat es auch sicher schon mehrfach in seinem Leben getan. Dies geschieht immer dann, wenn Sie tagträumen. Wenn Sie zum Beispiel ziellos mit dem Auto umherfahren und dann irgendwo ankommen, ohne daß Sie genau wissen, wie Sie dort hingelangt sind, so war Ihre vorherrschende Gehirnfrequenz Alpha, also zwischen 7 und 14 Impulsen pro Sekunde. Diese Erkenntnis ist sehr wesentlich, denn sie beweist, daß jeder durchaus in der Lage ist, Alphafrequenzen zu erzeugen. Bitte beachten Sie, daß Alphafrequenzen den Zugang zu beiden Gehirnhälften ermöglichen. Dies bedeutet, daß Sie beide Gehirnhemisphären kooperieren lassen können und so wesentlich bessere Ergebnisse erzielen werden.

Es gibt unterschiedliche Möglichkeiten, Alphafrequenzen zu erzeugen. Eine der modernsten und wohl auch populärsten Arten, Alphafrequenzen zu erzeugen, sind die Bücher mit dem Titel »Das Magische Auge«. Diese, für das Wachbewußtsein unverständlichen Farbinformationen werden erst in Alpha deutlich und zu einem dreidimensionalen Kunstwerk. Im Wachbewußtsein, wenn unser Gehirn nicht auf Alphafrequenz arbeitet, können die meisten Menschen außer scheinbar regelmäßigen Farbklecksen nichts weiter erkennen. Diese Farbkleckse, von einem Computer nach bestimmten mathematischen Regeln erzeugt, werden, sofern sich der Betrachter in den Alphazustand begibt, dreidimensional und erhalten somit Raum und Tiefe. Wenn Sie schon einmal mit einem solchen Bild gearbeitet haben, werden Sie die Technik kennen. Für alle, die sich noch nie damit auseinandergesetzt haben, seien die Zusammenhänge hier erklärt.

Der einfachste Weg, diese Bilder zu entcodieren und in Alpha zu gelangen, ist, den Blick auf einen weiter entfernten Gegenstand zu fokussieren. Diese Fokussierung muß aufrechterhalten bleiben, während man dann die bedruckte Seite direkt vor die Augen hält (Nasenspitze berührt das Blatt). Dies bedeutet, daß die bedruckte Seite nicht fokussiert betrachtet werden kann. Durch langsames Wegbewegen des Blattes vom Auge wird noch mehr defokussiert, und am Ende werden beide Gehirnhälften zur Kooperation angeregt. Durch diese Kooperation erscheint uns das dreidimensionale Bild. Ein Weg also, um auf Alpha zu gelangen, ist, den Blick zu defokussieren. Grundsätzlich bedeutet jede Defokussierung, daß Sie sich automatisch entspannen. Wenn Sie einmal eine Situation überlegen, in der Sie dem schönen Hobby des Tagträumens nachgegangen sind, werden Sie feststellen, daß sich Ihre Pupillen nicht mehr bewegt haben und Ihr Blick starr und nicht fokussiert in eine Richtung gegangen ist.

Diesen Zustand kann man allerdings nur eine gewisse Zeit lang aufrechterhalten, bevor das Auge dann tränt und dieses zum Wimpernschlag führt, der dann oft eine direkte Fokussierung nach sich zieht. Um den Zustand länger aufrechtzuerhalten, können Sie nun die Augen schließen. In diesem Fall kommt es nicht mehr dazu, daß die Pupille antrocknet und somit ein Wimpernschlag nicht mehr nötig ist. Wenn Sie nun einen entspannten Zustand durch die Defokussierung Ihrer Augen und Schließen der Lider erreichen und weiterhin tagträumen, so erzeugt Ihr Gehirn überwiegend Alphafrequenzen. Das heißt, es arbeitet mit 7 bis 15 Impulsen pro Sekunde.

In diesem Zustand können Sie nun sehr harmonisch mit beiden Gehirnhälften gleichzeitig arbeiten und diese Stufe benutzen, um komplizierte Aufgabenstellungen zu analysieren, und zwar nicht nur mit dem rationellen Teil Ihres Gehirns, sondern auch mit dem künstlerischen, emotionalen und kreativen Teil Ihres Gehirns. Dadurch erhalten Sie Zugang zu mehr Wissen und mehr Kreativität. Sie erreichen bessere Ergebnisse. Wie Sie die Alphafrequenzen zum Erreichen Ihrer Ziele oder zur Verbesserung Ihrer Gesundheit nutzen können und welchen Vorteil Sie durch Alphafrequenzen haben, erfahren Sie in einem späteren Kapitel.

Neben der Technik des Defokussierens und Schließens der Augen gibt es noch zwei weitere Techniken, welche Sie benutzen können, um Ihr Gehirn vorwiegend auf Alphafrequenz arbeiten zu lassen. Die eine Möglichkeit besteht darin, daß Sie sich entspannt und bequem hinsetzen, die Augen schließen und dann von 100 herunterzählen bis zu der Zahl 1. Je tiefer Sie herunterzählen, desto mehr senken Sie Ihre Gehirnfrequenz. Je häufiger Sie dies trainieren, desto leichter wird es Ihnen fallen, Alphafreqenzen zu erzeugen. Nach einer gewissen Übungszeit können Sie dann die Zählung von 50 auf 1, am Ende gar von 10 auf 1 verkürzen.

Auch jede Art der Meditation, sofern sie nicht zu tief in eine Trance führt, ist quasi nichts anderes als das Umschalten der Gehirnfrequenzen von Betafrequenzen auf Alphafrequenzen. Dazu gehören die klassischen Meditationstechniken wie Yoga oder autogenes Training bis zu einem gewissen Punkt genauso wie exotische Meditationsübungen. Intensiv gesprochene Gebete führen ebenfalls dazu, daß sich die Gehirnfrequenz unter Zuhilfenahme des spirituellen Anlasses des Gebetes auf Alphaniveau senkt und somit beide Gehirnhälften synchronisiert arbeiten können.

Sie werden sich jetzt vielleicht fragen, was dies alles mit dem Titel unseres Buches zu tun hat, also mit dem ultimativen Weg zu Gesundheit, Glück und Erfolg. Die Antwort ist ganz einfach: Wenn Sie Ihre Gehirnwellen auf Alphaniveau senken und somit Ihre Gehirnhälften synchronisiert arbeiten können, so haben Sie erstens viel mehr Möglichkeiten, Ihr Gehirn sinnvoll und effektiv einzusetzen, Sie erhalten bessere, schnellere, kreativere Ergebnisse und alternative Lösungsvorschläge für Situationen, die Ihnen auf der äußeren Bewußtseinsebene unlösbar erscheinen. Zweitens erhalten Sie einen Zugang zu Ihrem Unterbewußtsein. Sie sind in der Lage, Ihr Unterbewußtsein mit der synchronisierten Energie Ihrer beiden Gehirnhemisphären zu steuern und zu beeinflussen, und Sie können in diesem Zustand Ihr Unterbewußtsein um Rat fragen. Die Methode, über Situationen und Herausforderungen in Alpha nachzudenken, ist der versprochene unbewußte Zugang zum Unterbewußtsein, und dieser erweist sich als äußerst effizient. Sie dürfen jedoch nicht davon ausgehen, daß Sie einmal von 100 auf 1 runterzählen oder einmal defokussieren, und schwupp, schon sind Sie in Alpha, und alle Lösungen sind da.

Weil das Gehirn des westlichen Menschen sehr stark durch Erziehung und Kultur von der synchronisierten Denkweise weggebracht wurde, können Sie diese Fähigkeit nicht über Nacht zurückerlangen. Jeder von uns hatte einmal diese Fähigkeiten, denn Kinder denken sehr intensiv mit verminderter Hirnfrequenz, und die kindliche Logik führt oft zu Fragestellungen, die ganz deutlich zeigen, daß das Kind über mehr als eine Alternative verfügt, um einer Situation zu begegnen. Die Tatsache, daß die Kinder in der Lage sind, Situationen in Alpha zu begegnen, beweist, daß es dem Menschen möglich ist, mit verminderter Gehirnfrequenz zu arbeiten.

Der Glaube, der Berge versetzt
oder
warum Sie alles erreichen, wenn Sie nur fest daran glauben

Natürlich haben Glaubenssätze mit Glauben zu tun. Im Prinzip sind Glaubenssätze die Formulierung Ihrer momentanen Überzeugung und Auffassung von den Zusammenhängen und Zuständen. Glaubenssätze spiegeln Ihre Identifikation mit Ihnen selbst, mit Ihrer Umwelt und Ihrem Glauben über andere Sachverhalte, Dinge und Situationen wider. Dieser Glaube hat nur wenig mit dem religiösen Glauben zu tun, kann jedoch damit selbstverständlich zusammenhängen. Sollten Sie einer bestimmten Religionsrichtung angehören, die über bestimmte Sachverhalte auch eine bestimmte Meinung vertritt, und sollten Sie diese unterstützen, so beeinflußt dies natürlich Ihr Leben ganz wesentlich. Wie bereits erwähnt, geht es in diesem Buch nicht um religiösen Glauben, sondern es geht vielmehr darum, was Sie glauben, was Sie von sich selbst halten, wie Sie sich identifizieren und ob Ihnen das Leben Spaß macht oder ob Sie ein eher unerfülltes Leben führen. Dies sind die Fragen, die wir mit Ihnen gemeinsam hier beantworten möchten.

Ein reiches, erfülltes und glückliches Leben hängt unmittelbar davon ab, wer Sie glauben zu sein, was Sie sind und wie Sie sind. Es ist gerade dieser spezielle Glaube, der, wie es in der Bibel schon zu lesen steht, »Berge versetzen kann«. Nur derjenige, der an sich glaubt und dies mit voller Überzeugung tut, der wird auch seine Ziele erreichen. Ohne den nötigen Glauben an Ihre Ziele werden Sie diese niemals erreichen.

Ganz allein der Glaube ist es, der Ihnen die Kraft gibt und die Möglichkeit, Ihr Leben derart zu gestalten, wie Sie es sich wünschen oder schon immer gewünscht haben. Ziele zu definieren ist eine Sache, daran zu glauben, eine andere.

Anthony Robbins schreibt in seinem Buch »Unlimited Power«: »Der Glaube ist der Befehlshaber des Gehirns.« Und das sollte Ihnen eine Warnung sein. Denn hier kommt es nun darauf an, ob Sie felsenfest davon überzeugt sind, etwas zu erreichen, also über einen starken, überzeugenden und großartigen Befehlshaber verfügen, oder ob es vielleicht nur ein Unteroffizier ist, der jederzeit von einem höheren Offizier in die Schranken gewiesen werden kann.

Erst, wenn mit der Zieldefinition der unverrückbare Glaube »Ich kann und werde dieses Ziel erreichen« verbunden ist, erst dann können und werden Sie Ihr Ziel erreichen. Denken Sie daran, daß Ihr Glaube sich in Ihren formulierten und gedachten Glaubenssätzen widerspiegelt. Achten Sie darauf, welcher Glaube sich aus diesen Glaubenssätzen ableitet, und verändern Sie diese so lange mit den in diesem Buch beschriebenen Mitteln, bis Sie felsenfest davon überzeugt sind, Ihre gesteckten Ziele zu erreichen.

Die Autosuggestion

Ende des neunzehnten Jahrhunderts arbeitete in dem kleinen und schönen Städtchen Nancy in Frankreich ein Apotheker namens Emil Coué. Coué gilt als der Erfinder der Autosuggestion, und es gibt einige Bücher, die sich ausschließlich mit diesem Thema befassen. Autosuggestion ist ein Hilfsmittel, um Glaubenssätze zu etablieren. Hierbei geht es im wesentlichen darum, daß man einen bestimmten Glaubenssatz so oft wiederholt, bis er sich quasi zwangsweise verankert. Autosuggestion ist eine sehr gute und wirksame Technik, die auf die verschiedensten Bereiche des Lebens angewendet werden kann.

Der Counterpart der Autosuggestion ist die Suggestion, also die Beeinflussung von außen. Suggestionen unterliegen wir in unserem täglichen Leben durch andere Menschen, wie zum Beispiel durch den Radiosprecher und natürlich auch besonders extrem durch die Werbung in den verschiedenen Werbemitteln. So kann ein Werbeplakat einer bestimmten Zigarettenmarke, sofern der

Betrachter dies schon häufiger gesehen hat, ein bestimmtes Gefühl vermitteln. Schlimmstenfalls für Sie entsteht dann die vom Werber gewünschte Suggestion: »Kauf Dir jetzt Zigaretten und genieße dann die Freiheit«. All diese Suggestionen treffen auf uns, ohne daß wir den Inhalt dieser Suggestionen bestimmen könnten. Die Autosuggestion wiederum liegt ganz allein in unseren Händen. Es liegt an uns, was wir daraus machen. Autosuggestion bedeutet im Grunde genommen, positive Glaubenssätze zu formulieren und diese dann ständig zu wiederholen.

Die Zentralformel von Coué, die als Herzstück der Autosuggestion bezeichnet werden kann, lautet deswegen: »Es geht mir von Tag zu Tag in jeder Hinsicht immer besser, besser und besser.« Alleine an der hier getroffenen Wortwahl können Sie unschwer erkennen, wie positiv und allumfassend diese einfache und doch hilfreiche Zentralformel in jedem Bereich unseres Lebens wirken kann. Wenn Sie ab sofort Coués Zentralformel als machtvollsten und gewaltigsten Ihrer Glaubenssätze täglich mindestens einmal einsetzen, so werden Sie innerhalb kürzester Zeit erstaunt sein, um wieviel besser es Ihnen tatsächlich geht, wie Ihre trüben Gedanken verschwunden sind und welchen Spaß Ihnen das Leben doch macht. Denken Sie jedoch immer bei Verwendung dieser Zentralformel daran, daß die Formulierung »in jeder Hinsicht« verwendet werden sollte. Hierbei ist es nun egal, ob Sie sich momentan im beruflichen Streß befinden, ob Sie ein kleines Wehwehchen hier oder dort haben oder einen Disput mit einem lieben Freund verwinden müssen. Diese Formel umfaßt und beinhaltet alle Lebensbereiche.

Eines Tages wurde Emil Coué von einem Patienten, der regelmäßig seine Medikamente in seiner Apotheke kaufte, um Hilfe gebeten. Der Patient sagte zu ihm: »Herr Coué, Sie sind doch ein erfahrener Mediziner. Können Sie mir nicht helfen? Mir geht es von Tag zu Tag immer schlechter, und ich war schon bei einem Dutzend Ärzten, doch keiner konnte mir helfen. Sie sind jetzt meine letzte Rettung, und ich glaube, daß Sie mir bestimmt helfen können. Bitte helfen Sie mir, tun Sie was.«

Coué antwortet daraufhin: »Tut mir leid, mein Herr, ich bin kein Arzt und kann Ihnen somit auch nicht helfen.«

Der Patient wollte jedoch hiervon nichts hören und sagte: »Sie kennen sich doch mit Medikamenten gut aus. Sie stellen schließlich all diese Wundermittel für Ihre Patienten her. Sie haben schon so vielen Menschen geholfen, helfen Sie jetzt bitte mir.«

Coué schickte den Mann weg und wies ihn nochmals darauf hin, daß er kein Arzt sei, deshalb auch keine Diagnose stellen könne und ohne ärztliche Anweisung kein Medikament herstellen dürfe. Der Patient ließ sich jedoch nicht so schnell von den Argumenten des Apothekers überzeugen, er kam am nächsten Tag wieder. Auch am übernächsten Tag ging er in die Apotheke, und jedesmal benutzte der Mann einige Worte, die Coué letztendlich doch zu denken gaben. Diese Worte waren: »Herr Coué, ich habe Vertrauen zu Ihnen, ich glaube, daß Sie mir helfen können; ich weiß, daß Sie mir helfen können.«

Coué fühlte sich nun doch irgendwie verpflichtet, diesem armen Menschen zu helfen. Er mischte sodann ein Pulver zusammen, das aus den unterschiedlichsten, harmlosesten Substanzen bestand, die ein Medikament jemals beinhaltet hatte. Dies gab er dann seinem Patienten mit den Worten: »Hier ist das Mittel, auf das Sie so lange warten mußten. Es hat so lange gedauert, da ich mir besonders viel Mühe bei der Herstellung gegeben habe, und ich bin mir auch ganz sicher, daß Sie mit diesem Medikament Ihre Beschwerden loswerden und nicht mehr länger leiden müssen. Geben Sie mir bitte Bescheid, sobald Sie sich besser fühlen.«

Dieser Bescheid ließ nicht lange auf sich warten, und zum Erstaunen von Coué ging es dem Patienten schon bald sehr viel besser, und er wurde seine Beschwerden vollständig los. Coué experimentierte daraufhin weiter und fand heraus, daß jede Arznei, die er aushändigte, besser wirkte, wenn er sie den Patienten mit aufbauenden und zuversichtlichen Worten übergab, als wenn er gar nichts dabei sagte oder sogar abschwächende Ausdrucksformen benutzte, wie: »Na, ich weiß nicht, ob der Arzt Ihnen da das richtige Mittel verschrieben hat.« Er fand heraus, daß Medikamente zur Bekämpfung von Leiden nur einen Teil der Hilfe boten. Das Wesentliche war die Erwartungshaltung und der Glaube der Patienten. Durch Coués Suggestionen bei den Patienten erreichte er bessere und länger anhaltende Heilung, wenn er diese entsprechend positiv beeinflußte. Bei negativer Beeinflussung funktionierte dies umgekehrt. Erstaunlich war Coués erstes Experiment mit dem Nicht-Medikament, da der Patient tatsächlich gesund wurde. Coué kam daraufhin zu dem Entschluß, daß es sicher genauso möglich sei, sich selbst zu suggerieren, daß ein bestimmtes Mittel hilft. So kam es, daß Coué anfing, sich mit Autosuggestion zu beschäftigen, und er gab den Patienten eben den zitierten Ratschlag mit auf den Weg, oder in abgewandelter Form auf das Medikament bezogen: »Dieses Medikament hilft mir ganz bestimmt, ich werde keine Schmerzen mehr haben und vollständig gesund werden.«

Nun werden Sie vielleicht sagen, daß man sich auch alles einreden kann. Ja, damit haben Sie auch völlig recht. Warum sollte man sich denn nicht positive Effekte einreden können, wenn es mit negativen so gut klappt? Warum sollen Sie sich einreden, daß Sie ein Versager sind, wenn Sie sich ebensogut einreden können, daß Sie ein Könner auf einem Gebiet sind? Vielleicht haben Sie nun schon wieder einen Einwand und ein »Ja, aber ...« (Haben Sie denn ganz das Kapitel »Glaubenssätze sind auch nur Worte« vergessen? »Aber« sollte nicht benutzt werden). Sie werden sich mit diesem positiven Einreden doch nur selbst betrügen. Sie haben auch hier wieder vollkommen recht. Sie betrügen sich ja auch selbst, wenn Sie sich einreden, daß Sie ein Versager sind. Warum sollten Sie sich nicht wenigstens positiv betrügen, wenn Sie es schon unter diesem negativen Aspekt sehen?

Was viel wichtiger ist: Wenn Sie sich nicht selbst suggerieren, so werden dies mal wieder andere für Sie erledigen, und Sie sind wieder die Marionette anderer Menschen. Aus diesem Grund können wir Ihnen nur raten, die positive Autosuggestion zu benutzen, wann immer und wo immer es Ihnen möglich ist. Denken

Sie an Coués ersten Patienten. Das Medikament war ein sogenanntes Placebo, also ein völlig unwirksames, oft auf Naturheilbasis oder Vitaminbasis hergestelltes Präparat. Interessanterweise werden diese Placebos sogar in der Psychiatrie verwendet, und es wird uns ein wenig mulmig, wenn wir die Frage stellen, inwieweit der Mensch denn eigentlich fähig ist, sich etwas so lange einzubilden, wie etwa bei Psychosen, bis er seine eingebildete Krankheit wirklich hat?

Lange wissenschaftliche Untersuchungen haben jedenfalls bewiesen, daß Placebos tatsächlich helfen. Nicht, weil sie chemische Reaktionen verursachen, sondern sie wirken, weil der Kranke glaubt, daß sie wirken. Placebos haben also eine sehr positive und machtvolle Wirkung und sind inzwischen sogar schon Gegenstand von Karikaturen. So druckte das Wall-Street-Journal in Herbst 1994 einen Witz ab, der das Thema Placebos so beschrieb: Ein Kunde mit einem Einkaufswagen fährt ein Drogerieregal in einem Kaufhaus entlang und sieht vor sich zwei Stapel mit Tabletten. Über dem einen Stapel findet sich die Aufschrift Placebos wieder, auf dem anderen die Bezeichnung Highspeed Placebos. Sie können sicher davon ausgehen, daß diese Highspeed Placebos vielen Menschen schneller helfen als normale Placebos!

Ergo ist es der Glaube, der den inneren Arzt im Menschen motiviert, und dieser innere Arzt ist es, der den Körper dazu veranlaßt, alles zu tun, damit der momentane, unnatürliche Zustand beendet wird. Denken Sie nur einmal an Kinder. Würden Sie zu Ihrem Kind sagen, daß es jetzt eine Grippe habe, und wenn es im Bett bliebe, würde diese auch nicht besser? Wer macht das schon! Vielmehr sagen Sie bestimmt nette und aufbauende Dinge wie zum Beispiel: »Wenn Du jetzt ganz lieb im Bett liegen bleibst, dann wirst Du ganz fix wieder zum Spielen rausgehen können.« Dies ist nichts anderes als eine Suggestion. Genauso, wie Sie als Erwachsener diesem Kind etwas Positives suggerieren, ist es Ihnen selbst auch möglich, sich etwas Positives zu suggerieren. Nochmal: Natürlich reden Sie sich die Dinge ein, doch es etabliert den Glauben, und sobald dieser etabliert ist, wird er zur Wahrheit und Wirklichkeit. Wenn Sie sich einreden, daß Sie krank sind, machen Sie nichts anderes. Sie können jedoch entscheiden, ob Sie sich Krankheit oder Gesundheit einreden.

In vielen Arztberichten wird auf den Umstand des positiven Glaubens und der positiven Erwartungshaltung hingewiesen, die als wesentlicher Bestandteil des Genesungsprozesses bezeichnet werden. Es gibt viele Berichte über Menschen, die vom Tode geweiht sind, wie zum Beispiel Krebspatienten, und die dann aufgrund ihrer positiven Einstellung und ihres Glaubens an die Genesung tatsächlich den Krebs besiegt haben. Ihnen haben also nicht nur die Medikamente geholfen, sondern ihnen half die Verbindung des unerschütterlichen Glaubens mit unterstützenden Medikamenten. Die wahre Heilung, so die einheitliche Aussage von Ärzten, ist durch den inneren Arzt entstanden. Dieser innere Arzt, der aufgrund des festen Glaubens, daß man wieder gesund wird, entsprechendes getan hat, um den Organismus von dem Übel Krebs zu befreien.

Deswegen sollten Sie sofort damit anfangen, Werbung für sich selbst zu machen. Werbung suggeriert Ihnen, daß Sie Zeitungen, Zigaretten, Autos, Kleidung usw. kaufen sollen, um ein entsprechendes Lebensgefühl zu bekommen. Werbung für sich selbst, sprich Autosuggestion, vermittelt Ihnen kontrolliert das, was Sie wirklich wollen. Denn Sie sind der Entscheider über die Werbebotschaften, und Sie entscheiden, welche Werbung für Sie nicht wichtig ist. Bei der Anwendung von Autosuggestion ist es wichtig, daß Sie »Ihre« Werbung immer wieder wiederholen. Durch ständiges Wiederholen wird der Werbeblock, den Sie senden, besser empfangen, stärker gefestigt und hat eine längerfristige Auswirkung auf Sie selbst, weil es sich im wesentlichen um die Etablierung von neuen Glaubenssätzen handelt, die, sofern sie tief im Unterbewußten verankert sind, Ihr Leben positiv beeinflussen und Sie in die Richtung leiten, in die Sie wirklich gehen wollen. Achten Sie jedoch bei Ihrer Werbenachricht auf die

Kommunikationsregeln aus diesem Buch. Achten Sie darauf, daß Sie keine negativen Glaubenssätze etablieren und daß Sie Ziele definieren und keine Nicht-Ziele.

Die Zentralformel von Coué

Sollten Sie nicht sofort mit der Autosuggestion anfangen wollen, weil Ihnen vielleicht der eine oder andere Gedanke noch nicht vollständig klar ist, oder weil Sie noch nicht genau wissen, welchen Glaubenssatz Sie neu etablieren wollen, dann sollten Sie zunächst die Zentralformel von Coué benutzen: »Es geht mir von Tag zu Tag in jeder Hinsicht immer besser, besser und besser.« Wir können Ihnen aus eigener Erfahrung versichern, daß diese Zentralformel Ihr Leben grundlegend und nachhaltig verbessern wird.

Es gibt Fälle, in denen der Glaube hilft, ohne daß Ihnen bewußt ist, daß Sie etwas Spezifisches glauben. In diesen Fällen vertreten Sie eine Meinung, die einfach vorhanden ist, weil sie aufgrund einer bestimmten Annahme entstand. Ob diese Annahme richtig oder falsch war spielt dabei keine Rolle. Wenn diese Annahme für Sie wahr ist und daraus ein bestimmtes Verhalten resultiert, werden Sie diesem Verhalten so lange folgen, bis Sie jemand vom Gegenteil überzeugt. Verhalten aufgrund von Annahmen können sehr dominant und leidenschaftlich sein. Je stärker ein solches Verhalten ausgeprägt ist, desto stärker ist der Glaube, der als Motor das Verhalten antreibt.

So berichtet Anthony Robbins in seinem Buch »Unlimited Power« von einem Fall, in dem ein Schüler zu außergewöhnlichen Leistungen in Mathematik angespornt wurde, nur weil er von einer falschen Annahme ausging und einen starken Glauben in seine Bemühungen investierte. Wie konnte so etwas geschehen?

Der Schüler hatte während der Mathematikstunde geschlafen und war erst durch das Klingelzeichen aufgewacht. Seine Mitschüler stürmten aus dem Klassenraum, und unser Schüler schrieb noch hastig die an der Tafel stehenden Hausaufgaben ab, bevor er ebenfalls die Schule verließ. Am Abend begann er dann damit, die beiden Formeln der Hausaufgaben zu bearbeiten. Er stellte fest, daß es nicht einfach war, diese zu lösen, unternahm jede mögliche Anstrengung, denn schließlich war er einer der Besten in Mathematik.

Nach einigen Stunden hatte er dann auch eine der beiden Aufgaben gelöst und erlaubte sich, die andere zu vergessen. Es war also im Grunde genommen nur sein Glaube, der ihn veranlaßte, sich mit den Hausaufgaben zu beschäftigen und wenigstens eine der beiden Formeln zu lösen. Hätte er jemals vor seinen Anstrengungen die Wahrheit geahnt, so hätte er auch die eine Formel nie aufzulösen vermocht. Am nächsten Tag erfuhr er nämlich von seinem Mathematiklehrer, der sich vor Staunen kaum noch beherrschen konnte, daß diese beiden Formeln in Fachkreisen als unlösbar galten.

Lassen Sie Bilder sprechen

oder

warum Albert Einstein schon sagte: »Phantasie ist wichtiger als Wissen«

Viele Bücher, die sich mit der Thematik des »positiven Denkens« beschäftigen, werden Sie immer wieder auf die Wichtigkeit der Imagination (Verbildlichung) hinweisen. Für einen Großteil von Ihnen ist dies keine Schwierigkeit. Leider jedoch gehen manche Autoren nicht darauf ein, daß bei diesen Übungen einige Menschen einfach nicht imaginieren können.

Sicher haben Sie diesen Satz sofort als Glaubenssatz entlarvt, denn richtigerweise muß es heißen: «... noch nicht imaginieren ...« Wenn nun diese Menschen, die davon überzeugt sind, daß sie einfach nicht imaginieren können, beziehungsweise es bisher nicht konnten, nur diesen Glaubenssatz verändern, so kann das unter Umständen nicht ausreichen, weil gewisse neurobiologische Zusammenhänge dagegenstehen. Diese Zusammenhänge, die in diesen Kapiteln beschrieben werden, wurden erst vor einigen Jahren in der ganzen Tragweite ihrer Bedeutung im Rahmen einer Untersuchung über Bewußtseinsveränderung und Psychologie erkannt.

Diese neue Fachrichtung·der Psychologie, welche Ihnen sicher als NLP (neurolinguistisches Programmieren) schon einmal zu Ohren gekommen ist und auch immer bekannter wird, hat ganz wesentlich dazu beigetragen, die Zusammenhänge zwischen Bewußtsein, Unterbewußtsein und Lernen zu erklären. Erst durch Kenntnis dieser Verbindungen ist es möglich, einen Glaubenssatz wie etwa »Ich kann mir so etwas nicht vorstellen« definitiv zu ändern und jedem Menschen somit beweisen zu können, daß ein jeder von uns geistige Bilder erzeugen kann. Auch wenn er dies bisher noch nicht getan hat, zumindest noch nicht bewußt und mit Vorsatz.

Diejenigen von Ihnen, die bisher davon überzeugt waren, daß sie niemals einen nicht präsenten Gegenstand bildlich sehen können oder diesen exakt aus der Erinnerung beschreiben können, werden in diesem Kapitel erfahren, daß sie es sowieso schon immer konnten, und wie es ihnen bewußt wird. Auch hier gilt wieder: »Die Technik ist so einfach, daß sie manchen verdächtig vorkommen wird, manchen schier genial.«

Genauso werden auch jene, die bisher Erinnerungen in Bildern verarbeiteten, lernen, diese Bilder durch Gefühle, Töne oder andere Sinneswahrnehmungen zu bereichern. Genau hier liegt auch für die Menschheit die größte Bereicherung in der Kommunikation, die im Rahmen der Entwicklung des neurolinguistischen Programmierens (NLP) erforscht wurde. Die Zusammenhänge zwischen äußerer Wahrnehmung und innerer Verarbeitung, welche bei jedem Menschen unterschiedlich sein können, sind der Schlüssel zur optimalen Kommunikation. Eine optimale Kommunikation jedoch kann nur dann stattfinden, wenn Sie mit Ihrem Gegenüber eine gemeinsame Plattform finden, auf der die Kommunikation stattfindet.

Wenn Sie diese Geheimnisse erfahren haben, können Sie die Zukunft imaginieren, und dann erst werden viele verstehen, was manche Autoren, die sich zum Teil nicht über die neurobiologischen Zusammenhänge im klaren sind, unter Verbildlichung verstehen und warum die Imagination dem Menschen auf seinem Weg zu Gesundheit, Glück und Erfolg unmittelbar hilft.

Ziele sind ein wichtiger Bestandteil im Leben eines jeden Menschen. Ohne ein Ziel zu haben, auf das man hinarbeitet, gelangt man früher oder später an einen Punkt, an dem man erkennt, daß das Leben keinen Sinn macht. Menschen, die alles erreicht haben, was sie jemals als Ziel formuliert haben, sind oft viel unglücklicher als jene, die sich noch auf dem Weg zum Ziel befinden.

Ein altes chinesisches Sprichwort sagt : »Der Weg ist das Ziel«. Sobald Sie am Ende dieses Weges angekommen sind und Ihr Ziel erreichten, wird es notwendig, daß Sie Ihre Ziele neu definieren. Achten Sie darauf, Ziele zu definieren und keine Nicht-Ziele. Sicher ist es Ihnen auch schon passiert, daß Sie wohl ein Ziel vage formulieren können, dennoch nicht so sicher sind, wo genau Sie eigentlich hin wollen. Das hängt oft damit zusammen, daß Sie sich kein klares Bild über den Zustand, den Sie erreichen wollen, machen. Um Ziele wirklich erreichen zu können, benötigen wir Menschen nun einmal eine klare Beschreibung des gewünschten Ziels. Sicher kennen Sie den Ausspruch: »Sie hatte ihre Ziele immer ganz klar vor Augen und strebte genau darauf zu.«

Das Ziel klar vor den Augen

Wenn Sie Ihr Ziel also ganz klar vor Augen haben, dann hilft Ihnen dies, Ihr Ziel schneller zu erreichen. Nun ist es jedoch so, daß wir alle über verschiedene Kanäle der Wahrnehmung kommunizieren. Es ist bekannt, daß es für den kinästhetischen und den auditiven Typen nicht so leicht ist, sich ein entsprechendes Bild von dem angestrebten Ziel zu machen. Manche Menschen behaupten sogar, daß sie überhaupt keine Bilder machen können.

Nun, bei der hier beschriebenen Imagination des Zielbildes kommt es zwar im wesentlichen darauf an, daß Sie Bilder machen, was jeder von Ihnen kann, auch wenn Sie momentan noch nicht so recht daran glauben können. Es kommt jedoch auch darauf an, daß Sie Gefühle und Töne mit den Bildern verbinden.

Statistisch gesehen gehören die meisten Menschen der visuellen Gruppe an. Für diese ist es überhaupt kein Problem, ein klares Zielbild vor Augen zu haben. Die übrigen haben prinzipiell auch keine Schwierigkeiten, sich Bilder vorzustellen, sie sind lediglich nicht so geübt darin wie die visuellen Menschen. Menschen, die glauben, daß sie überhaupt keine geistigen Bilder erzeugen können, irren sich. Ohne diese geistigen Bilder wäre es nicht möglich, andere Menschen wiederzuerkennen oder zu wissen, wo man wohnt. Sie würden somit an Ihrem eigenen Haus vorbeifahren oder schlimmer: Sie würden Ihren Partner nicht wiedererkennen, wenn sie nicht in der Lage wären, sein Aussehen mit dem aus der Erinnerung abgespeicherten Bild zu vergleichen.

Nur durch diese visuellen Vergleiche ist es möglich zu überleben. Sie können also davon ausgehen, daß auch Sie in der Lage sind, Bilder zu erzeugen. Andernfalls würden Sie wohl nicht mehr auf dieser schönen Welt verweilen. Stellen Sie sich einmal vor, Sie würden nie mehr Ihr Haus wiederfinden, Bekannte hätten Sie keine und einen Lebenspartner schon gar nicht. Auch wenn Sie sich jetzt kein Bild darüber machen können, wie das ist, so können Sie als Kinästhet leicht nachempfinden, wie furchtbar das ist. Sollten Sie ein vorwiegend auditiv orientierter Mensch sein, so hören Sie sicher schon die anderen lästern nach dem Motto: »Mann, der kennt uns wohl nicht mehr, ist wohl was Besseres«. Also ist es doch gut, daß Sie per Bild Ihr Zuhause wiederfinden können und dann auch noch Ihre Frau und Ihre Kinder erkennen.

Möglicherweise ist Ihnen die Visualisierung von Gegenständen jedoch nicht so geläufig. Deshalb empfehlen wir Ihnen diesbezüglich ein kleines Training. Angenommen, Sie wollen Ihren letzten Urlaub visualisieren. Sie beginnen also, an Ihren letzten Urlaub zu denken. Je nachdem, welcher Kanal der Wahrnehmung nun dominiert, zum Beispiel ob Sie die Wellen rauschen hören oder die warme Sonne auf Ihrem Körper spüren, sollten Sie dann beginnen, dieses Gefühl intensiv zu erleben. Wenn Sie sich nun wirklich wieder dort befinden, wo Sie im letzten Urlaub viel Freude hatten, das Gefühl wieder erleben, die Wellen rauschen hören, den Sand zwischen Ihren Zehen spüren oder sich an ein Gespräch mit Ihrem Partner erinnern, so beginnen Sie jetzt, andere Kanäle der Wahrnehmung mit zu integrieren.

Als kinästhetischer Mensch hören Sie nun, wie die Wellen um Ihre Fußgelenke schlagen, Geräusche verursachen, und wenn Sie nun auf Ihre Füße schauen, sind Sie jetzt in der Lage, die Wellen zu sehen, die so angenehm um Ihre Füße streichen. Je länger Sie sich in dieser Situation befinden und je mehr Kanäle der Wahrnehmung Sie mit einbeziehen, desto klarer wird die Situation, und desto deutlicher wird das Bild vom damaligen Urlaub. Nun wissen Sie, daß Sie Bilder erzeugen können. Wenn Sie diese Übung mehrfach hintereinander mit den unterschiedlichsten Ereignissen gemacht haben, dann stellen Sie sich bitte bildlich eine zukünftige Situation vor, in die Sie möglicherweise wieder über einen anderen Kanal der Wahrnehmung ein zukünftiges Gespräch oder eine zukünftige Situation konstruieren und dieses dann in ein Bild plazieren, das Ihnen wiedergeben kann, wie die zukünftige Situation aussehen könnte.

Aufgrund der Eigenschaften unseres Gehirns ist die Augenstellung, die wir benutzen, mit entscheidend dafür, ob wir Bilder erzeugen können oder nicht. Es hilft in jedem Fall, geistige Bilder zu erzeugen, wenn Sie dabei Ihre Augen um ca. 20 Grad nach oben stellen, also in den Himmel blicken. Es ist schwierig und eigentlich auch fast unmöglich, wenn Sie versuchen, Bilder zu erzeugen, indem Sie nach unten schauen. Probieren Sie ergo, bei der Erinnerung an vergangene Bilder Ihre Augen nach oben links zu stellen (dies funktioniert bei 90 bis 95% aller Menschen). Sollten Sie damit keinen Erfolg haben, so versuchen Sie, nach oben rechts zu blicken. Sie gehören dann zu den 5 bis 10%, deren Gehirnfunktionalitäten ausgetauscht sind.

Es fällt Ihnen nun ganz sicher leicht, Bilder zu erzeugen, auch wenn Sie bisher immer der festen Überzeugung waren, daß Sie sich an vergangene Bilder einfach nicht mehr erinnern können. Wenn Sie diese Übung entsprechend lange trainieren, werden Sie feststellen, daß Ihre eventuelle Überzeugung auch nur ein limitierender Glaubenssatz war. Also: Schauen Sie nach links oben (bzw. rechts oben), wenn Sie Ihre Erinnerung wieder hervorkramen und vergangene Situationen noch einmal erleben wollen. Diese Augenstellung ist für jeden Menschen gültig, auch für diejenigen, die sich sowieso im Kanal des Sehens zu Hause fühlen.

Ein vergangenes Bild ist natürlich kein Ziel für die Zukunft. Deshalb sollten Sie jetzt versuchen, ein Ziel für die Zukunft zu definieren, indem Sie sich nun davon eine bildhafte Vorstellung machen. Dies funktioniert ebenfalls auf einer Ebene oberhalb des Horizontes, ca. 20 Grad über der normalen Sehebene. Stellen Sie jetzt jedoch die Augen nicht nach oben links, sondern nach oben rechts. Bei wiederum 90 bis 95 % aller Menschen werden oben rechts zukünftige konstruierte Bilder erzeugt.

Sie können übrigens auch bei anderen Menschen ganz genau beobachten, ob diese gerade ein Bild aus der Vergangenheit (Blick oben links) hervorgeholt haben oder eines konstruierten (Blick oben rechts). Falls Sie sich mit diesem Thema intensiver beschäftigen, so ist es grundsätzlich sogar möglich zu erkennen, ob Ihr Gegenüber gerade die Wahrheit sagt oder lügt. Denn sobald Sie herausgefunden haben, wie die Gehirnhälften dieses Menschen funktionieren, können Sie anhand der Augenstellung (oben links oder oben rechts) erkennen, ob das, was dieser gerade beschreibt, von oben links kommt, also bei den meisten Menschen aus der Erinnerung oder von oben rechts, also bei den meisten Menschen konstruiert ist. Sie können sich denken, daß eine konstruierte Aussage wesentlich weniger der Wahrheit entsprechen kann als eine, die derjenige aus seiner Erinnerung hervorgeholt hat.

Diese Zusammenhänge zwischen der Augenstellung und dem jeweils benutzten Kanal der Wahrnehmung ist so eindeutig, daß viele Strategien, die die Menschen behindern, sicher ermittelt werden können. Nehmen Sie bespielsweise einen Menschen, der Schwierigkeiten in Geographie hat. Wenn Sie diesen Menschen nach einem speziellen Land fragen und er schaut nach unten oder nur zur Seite, wissen Sie, daß er sich kein Bild von der Landkarte macht, sondern auf einem anderen Kanal in der Erinnerung kramt. Wenn er nach oben rechts schaut, so könnte es sein, daß der Gefragte das Land konstruiert. Dies ist immer noch besser, als wenn er versucht, sich an den Klang des Namens oder an das Gefühl zu erinnern, das er mit dem Land verbindet.

Die einzig richtige Strategie zu wissen, wo sich dieses Land auf der Welt befindet, ist die visuelle Erinnerung an die schon gesehene Landkarte oder den Globus. Alle anderen Strategien führen unweigerlich zum falschen Ergebnis. Wenn Sie also diesem Menschen erklären, daß er, nachdem er die Landkarte gesehen hat, beim Erinnern nach oben links sehen soll, dann wird er sich leichter an die Landkarte erinnern.

Gleiche Zusammenhänge gelten natürlich auch bei einer Schwäche in Rechtschreibung. Wenn jemand nach Gefühl schreibt, geht das meistens schief. Noch schlimmer wird es, wenn jemand nach Gehör schreibt, denn viele Worte werden gänzlich anders gesprochen als geschrieben. Das führt dann oft zu dramatischen Rechtschreibefehlern. Diesen Menschen kann immer geholfen werden, wenn man ihnen erklärt, wie sie den visuellen Zugang zu dem gelesenen Wort wiedererlangen und dann aus der visuellen Erinnerung schreiben. Leider sind diese Zusammenhänge auch vielen Lehrern nicht bekannt, sonst wäre das Thema Rechtschreibung kein Thema mehr.

Zurück zu der Zielimagination. Wenn Sie also Ihre zukünftigen Zielbilder erzeugen, dann stellen Sie die Augen nach oben rechts, und es wird Ihnen leichtfallen, ein entsprechendes Bild zu erzeugen. Falls Sie ein kinästhetischer oder auditiver Typ sind, dann hilft es oft, zukünftige Dialoge zu konstruieren, die Sie als Ziel haben, beziehungsweise das zukünftige Gefühl zu erzeugen, das Sie auch zu Ihrem Ziel erklärt haben. Anschließend, also wenn Sie bereits dieses Gefühl oder diesen Dialog kennen, können Sie Ihre Augen bewußt nach oben rechts bewegen. So haben Sie die Möglichkeit, dem Dialog oder Gefühl die entsprechenden Bilder hinzuzufügen.

Die Details, auf die es ankommt

Nun ist es bei weitem nicht egal, welches Bild Sie als zukünftiges Ziel visualisieren bzw. imaginieren. Wir sprechen vom Imaginieren, wenn Sie etwas Neues erfinden, und vom Visualisieren, wenn Sie etwas altes hervorholen und bildlich wieder darstellen. Wie Sie wissen, gibt es gute und schlechte Gefühle.

Genauso gibt es gute und schlechte Bilder. Schlechte, vielleicht sogar abschreckende, sollten Sie als Zielvorstellung niemals verwenden.

Diese Bilder unterscheiden sich ganz wesentlich von den erfolgreichen, positiven und glücklichen. Um diesen Unterschied zu kennen, ist es wichtig, daß Sie sich zunächst einmal darüber klar werden, wo Ihre glücklichen Bilder sind und wie diese aussehen. Es kann sein, daß sich Ihre glücklichen Bilder direkt vor Ihnen, etwas links oben, im Abstand von 3 Metern auf einer Diagonalen von ungefähr einem Meter befinden. Es kann auch sein, daß diese glücklichen Bilder farbig sind und Sie diese Bilder mehr als Film denn als Dia sehen. Im Zusammenhang mit diesen Eigenschaften des Bildes spricht man dann von Sub-Modalitäten.

Um nun herauszufinden, wo sich Ihre glücklichen Bilder befinden, erinnern Sie sich bitte an eine der Situationen, in denen Sie besonders glücklich waren oder besonders erfolgreich oder einfach an eine Situation, die Ihnen ganz phantastisch gefallen hat. Erinnern Sie sich, und visualisieren Sie dann diese Bilder. Achten Sie darauf, wie das Bild aussieht! Für all diejenigen, die bisher noch nicht wußten, daß sie Bilder erzeugen können: Gehen Sie den Umweg über ein Gefühl oder einen Dialog, und verbinden Sie dann das Gefühl des Glücks oder Erfolges aus der älteren Situation mit dem entsprechenden Bild. Achten Sie genau auf die Submodalitäten dieses Bildes. Wo genau ist es plaziert? Wie groß ist es? Ist es farbig oder schwarzweiß? Ist es ein feststehendes Dia oder mehr ein laufender Film? Ganz wichtig ist auch, ob Sie dieses Bild dissoziiert oder assoziiert sehen.

Dissoziiert bedeutet: Sie schauen auf das Bild oder den Film aus der Vogelperspektive. Es ist vergleichbar mit einem Film, den Sie im Kino oder im Fernsehen anschauen. Sie selbst sehen sich also in dieser Situation von außen, gleichsam als Zuschauer, und spielen in diesem Film zur gleichen Zeit aktiv mit. Assoziiert hingegen bedeutet, daß Sie in diesem Bild oder Film sind. Dies bedeutet, das Bild präsentiert sich Ihnen so, als ob Sie es durch Ihre eigenen Augen sähen. Sie sehen also alles um sich herum, nur sich selbst sehen Sie nicht. Sie können höchstens Ihre Schuhe sehen, wenn Sie, wie im richtigen Leben, nach unten schauen.

Bei dieser Art des Erlebens sind Sie auch gefühlsmäßig direkt involviert. In der Therapie ist es ein wichtiger Bestandteil, bei einer Veränderungsarbeit zwischen diesen beiden Betrachtungsmöglichkeiten zu unterscheiden. Wenn zum Beispiel eine Phobie behandelt werden soll, so ist es unbedingt notwendig, daß der Patient dissoziiert Bilder erzeugt, weil er sonst unter Umständen in einen gefährlichen Gefühlszustand gerät. Wenn die Veränderungsarbeit mit Erfolg durchgeführt wird, läßt der Therapeut den Patienten immer näher herangehen und prüft durch eine entsprechende assoziierte Betrachtung den Erfolg der Behandlung.

Zur Imaginierung von Zielbildern ist es allerdings nicht wesentlich, ob Sie dissoziiert oder assoziiert sind, weil Sie sich ja nur positive Situationen vorstellen. Es ist nur wichtig, welche dieser Submodalitäten vorherrscht. Am besten schreiben Sie diese auf ein Blatt Papier und notieren alles, was Ihnen zu der Situation einfällt. Natürlich gehören zu Bildern auch Gefühle und Geräusche. Notieren Sie auch diese. Ist etwa der Film mit Musik hinterlegt? Können Sie sich zum Beispiel an die Geräusche auf dieser Party erinnern? Gibt es ein spezielles Gefühl, welches dazu gehört?

Wenn Sie eine Liste dieser Submodalitäten mit ziemlich genauer Beschreibung gesammelt haben, dann wissen Sie, was alles vorhanden sein muß, damit Sie eine erfolgreiche zukünftige Imagination von einem Ziel herstellen können. Stellen Sie sich Ihr Ziel genau so vor wie das Erfolgsbild der Vergangenheit. Plazieren Sie Ihr zukünftiges Erfolgsbild an dieselbe Stelle und in der gleichen Größe. Benutzen Sie die gleichen Farben, erzeugen Sie die gleichen Geräusche und Gefühle, die bei Ihrem alten Erfolgsbild vorhanden waren.

Imaginieren Sie am besten mehrmals täglich dieses zukünftige Erfolgsbild in einem Zustand der Entspannung. Setzen Sie sich entspannt und bequem in einen ruhigen Raum, atmen Sie mehrfach tief ein und aus, und erzeugen Sie dieses Bild immer wieder. Je mehr Sie dieses Bild als zukünftige Wahrheit anerkennen, je mehr Sie sich damit identifizieren und je länger Sie sich mit diesem Bild beschäftigen, desto heftiger wird Ihr Unterbewußtsein darauf reagieren und alles dafür tun, damit Sie dieses Bild in möglichst kurzer Zeit »live« erleben.

Am besten funktioniert eine Imagination natürlich auch wieder dann, wenn Ihre gesamte Gehirnkapazität gleichzeitig zur Verfügung steht, das heißt, wenn rechte und linke Gehirnhemisphäre synchronisiert arbeiten. Diesen Zustand erreichen Sie, wenn Sie Ihre Gehirnfrequenz auf Alphaniveau senken. Die ideale Imagination, die sich auch im tiefsten Unterbewußtsein verankert, läßt sich also mit Alphagehirnfrequenzen erreichen. Die Verankerung im Unterbewußtsein ist nun auch der effizienteste Weg, denn schließlich soll Ihr Unterbewußtsein Ihnen behilflich sein, Ihr Ziel zu erreichen.

Achten Sie bei der Imagination von Zielen, egal ob in Alpha oder in einem weniger entspannten Zustand, immer darauf, daß es sich um Ziele handelt und nicht um Nicht-Ziele. Wie bereits mehrfach in diesem Buch angesprochen, werden Sie mit Hilfe Ihres Unterbewußtseins auch Ihre Nicht-Ziele erreichen.

Die Brücke in die Zukunft

Bei einer Zielimagination können Sie sich leicht von dem Zustand nach Erreichen dieser imaginierten Zielsituation ein Bild machen. Sie sehen also quasi, wie Sie Ihr Ziel erreicht haben, und fragen sich dann nach Ihrem Befinden in dieser Situation. Ihr Unterbewußtsein wird Ihnen in diesem Zustand ein sehr zuverlässiges Feedback geben und Sie darüber informieren, wie Sie sich fühlen werden, wenn Sie Ihr eben imaginiertes Ziel erreicht haben.

Oft kommt es bei der Zielimagination und Frage nach dem zukünftigen Gefühl zu einer sofortigen intuitiven Antwort, die dann von anderen Antworten und Einwänden überlagert wird. Lassen Sie sich auf keinen Fall beeinflussen, denn hier kommt wieder die linke Gehirnhälfte ins Spiel, die mit ihrer Logik dominant auftritt und möglicherweise sagt: »Das ist ja alles schön und gut, doch die Wissenschaft hat Gegenteiliges bewiesen.«

Hören Sie nicht auf diese Einwände, denn die Wissenschaft ging auch lange davon aus, daß der Mensch nicht fliegen kann. Nur deshalb, weil einige der Frauen und Männer, die heute als Flugpioniere bekannt sind, sich von diesem Einwand offensichtlich nicht beeinflussen ließen und eine Flugmaschine entwickelten. Nur aus diesem Grund haben wir heutzutage die Möglichkeit, mit einem Jet bequem von einem Kontinent zum anderen zu gelangen. Wichtig ist es also, daß Sie auf Ihr Gefühl und Ihre Intuition hören und die allererste Antwort, die auftaucht, als die einzige und wahre verifizieren und anerkennen. Der erste Eindruck ist in jedem Fall der noch ungefilterte, tief aus Ihrem Unterbewußtsein, während der nächste Impuls schon über Ihre Filter, die Ihnen in Ihrem Gehirn aufgrund von Glaubenssätzen, Kultur und Logik bereits Schranken gesetzt haben, in Ihr Bewußtsein gelangt.

Dieser erste Eindruck ist so ähnlich wie der, wenn Sie einer Situation zum allerersten Mal gegenüberstehen oder einen Menschen zum ersten Mal treffen. Der unmittelbare erste Impuls ist immer der, der von Ihrem Unterbewußtsein gesendet wird, und beweist sich in aller Regel auch als der richtige. Sogenannte schlechte Erfahrungen beruhen oft auf der Tatsache, daß man den ersten entscheidenden Impuls überwunden hat, ihn nicht beachtet und sich dann mit gefilterten Informationen zufrieden gibt. Auf diese neuen, gefilterten Informationen wird dann die Entscheidung, die sich später als schlechte oder falsche herausstellt, aufgebaut und wäre zu vermeiden gewesen, wenn Sie sich direkt auf Ihren ersten Eindruck verlassen hätten.

Es gibt ein altes deutsches Sprichwort: »Es gibt keinen zweiten ersten Eindruck.« Dieses Sprichwort wird inzwischen gegenläufig angewandt und bedeutet soviel wie: »Wenn man sich irgendwo vorstellen soll, dann sollte man dafür sorgen, daß der erste Eindruck, den das Gegenüber erhält, in jedem Fall positiv ist; zum Beispiel ordentliche Kleidung und gepflegtes Äußeres.« Falls man einen schlechten ersten Eindruck hinterläßt, hat man nie mehr die Chance, diesen Eindruck zu verändern. Obwohl dieses Sprichwort in dem neuen Sinn verwendet wird, ist die ursächliche Herkunft doch sicher in dem Zusammenhang zu sehen, daß es sich wirklich auf die Eindrücke bezieht, die das Unterbewußtsein sofort liefert.

Träumen Sie gut

oder

warum Träume doch nicht immer Schäume sind und der Champagner, oft beginnend mit einem Traum, nur noch schäumend überfließt

Sie haben im letzten Kapitel erfahren, daß jeder Mensch Bilder erzeugen kann. Über noch eine zweite Eigenschaft kann jeder ohne Ausnahme verfügen. Jeder Mensch träumt. Auch wenn Sie behaupten, daß Sie niemals träumen, so ist dies eine Aussage, die nur zum Teil stimmt. Es ist wohl wahr, daß Sie sich an viele Träume im Wachbewußtsein nicht mehr erinnern können. Das passiert häufig dann, wenn Sie sich in der Tiefschlafphase befinden und träumen. Das hier Geträumte wird fast nie wieder ins Gedächtnis gerufen. Je unruhiger Sie schlafen und je näher der Morgen ist, desto häufiger können Sie sich an Ihre Träume erinnern, Ihr Schlaf war da auch nicht mehr so tief, und den Traum bzw. Teile des Traumes, an die Sie sich erinnern, haben Sie geträumt, kurz bevor Sie wach wurden. Es gibt jedoch auch Menschen, die sich nur extrem selten an einen Traum erinnern und deshalb davon ausgehen, daß sie nie träumen.

Schlafforscher haben ganz genau herausgefunden, in welchen Phasen des Schlafes der Mensch träumt und wie diese Träume entstehen. All diese Zusammenhänge sollen uns an dieser Stelle nicht wichtig sein. Wichtig hingegen ist, daß Sie Ihre Träume bewußt als eine Kommunikation mit Ihrem Unterbewußtsein verwenden können und viele in der Lage sind, durch gesteuerte Träume ihre Zukunft mit zu beeinflussen und aus den Träumen wesentliche und wichtige Informationen für den nächsten Tag und die nächste Zeit zu erhalten. Sollten Sie zu den Menschen gehören, die sich an viele Träume erinnern können, so versuchen Sie doch einfach einmal, vor dem Schlafengehen eine entsprechende Zielimagination durchzuführen, ohne diese bewußt zu beenden und schließlich aus dieser Imagination heraus einzuschlafen. In den meisten Fällen wird sich Ihre Zielimagination im Traum wiederholen oder fortsetzen, und Sie werden in diesem Traum eine ganze Menge weiterer wichtiger Informationen bekommen.

Während des Schlafs durchläuft der Körper mehrere Zyklen und Stadien der Gehirnaktivität. Unter anderem befindet sich die Gehirnfrequenz zu verschiedenen Zeitpunkten unseres Schlafes in Alpha oder in der darunterliegenden Stufe Delta. Während dieser Phasen kann sich nun das Unterbewußtsein vollends austoben und mit kreativer Energie Träume gestalten. Das Wachbewußtsein und die Logik sind in diesem Falle ausgeschaltet, da diese Funktionen »schlafen«. Dieser Tatsache ist es auch zu verdanken, daß Träume oft sehr abstrakt und sehr visionär sein können, so daß manche Menschen in der Lage sind, Dinge zu träumen, die wahrhaft »außerirdischen« Charakter haben. Wäre die linke Gehirnhälfte mit ihrer Logik gleichzeitig aktiv, so würden diese Träume sicher unterdrückt werden mit dem Hinweis: »Das gibt es doch gar nicht, so ein Mist, der da geträumt wird.«

Wenige Menschen verfügen sogar über eine noch größere Gabe der Natur und können quasi in Fortsetzungen träumen. Oft genug erhalten diese Menschen in der ersten Traumnacht einen wesentlichen Hinweis, der sie der Erreichung ihres Ziels einen Schritt näher bringt und das Gefühl, daß da noch mehr im Verborgenen ruht. Diese Menschen können dann ganz bewußt am nächsten Abend den zuvor erlebten Traum fortsetzen und auch hier wieder mit Hilfe der Imagination diesem eine entsprechende Richtung geben. Wenn Sie also zu den glücklichen Fortsetzungsträumern gehören, so steht Ihrer Zielimagination nichts mehr im Wege. Fangen Sie heute abend noch damit an, begeben Sie sich kurz vor dem Einschlafen in eine Zielimagination, und erträumen Sie sich Ihre Zukunft. Hören Sie auf das, was Sie in dem Traum erfahren.

Achten Sie auf die Gefühle und Bilder, die Sie empfinden und sehen. Wenn diese noch nicht zufriedenstellend sind, so träumen Sie einfach am nächsten Tag eine entsprechende Fortsetzung. Falls Sie zu den Menschen gehören, die noch nicht in der Lage sind, Fortsetzungen zu träumen, dann versuchen Sie es mit der Zielimagination, ansetzend an dem Punkt, an dem Ihr letzter Traum aufhörte, und bitten Sie Ihr Unterbewußtsein, Ihnen im nächsten Traum weitere Informationen zum gleichen Thema zu geben. Achten Sie in diesem Zusammenhang immer darauf, daß Sie Ziele und Fragen stellen. Vermeiden Sie immer Nicht-Ziele und Nicht-Fragen.

Traumerinnerungen

Sollten Sie sich jedoch nicht mehr bewußt an Ihre Träume erinnern können, so stehen Ihnen diese beiden Möglichkeiten zunächst einmal nicht offen. Sie können allerdings mit der sicheren Gewißheit leben, daß auch Sie träumen, und es ist möglich, daß Sie sich immer öfter an Ihre Träume erinnern. Sie können diese Fähigkeit erlernen, dann kann Ihr Unterbewußtsein auch Ihnen im Traum entsprechende Hinweise und Informationen zur Erreichung Ihrer Ziele geben. Um sich an Träume zu erinnern, gibt es die Möglichkeit, daß Sie sich vor dem Einschlafen entspannen und Ihre Gehirnfrequenz zum Beispiel durch Herunterzählen von 100 auf 1 herabsenken und dann Ihr Unterbewußtsein darum bitten, Sie direkt nach dem Traum zu wecken, wenn die Erinnerungen noch vorhanden sind.

Nach einiger Übung werden Sie dann mitten in der Nacht wach, ohne hellwach zu sein, und können sich dann sofort an Ihren Traum erinnern, der kurz zuvor von Ihnen geträumt wurde. In diesem Moment ist es nun wichtig, daß Sie einen Stift mit einem Stück Papier bereit haben, damit Sie diesen Traum kurz stichwortartig notieren können. Mit Hilfe dieser Stichwörter können Sie sich dann am nächsten Morgen auf jeden Fall an den Traum erinnern. Die Fähigkeit, sich an einen Traum zu erinnern, wird mit jeder Übung größer. Damit Sie Ihren Partner in der Nacht nicht stören, sollten Sie diese Notizen bei Dunkelheit aufschreiben. Es genügen in der Regel einige wenige Stichworte, um sich dann im nachhinein vollständig an den Traum zu erinnern. Dieses Aufwachen kann unter Umständen drei- bis viermal passieren, denn so häufig träumen wir nachts. Das Aufschreiben bei Dunkelheit und mit geschlossenen Augen hat darüber hinaus noch den Vorteil, daß Sie nicht allzu wach werden und sofort wieder einschlafen, ohne in Ihrer Nachtruhe gestört zu werden.

Wenn Sie diese Art von Übungen durchführen, wird Ihnen nach und nach Ihre Traumwelt wieder bewußt, und Sie können dann Ihre Träume als wichtige Informationsquelle zu Ihrer Gesundheit, Ihrem Glück und Ihrem Erfolg verwenden.

Auf die Plätze, fertig, los

oder

warum das alles nichts nützt und was noch fehlt

Was glauben Sie? Genügt es, wenn Sie Ihr Ziel definiert haben und dabei darauf geachtet haben, daß Sie ein echtes Ziel und nicht ein Nicht-Ziel definiert haben? Wenn Sie außerdem mit den richtigen Fragen beurteilt haben, ob dieses von Ihnen erkannte Ziel auch wirklich Ihr Ziel ist? Wenn Sie das alles richtig gemacht haben und den Hinweisen in diesem Buch gefolgt sind, so stellt sich die Frage, ob das alles ist, was Sie tun müssen?

Nun, wir hoffen, Sie wissen, daß Sie noch mehr zu tun haben. Dies ist alles, was Sie zur Vorbereitung tun müssen. Das Wichtigste fehlt jedoch noch. Sie müssen nämlich aktiv werden. Der Schauspieler Gustav Knuth sagte einmal: »Die gute Absicht ist meistens ein Fahrplan ohne Eisenbahnzüge.«

Hier liegt ein weiterer wesentlicher Schlüssel zum Erfolg. Es nützt überhaupt nichts, wenn Sie zum Beispiel lediglich wissen, daß Sie abnehmen müssen, und herausgefunden haben, daß Sie dies tatsächlich könnten, wenn Sie nur regelmäßig zum Fettverbrennen gingen. »Es ist nicht genug zu wissen, man muß es auch anwenden. Es ist nicht genug zu wollen, man muß es auch tun.« Weise Worte von einem weisen Mann. Schreiben Sie diese Worte von Johann Wolfgang von Goethe ruhig einmal nieder. Am besten an eine Stelle, wo Sie immer wieder über diese Weisheit stolpern und immer wieder daran erinnert werden.

Dies beinhaltet jedoch, daß Sie sich zum Fettverbrennen bewegen müssen. Sie können nicht zu Hause auf Ihrem Sofa sitzen bleiben und hoffen, daß alleine durch Ihre Gedanken das Fett verschwindet.

Auch das Unkraut in Ihrem Garten wird nicht von selbst »hokus pokus fidibus« verschwinden, nur weil ein schöner Garten Ihr Ziel ist und Sie wissen, daß Sie diesem Unkraut mit der Harke zu Leibe rücken können, dies jedoch nur in Gedanken tun. Dabei hilft noch nicht einmal eine positive Zielimagination.

Das alles funktioniert natürlich nicht, obwohl es manchmal schön wäre, allein durch Kraft unserer Gedanken den Abwasch zu erledigen. Es funktioniert nun mal nur, indem Sie tatsächlich aufstehen, sich die Ärmel hochkrempeln und den Abwasch erledigen oder, wie im ersten Beispiel, zum Fitneßstudio gehen und sich dort aktiv betätigen. Nur durch Ihre Aktivität können Sie auch wirklich Ihre Ziele erreichen, und auch nur dann erreichen Sie die Befriedigung, die Sie ursprünglich beabsichtigt haben.

Es genügt ebenfalls nicht, wenn Sie sagen: »Ziel erkannt, ich fange jetzt an.« Den Anfang zu machen ist sicher wichtig, dennoch reicht nicht nur der Beginn, sondern genauso wichtig ist eine kontinuierliche Mitarbeit. Eine der wichtigsten und wesentlichen Eigenschaften von erfolgreichen Menschen ist, daß sie die Ziele, die sie erreichen möchten, sofort angreifen und so lange daran arbeiten, bis sie das Ziel tatsächlich erreicht haben.

Eine Eigenschaft weniger erfolgreicher Menschen ist, daß sie zunächst einmal Schwierigkeiten haben, ihr Ziel zu finden. Sollten sie es dann doch gefunden haben, oft mit Hilfe anderer Menschen, und sich darüber im klaren sein, was zu tun ist, dann fangen diese sogar damit an, nur hören sie leider am nächsten Tag oft schon wieder damit auf. Auf einen Nenner gebracht bedeutet Erfolg also kontinuierliche Aktivität, und Erfolglosigkeit ist gleichzusetzen mit Diskontinuität, die oft schon in den Anfängen, in dem ersten Schritt in Richtung auf das gesteckte Ziel, erstickt wird. Schon die Brahmanen lehrten in vergangenen Jahrhunderten: »Glück hilft nur manchmal, Arbeit immer«.

Werden Sie aktiv!

Sicher kennen Sie auch diese Leute, die seit Jahren über den einen oder anderen Umstand klagen, die immer wieder sagen: »Ich muß abnehmen, ich bin zu dick. Ich habe schon so viele Diäten ausprobiert, keine half.« Oder andere Menschen, die sich immer wieder darüber beschweren, daß sie zu viel rauchen. Wieder andere, die sich schon seit Jahren von ihrem Partner trennen wollen, dies allerdings bis heute noch nicht getan haben. Diese Liste ließe sich sicherlich endlos fortsetzen, und wenn Sie Ihr eigenes Leben untersuchen, werden Sie feststellen, daß auch Ihnen so etwas hin und wieder einmal passiert. All diese Dinge, die Sie eigentlich hätten tun wollen, zu denen Sie aus bestimmten Gründen nun doch nicht kamen, sind natürlich erfolglose Aktionen, hinter denen keine richtige Verpflichtung stand.

Der richtige Wille, die Verpflichtung, etwas zu tun, sind die entscheidenden Faktoren, die zwischen Erfolg und Nicht-Erfolg unterscheiden. Es genügt nicht zu sagen: »Ich würde gerne«, sondern Sie müssen schon mit fester Überzeugung sagen: »Ich werde« und sofort anschließend Entsprechendes unternehmen. Dann dürfen Sie auf keinen Fall damit aufhören, und Sie müssen so lange etwas tun oder unternehmen, bis Sie Ihr Ziel erreicht haben.

Sagen Sie sich nicht, was Sie gerne sein möchten, sondern sagen Sie »Ich bin«, und fangen Sie sofort und unmittelbar nach diesem Ausspruch an so zu sein, wie Sie sind. Verpflichten Sie sich dazu, etwas zu tun; verpflichten Sie sich auch gegenüber anderen Menschen, denn je mehr Verpflichtungen Sie eingehen, eine Sache zu erledigen oder nicht, desto leichter identifizieren Sie sich damit und desto leichter erreichen Sie auch Ihr Ziel.

Paul war einer der vorgesehenen Kandidaten für die Wahl des Vorsitzenden seines Sportvereines. Er wußte, daß es ihm Spaß machen würde, diesen Verein zu managen, und er wußte, daß er auch bei seinen Arbeitskollegen in der sozialen Hierarchie ganz sicher ein paar Stufen hinaufklettern würde, wenn er auch noch eine ehrenamtliche Tätigkeit übernähme. Paul engagierte sich genügend, um Aussichten auf einen Wahlsieg zu haben. Tatsächlich wurde er zum Vorsitzenden des Sportvereines gewählt. Er genoß seine Position gegenüber den anderen Vereinsmitgliedern, gleichwohl auch gegenüber seinen Kollegen, Freunden und Bekannten.

Leider konnte er nicht so viel Zeit für diese Tätigkeit aufwenden, wie es einige seiner Vereinskameraden erwartet hätten. Einen Samstag stand der Besuch der Schwiegermutter an, am anderen hatte er seiner Frau versprochen, mit ihr einkaufen zu fahren. Sonntagsabends konnte er grundsätzlich nicht und mittwochsabends hatte er Kegelabend mit der Firma, was ihn permanent davon abhielt, etwas für oder mit dem Verein zu tun. Schon nach kurzer Zeit kam es zum erwarteten Eklat im Verein. Während sich einige aktive Mitglieder schon völlig in die Passivität zurückgezogen hatten, forderten die meisten den Rücktritt des jetzigen Vorsitzenden. Einige Wochen später kam es dann tatsächlich zu Pauls Rücktritt. Dieser fühlte sich völlig mißverstanden und verlor auch neben einigen Freunden seine soziale Reputation, auf die er so viel Wert gelegt hatte.

Ganz offensichtlich stand neben dem falschen Ziel, das Paul verfolgte, auch die mangelnde Verpflichtung dem Erfolg im Wege. Ganz anders hingegen war sein Nachfolger Peter. Peter hatte bei der damaligen Wahl gegen Paul verloren und fühlte sich nun doppelt herausgefordert, den in Turbulenzen geratenen Verein wieder zu stabilisieren und erfolgreich zu führen. Seine Verpflichtung gegenüber dem Verein war um einiges höher als die seines Vorgängers, und er investierte eine ganze Menge Zeit. Auf Einladungen zu anderen Veranstaltungen pflegte er stets zu sagen: »Ich habe meinem Verein gegenüber eine Verantwortung übernommen, und ich möchte gerne meine Verpflichtung erfüllen. Aus diesem Grund kann ich leider der Einladung nicht folgen, weil es wichtige Dinge gibt, die in unserem Verein zu tun sind.« Seine Verpflichtung gegenüber seinem Posten im Verein war auch groß genug, andere lukrative Posten in anderen Vereinen abzulehnen, da er ganz genau wußte, daß er nur einen Posten hundertprozentig ausfüllen konnte, wie die Mitglieder, die ihn gewählt hatten, es von ihm erwarteten. Es erübrigt sich zu erwähnen, daß Peter auch in der folgenden Wahlperiode gewann und erneut erfolgreich den Posten des Vorsitzenden übernehmen konnte.

Diese zweite verpflichtende Art ist es, welche Sie zum Ziel führt, und diese Verpflichtung und die Übernahme der Verantwortung sind es, die alle Ihre Entscheidungen begleiten müssen, damit diese auch tatsächlich wahr werden und damit Sie Ihre Ziele erreichen. Dieses Kommitment bezieht sich ebenfalls auf jeden Bereich Ihres Lebens, sei es, ob Sie sich entscheiden, nie mehr mit einem ungebügelten Hemd zur Arbeit zu gehen und sofort ein Bügeleisen zu kaufen, bis hin zu wohl einer der machtvollsten und verantwortungsvollsten Verpflichtungen, die ein Mensch abgeben kann, nämlich dem Partner das »Ja-Wort« zu geben.

Wann immer Sie anfangen, die Verpflichtung zu vernachlässigen, wenn das Gefühl der Verantwortung und des Pflichtbewußtseins schwächer wird und Ihre Verpflichtung von »Ich bin« in »Ich sollte« wechselt, genau in diesem Moment geht es bergab mit Ihrem Glück und Erfolg. Ganz zu schweigen von Ihrer Gesundheit, wenn Sie diese sich selbst gegebene Verpflichtung, nämlich mehr Sport zu betreiben, dann wieder aufgeben. Denken Sie immer daran, wenn Sie gerade eine Verpflichtung aufgeben, warum Sie diese eigentlich ursprünglich angenommen haben und mit welchem Zielgedanken Sie bisher zu dieser Verpflichtung standen. Möglicherweise hat sich der Zielgedanke geändert. In diesem Fall sollten Sie eine neue Verpflichtung aufnehmen. Sollte der Zielgedanke jedoch der gleiche geblieben sein, dann gibt es nur einen einzigen Weg, wie Sie erfolgreich werden können, nämlich indem Sie die Verpflichtung weiterhin erfüllen und weiterhin aktiv in diese Richtung voranschreiten.

Ziel und Verpflichtung müssen übereinstimmen

Eines Tages wanderte ein Mann an einem See entlang und beobachtete einen Angler, der dort saß und sein Leben augenscheinlich sehr genoß. Außerdem schien dieser sehr erfolgreich zu sein, denn er hatte bereits einen großen Fisch gefangen und war gerade dabei, den zweiten aus dem Wasser zu holen. Der Mann ging auf den Angler zu und sagte zu ihm: »Sie scheinen ein guter Angler zu sein. Wenn Sie so weitermachen, haben Sie bis zum Abend sicher fünf große Fische gefangen.«

Der Angler antwortete: »Ich höre jetzt auf, bringe diese beiden nach Hause, damit meine Frau sie zum Abendessen zubereiten kann und meine Familie etwas zu essen hat.«

Daraufhin erwiderte der Mann: »Sie sollten doch jetzt Ihre Glückssträhne nicht unterbrechen. Vielleicht fangen Sie noch viel mehr.«

Angler: »Warum sollte ich das tun?«

Mann: »Nun, wenn Sie mehr Fische fangen und nur zwei zum Leben brauchen, könnten Sie die restlichen verkaufen und Geld damit verdienen.«

Angler: »Was mache ich dann mit dem Geld?«

Mann: »Sie könnten sich vielleicht dafür ein Netz kaufen und damit noch leichter noch mehr Fische fangen.«

Angler:« Meine Familie braucht nur zwei Fische am Tag, also, was soll ich mit noch mehr Fischen tun?«

Mann: »Sie könnten diese Fische verkaufen und hätten dann noch mehr Geld verdient. Mit dem Geld könnten Sie dann ein kleines Boot kaufen und noch mehr Fische fangen.«

Angler: »Dann kann ich sicher noch mehr verdienen, richtig?«

Mann: »Ganz richtig, Sie würden dann noch mehr Geld verdienen, sich ein noch größeres Boot kaufen, vielleicht einen oder zwei Fischer anstellen und noch mehr Fische fangen, die Sie dann wieder verkaufen könnten.«

Angler: »Und dann?«

Mann: »Nun, aus einem Boot werden zwei, dann fünf, zehn und dann besitzen Sie irgendwann einmal eine ganze Flotte, Sie werden reich und lassen all diese Menschen für sich arbeiten.«

Angler: »Und was habe ich dann davon?«

Mann: »Nun, Sie brauchen dann nicht mehr zu arbeiten und können dann das tun, wozu Sie Lust haben, zum Beispiel können Sie in aller Ruhe zum Angeln gehen und Fische fangen.«

Angler: »Sie meinen also, ich kann dann hier sitzen und in aller Ruhe meine Fische fangen?«

Mann: »Ja, ganz genau, das wäre doch toll, nicht wahr?«

Angler: »Sehen Sie, ich habe mein Ziel schon erreicht, ohne eine Flotte von Fischerbooten zu haben.«

Nicht immer ist das Ziel, das Sie verfolgen, das echte Ziel. Oft genug sind die Ziele, die wir Menschen verfolgen, nur Vorwände, um ein tatsächliches, oft im verborgenen liegendes Ziel zu erreichen. Aus diesem Grund sollten Sie immer versuchen, die tatsächlichen Ziele zu entdecken. Zur großen Kategorie der scheinbaren Ziele gehören auf alle Fälle alle Nicht-Ziele, denn Nicht-Ziele, die immer etwas mit Vermeidung zu tun haben, sind im Grunde genommen nur Umwege, die uns zu einem anderen, wichtigeren Ziel führen sollen. Oft genug erreichen die Menschen allerdings nie dieses tatsächliche Ziel, weil sie sich ständig mit Nicht-Zielen herumplagen müssen und so lange auf Umgehungsstraßen und Umwegen umherwandeln, daß sie niemals an das eigentliche Ziel kommen.

Sie erreichen zwar alle Nicht-Ziele, die Sie formuliert haben, empfinden jedoch niemals die Befriedigung, das Ziel tatsächlich erreicht zu haben. Wenn Sie jemanden, der Nicht-Ziele verfolgt, später einmal fragen, ob er mit dem, was er erreicht hatte, zufrieden sei, erhalten Sie sehr oft die Antwort: »Na ja, es könnte schon besser sein« oder »Na ja, immerhin geht es uns nicht schlechter, als es uns eh schon ging.« Diese scheinbaren Ziele leiten die Menschen nur in die Irre und haben nichts damit zu tun, was dieser Mensch wirklich will. Krankheit zu vermeiden ist nicht gleichzusetzen mit gesund zu sein, sich gesund zu fühlen und auch im nachhinein zu sagen: »Ich bin gesund und ich bleibe gesund.« Verluste zu vermeiden ist auch nicht gleichbedeutend damit, Gewinne zu erzielen.

Hinterfragen Sie also Ihre wahren Ziele, stellen Sie Fragen und keine Nicht-Fragen. Werden Sie sich darüber klar, was Sie wirklich wollen, wer Sie wirklich sind und nicht, wer Sie glauben zu sein oder was Sie glauben, tun zu wollen. Benutzen Sie in diesen Situationen immer die Zukunftsfrage: »Wie werde ich mich fühlen, wenn ich dieses Ziel erreicht habe?« Mit dieser Frage können Sie immer alle Ziele daraufhin untersuchen, ob es Ihre wahren Ziele sind oder ob es sich etwa um Schein-Ziele handelt, die zu verfolgen sich wirklich nicht lohnt. Seien Sie sich jedoch auch darüber im klaren, daß, wenn diese Antwort positiv ausfällt und Sie dieses Ziel verfolgen, es trotzdem sein kann, daß sich Ihre Ziele im Laufe der Zeit verschieben. Aus diesem Grund ist es wichtig, die Ziele immer wieder zu evaluieren und festzustellen, ob sie noch gültig sind. Sollte sich in der Zukunft die Wertigkeit Ihrer Ziele verschieben, arbeiten Sie mit derselben Technik an den neuen Zielen, und Sie werden ein befriedigendes und ausgefülltes Leben leben.

Ab heute beginnt ein neuer Lebensabschnitt

oder

warum gerade Sie zu den Auserwählten gehören

Wir möchten Ihnen recht herzlich gratulieren, daß Sie dieses Buch bis hierher gelesen haben. Sie haben bewiesen, daß Sie Ihr Leben ändern wollen und bereit sind zu handeln. Wenn Sie jedoch zu denen gehören, die ein Buch hinten anfangen zu lesen, sei Ihnen wärmstens empfohlen, auf Seite 1 zu beginnen – es soll doch immer wieder Menschen geben, die zuerst hinten im Buch nach der Lösung suchen. Das funktioniert nicht bei »Codename Hase«. Ohnehin ist dieses Buch keine Kriminalgeschichte, geschweige denn ein Western oder eine Gruselgeschichte.

Es ist viel mehr als nur ein Roman oder ein weiteres Sachbuch. Es ist der ultimative Weg zu Gesundheit, Glück und Erfolg. Achten Sie jedoch genau auf die Formulierung, die wir sehr bewußt wählten: der ultimative Weg.

Worin unterscheidet sich nun ein Weg von einem Ziel oder einem erreichten Zustand? Ein Weg zeigt die Möglichkeit, innerhalb gewisser Grenzen ein Ziel zu erreichen. Um einen Weg erfolgreich zu beschreiten, ist es notwendig, zwei Regeln zu beachten: 1. Schreiten Sie voran, machen Sie einen Schritt nach dem anderen, lassen Sie sich nicht aufhalten, und folgen Sie dem Weg.

Natürlich werden Sie diesen Weg nicht mit Hochgeschwindigkeit entlangspurten. Sie werden große Schritte machen, Sie werden kleine Schritte machen. Sie werden schnell vorankommen, und es wird Tage oder Stunden geben, an denen Sie langsamer vorankommen. Es wird Tage geben, an denen Sie sogar rückwärtsschreiten. Lesen Sie dieses Buch deshalb immer wieder und wieder. Es ist ein Weg, eine Anleitung und eine Hilfe, auf die Sie immer wieder zurückgreifen können. Das Schlimmste, was Ihnen passieren kann, ist diesen Weg zu verlassen. Das führt uns zur Regel Nummer 2: Gehen Sie immer wieder zurück auf den ultimativen Weg zu Gesundheit, Glück und Erfolg!

Sicher werden Sie über kurz oder lang plötzlich feststellen, daß Sie keine Lösungen mehr erarbeiten und statt dessen versuchen, Probleme zu lösen. Das Wort »Problem« wird auftauchen, eventuell sogar in Verbindung mit dem Wort »aber«.

»Es hat ja eine Zeitlang gut funktioniert, doch die Probleme werden im Moment wieder so groß, daß ich unbedingt etwas unternehmen muß.«

Nun, an dieser Stelle angekommen, dürfen Sie sich ganz auf dieses Buch verlassen. Wir garantieren Ihnen: Sobald Sie »Codename Hase« wieder lesen und dann danach leben und die Vorschläge, die Sie erhalten, beachten, gehören Ihre Probleme der Vergangenheit an, und Sie erarbeiten wieder Lösungen.

Nochmal: Sie erzielen keine optimalen Resultate über Nacht. Sie verbessern Ihr Wohlbefinden jedoch sofort, wenn Sie anfangen, nach den Grundsätzen dieses Buches zu leben. Sofort bedeutet sofort. Sobald Sie sich bewußt entscheiden, also auf der Stufe der bewußten Kompetenz die Informationen dieses Buches anwenden, geht es Ihnen von Tag zu Tag in jeder Hinsicht immer besser und besser. Nach kurzer Zeit schon erreichen Sie das Stadium der unbewußten Kompetenz, Sie handeln positiv und lassen sich durch Ihre alten, ressourcelosen Glaubenssätze nicht mehr behindern. Sie vermeiden Nicht-Fragen und stellen bessere, hochwertigere Fragen. Sie formulieren Ziele und erkennen Nicht-Ziele.

Kraftzehrende Worte und Formulierungen wie: »Problem, aber, ich muß, hätte ich nur« gehören der Vergangenheit an, und Sie werden so häufig vor einem halbvollen Glas sitzen und sich Ihres Lebens freuen wie nie zuvor.

Bleiben Sie auf dem Weg zur Gesundheit, und Sie werden über Ihre Wehwehchen aus der Vergangenheit lachen können.

Bleiben Sie auf dem Weg zum Glück, und Sie werden die Frage nach Ihrem Ziel impulsiv mit »Ich möchte glücklich bleiben« beantworten.

Bleiben Sie auf dem Weg zum Erfolg, und alles, was Sie neu beginnen, wird gelingen. Und Sie werden Neues beginnen, denn die aktuelle Tätigkeit wird mit Erfolg beendet werden.

Und falls Sie das Gefühl haben, diesen Weg zu verlassen, falls Ihre innere Stimme Ihnen sagt, Sie seien vom rechten Weg abgekommen, oder falls Sie sich im Straßengraben sehen, dann ändern Sie Ihre Marschrichtung, und begeben Sie sich so schnell wie möglich auf den ultimativen Weg zu Gesundheit, Glück und Erfolg zurück. »Codename Hase« ist Ihnen dabei gerne behilflich.

Silke Günster
Joachim Günster

Vorankündigung

Success
Das Handbuch zum Erfolg

Ein Nachschlagewerk für erfolgreiche Menschen und alle auf dem Weg zum Erfolg

Wer kennt nicht die Geschichten der Neffen von Donald Duck und seinem geldgierigen und ausbeutendem Onkel Dagobert? Eben jener Dagobert, der mit Vorliebe in seinen Dukaten badet und seinen Neffen Donald immer wieder aufs neue benutzt, um seinen eigenen Reichtum zu vermehren.

Doch oft genug sind auch der tolpatische, aber immer wieder liebenswerte Donald und sein gerissener Onkel Dagobert mit ihrem Latein buchstäblich am Ende, und die Geschichten, die die wilden Abenteuer der beiden widerspiegeln, scheinen sich dem bitteren Ende hin zu neigen.

Fast immer jedoch, ob in fernen Ländern oder im Weltraum, sind es die drei kleinen Neffen der beiden, Tick, Trick und Track, die die Situation retten. Immer kurz vor der vermeintlichen Katastrophe und immer wieder, weil sie ein Buch besitzen, das offenbar alle Geheimnisse dieser Erde aufzulösen vermag. Ein Pfadfinderhandbuch, dessen Inhalt eine Lösung für jedes Problem und jede Lebenslage bereithält. In diesem Buch lesen die schlauen Pfadfinder vom Fähnlein Fieselschweif, warum der Zauberspiegel Eisen in Gold verwandelt; wie das geheime Zauberwort lautet, welches den Geheimgang in einem alten schottischen Schloß öffnet; warum die Bewohner der Planeten Xirus 3 Donald Duck zum König küren, und hunderttausend andere interessante und lebenswichtige Dinge.

So ein Pfadfinderhandbuch – das wär's!

So etwas gibt es nicht, sagen Sie. Das gibt's nur im Comic oder im Kino, sagen andere. Und alle haben recht. Seit Generationen sind die Menschen bestrebt, dieses Buch zu finden. Alchemisten, Zauberer und Magier versuchten schon alles, um hinter die Geheimnisse des Lebens zu kommen. Wie kann man Eisen in Gold verwandeln; ewige Schönheit und Jugend bewahren; Geld ohne Ende besitzen und natürlich auch den Traum vom ewigen Leben erfüllen?

Keiner hat dieses Buch, welches sehr ähnlich dem Handbuch der Fähnlein Fieselschweif zu sein scheint, je gefunden. Keiner wird es jemals finden.

»Success – Das Handbuch zum Erfolg« erhebt nicht den Anspruch, ewiges Leben oder immerwährende Schönheit zu liefern. Dieses Handbuch ist nicht mit Trick, Tick und Tracks Handbuch zu vergleichen, denn es liefert keine Antworten auf gezielte Fragen. Dennoch ist es wiederum dem Pfadfinderhandbuch der drei ähnlich, liefert es doch in jeder Lebenslage einen Ansatz, der es dem Leser ermöglicht, diese spezielle Situation einmal ganz anders zu betrachten. In dieser speziellen Situation einmal anders zu handeln als bisher und anderes zu erleben als bisher.

»Success« ist kein aufbauendes Werk, das man Seite für Seite lesen muß, um am Ende mit einem Aha den Umschlag zu schließen und dann alles so zu machen, wie es im Buche steht. Dieses Handbuch ist ein Handbuch und universelles Nachschlagewerk – für jede Lebenslage. Sie können es in einem durchlesen und dabei jede Menge Spaß haben. Sie können es jedoch auch Kapitel für Kapitel verschlingen und sich die Leitsätze heraussuchen, die Ihnen jetzt gerade wichtig sind und zu der jetzigen Situation Ihres Lebens passen.

»Success« ist wie ein Kochbuch. Wenn Sie mal etwas ganz Besonderes kochen wollen, dann können Sie ganz einfach das spezielle Rezept nachlesen und sich selbst und Ihre Umwelt mit einer völlig neuen Kreation Ihrer Kochkunst überzeugen.

Erscheint Ende 1996

Silke Günster
Joachim Günster

Vorankündigung

Mit der richtigen Strategie zum Erfolg

Mentale Programme, die zum Erfolg führen

Am Anfang steht das Wort. Sicher richtig für viele von uns. Der Gedanke ist der Vater der Idee. Auch richtig. Ich hatte einen Traum. Wieder richtig. Alles richtig und dennoch verschieden?

Fest steht, daß jeder Mensch nach inneren Programmen »funktioniert«, die entweder ein gutes oder ein weniger gutes Resultat erzeugen. Diese »Programme« sind Abläufe von Bildern, Tönen, Gerüchen, Geschmäcken und Gefühlen, die in bestimmter Reihenfolge mit bestimmter Intensität aufeinander folgen. Ändert man die Reihenfolge oder Intensität, ändert sich das Ergebnis.

Alle Menschen leben nach solchen mentalen Programmen und erzielen Ergebnisse in Abhänigkeit von der Qualität dieser Programme. In diesem hochinteressanten Buch werden die mentalen Programme von verschiedenen Menschen in bezug auf einfache Tätigkeiten untersucht. Einfache Tätigkeiten, wie zum Beispiel: morgens aufstehen, zum Sport gehen oder zu essen aufhören, wenn man satt ist.

Sie lernen, wie Sie selbst solche Programme bei anderen Menschen entdecken können und diese für sich selbst nutzen. Natürlich können Sie auch die untersuchten Programme in Ihren eigenen Tagesablauf integrieren. Denn zu einem wichtigen und interessanten Schluß kommt dieses Buch über Modellieren von erfolgreichen Strategien: diese Strategien sind übertragbar!

Deshalb – erfinden Sie das Rad nicht neu, sondern finden Sie ein Modell, und integrieren Sie die erfolgreichen Strategien anderer in Ihren Weg zu Ihrem persönlichen Erfolg.

Erscheint Mitte 1997

Silke Günster
Joachim Günster

Vorankündigung

Erfolgsfaktor Unterbewußtsein

Codename Hase speziell für Führungskräfte!

Eine Anleitung zum Erfolg für Selbständige, Manager, Geschäftsführer, Freiberufler, leitende Angestellte und alle anderen Menschen

Dieses Buch handelt nicht (ausschließlich) von der Kraft des positiven Denkens, sondern zeigt gleichsam exemplarisch anhand vieler Beispiele aus der täglichen Praxis, wie Sie positives Denken in machtvolle Entscheidungen, außergewöhnliche Motivation und dauerhaften Erfolg umsetzen. Es handelt von zwei wesentlichen Erfolgsfaktoren, ohne die Erfolg unmöglich wird: Kommunikation und Menschen.

Eigentlich kann man sogar diese beiden Faktoren in einer Formel zusammenfassen: Kommunikation mit Menschen durch Menschen.

Erfolg ist abhängig von Ihrer Kommunikation mit anderen Menschen!

Wenn Ihre Werbebotschaft ankommt, dann kaufen die Kunden Ihre Produkte. Wenn Ihre Öffentlichkeitsarbeit stimmt und die Presse nur Gutes zu berichten hat, dann erstehen immer mehr Kunden Ihre Produkte.

Was nun, wenn Ihre Werbung stimmt, Ihre Öffentlichkeitsarbeit gut läuft und Ihre Verkaufsmannschaft einen Auftrag nach dem nächsten schreibt, nur Ihre Produktion funktioniert nicht, weil die Mitarbeiter sich unterbezahlt fühlen? Was, wenn Sie Ihrer Meinung nach eindeutige Vorgaben machen und die gewünschten Ergebnisse einfach nicht erzeugt werden? Was, wenn Sie Mitarbeiter, kaum daß Sie aus dem Haus sind, nichts mehr tun und eine Party nach der nächsten feiern?

Erfolg ist abhängig von Ihrer Kommunikation mit anderen Menschen!

Nicht nur im Außenverhältnis zum Kunden, sondern insbesondere auch im Innenverhältnis zu Ihren Mitarbeitern, Ihren Zulieferern und allen anderen Menschen, die für Ihren Erfolg wichtig sind. Dazu gehört auch Ihre Familie. Denn was nutzt Ihnen Erfolg im Job, wenn es niemanden gibt, mit dem Sie diesen Erfolg genießen können?

Ihre Kommunikation ist abhängig von Ihren Gedanken, und diese können Sie qualitativ sofort verbessern. Dadurch verbessern Sie unmittelbar die Kommunikation mit anderen Menschen und werden in all diesen wichtigen Bereichen erfolgreich. Und nicht nur, daß Sie Ihre Kommunikation mit anderen und mit Ihnen selbst verbessern können, Sie lernen, andere besser zu verstehen, die Motive dieser Menschen zu ergründen und mit diesem Hintergrundwissen noch besser zu kommunizieren, motivieren und gegebenenfalls auch einmal die Probleme Ihrer Mitarbeiter und Mitmenschen zu verstehen und zu lösen.

Erscheint Mitte 1997

Erleben Sie Joachim Günster live!

Viele Menschen nutzen die Gelegenheit, den Co-Autor dieses Buches live zu erleben, und nehmen an den Seminaren, die er durchführt, teil. Ganz besonders die Leser dieses Buches sind herzlich eingeladen, eines seiner Seminare zu besuchen und dadurch die Qualität Ihres Lebens noch weiter zu verbessern. Zur Auswahl stehen verschiedene Programme:

- Action Talk – ein Abend zu einem wichtigen Thema
- Power Talk – ein Tag für eine Reihe von Strategien und Themen
- Sales Talk – ein NLP-Verkäufertraining
- Success Talk – ein NLP-Training mit Veränderungs- und Erweiterungsarbeit

Natürlich steht er Ihnen auch gerne als Ihr persönlicher Coach zur Verfügung. Wenden Sie sich in jedem Fall an:

Joachim Günster
c/o EPG GmbH
Hans-Stießberger-Str. 3
85540 Haar
Fax: 089-46 100 155

Wichtig: Bitte verwenden Sie *Code 6331* bei Anfragen oder die beiliegende Antwortkarte. Das garantiert Ihnen einen einmaligen 10%igen Rabatt auf alle Seminare.

Literaturverzeichnis

Die hier vorliegende Liste von Büchern ist eine Auswahl von Büchern, die den Inhalt von Codename Hase unterstützen oder erweitern. In vielen Büchern, die scheinbar keinen direkten Bezug zu Codename Hase haben, findet der aufmerksame Leser dennoch eine Menge Strategien wieder, die in der einen oder anderen Form im Zusammenhang mit Codename Hase wichtig sind. Besonders empfehlenswerte Bücher – in Zusammenhang mit diesem vorliegenden Buch – sind kursiv gedruckt. Ansonsten sind alle aufgezeigten Bücher von den Autoren als empfehlenswert eingestuft.

Titel	Autor	Verlag
:01 Das Memo Management	Khadem	Rowohlt
:01 Das Minuten-Verkaufstalent	Johnson	Rowohlt
:01 Der Minuten Manager	Blanchard	Rowohlt
:01 Fitness	Blanchard	Rowohlt
:01 Führungsstile	Blanchard	Rowohlt
:01 Hochleistungsteams	Blanchard	Rowohlt
:01 Klammeraffe	Blanchard	Rowohlt
:01 Minute for myself	Johnson	Avon
:01 Wie man Kunden begeistert	Blanchard	Rowohlt
Aktien für alle	Lynch	Börsenbuch
Alptraum Wallstreet	Mayer	Ullstein
Anleitung zur Autosuggestion	Rauch	Haug
Aufstieg und Fall der Mächte	Kennedy	Fischer
Australian Outback Manual	Phelemann	Phelemann
Autosuggestion und Heilung	*Rauch*	*PAL*
Awaken the gigant within	*Robbins*	*Fireside*
Axel Springer	Naeher	Starube
Berlusconi	Igel	Moewig
Bitte verändern Sie sich jetzt!	*Bandler*	*Junfermann*
Buddha	Lehmann	Heyne
Bulle und Bär	Kale	ECON
Chakra-Energie	Bek	Scherz
Club der Diebe	Steward	Ullstein
Coca-Cola	Pendergrast	Scribners
Crash Management	Berge	ECON
Das Buch der Aktie	Herdt	ECON
Das Hundert Millarden $ Buch	Horrmann	Heel
Das Mercedes-BMW Duell	Junginger	ECON
Das neue Lernen	*Bachmann*	*Junfermann*
Das Power Prinzip	*Robbins*	*Heyne*
Der Börs einen Schritt voraus	Lynch	Börsenbuch
Der Erfolg ist in Dir	Carnegie	Scherz
Der feine Unterschied	Bandler	Junfermann
Der Frosch auf der Butter	*Krusche*	*ECON*
Der Heiler in Dir	*Silva*	*Goldmann*
Der Medienhändler	Naeher	Knesebeck
Der Mensch mit dem wir leben	Morris	Knaur
Der Preis	Yergin	S.Fischer
Der ungeschulte Kopf	Gardner	Klett-Cotta
Der Weg zu Silva Mind	*Stone*	*Heyne*
Die Angst aus heiterem Himmel	Brasch	Mosaik
Die Darmreinigung	*Rauch*	*Haug*

Titel	Autor	Verlag
Die Darmreinigung nach F.X. Mayr	Rauch	Haug
Die Disney Story	Grover	Ullstein
Die erste globale Revolution	Club of Rome	Horizonte
Die großen Religionen	Smart	Universitas
Die Macht Ihrer Gedanken	Freitag	Goldmann
Die Nabisco Story	Burrough	Ullstein
Die Praxis des :01 Managers	Blanchard	mi
Die Silva Mind Methode	Silva	Heyne
Die Welten des Islam	Rotter	Fischer
Die Zukunft managen	Drucker	ECON
Einladung zum ZEN	Viallet	ECON
Einstein	Dilts	Junfermann
Einsteins Traum	Hawkins	Rowohlt
Entkommen	Anonymus	rororo
Enzo Ferrari	Yates	Heyne
Exzellente Komm. mit NLP	Ulsamer	Gabal
Geldrausch	Lewis	ECON
Geldschein-Sonate	Umbach	Ullstein
Gignat Steps	Robbins	Fireside
Handbuch Führungskräfte	Mehler	Heyne
Hexenwahn	Hammes	Gondrom
High Tech Marketing	Davidow	Campus
High Performance Heart	Maffetone	Bicycle Books
Höhenfluch	Breinersdorfer	Haufe
Hypnose	Erikson	Pfeiffer
Iacocca	Iacocca	Ullstein
Iacocca - talking straight	Kleinfield	ECON
Iacocca-der wahre	Wyden	Heyne
Innovation and Entrepreneurship	Drucker	Hraper & Row
Innovators	Diebold	ECON
Insidergeschäfte	Junker	Herbig
Jeder ist ein Athlet	Maffetone	sportinform
Kaizen	Imai	Ullstein
Know How für Träumer	Dilts	Junfermann
Kompetenz und Integrität	Laborde	Junfermann
Kräfte der Pyramide	Schul	Heyne
Kurze Geschichte der Zeit	Hawkins	Rowohlt
Lage der Welt	World Watch	Fischer
Leben ohne Phobie	Callahan	VAK
Macht des Unterbewußtseins	Murphy	Ariston
Macht und Magie der PR	Träger	mi
Management Bibel	Forbes	Heyne
Managergeheimnisse	Mehler	Peter Erd
McDonalds	Love	Heyne
Meine Karriere PepsiCo zu Apple	Scully	ECON
Mit Herz und Verstand	Andreas	Junfermann
Nieten in Nadelstreifen	Ogger	Droemer/Knaur
NLP	Stahl	PAL
NLP Gelungene Kom. und ..	Connor	VAK
NLP Wie geht das?	Bachmann	Junfermann
One upon Wall Street	Lynch	Penguin
Phone Power	Walther	ECON
Prognose Hoffnung	Siegel	ECON
Prophezeihung von Celestine	Redfield	Heyne
Qumran und der Vatikan	Betz	Brunnen
S.O.B	Neuhardt	Ullstein
Sag was du meinst	Walther	ECON
Sales Power	Silva	Berkley
Satanische Verhandlungskunst	Wissmann	Herbig
Schlauer als der Staat	Schönfels	Mülle

Titel	Autor	Verlag
Schmutziges Geld	Franklin	ECON
Selbsthypnose	Araoz	ECON
Selling the dream	Kawasaki	Harper/Collins
Senkrechtstarter	Ketterringham	ECON
Steve Jobs	Young	GFA
Struktur der Magie II	*Bandler*	*Junfermann*
Synchronizität	Peat	Goldmann
Ted Turner	Bibb	Ullstein
The Warren Buffet Way	Hagstrom	Wiley
Time Line	James	Junfermann
Unlimited Power	*Robbins*	*Fawcett*
Unternehmensevolution	Tateisi	ECON
Virginia Satir	Andreas	Junfermann
Von äußeren Zwängen	Reibetanz	Kabel
Wahrnehmen was ist	Stocking	VAK
Was ist AK	Tourelle	VAK
What they don´t teach at Harvard	McCormak	Bantan
Wie Sie Menschen überzeugen	Goldmann	ECON
Wohlstand für alle	Erhard	ECON
Zahlmeister Deutschland	Martin	Herbig
Ziel um Ziel	Dillmann	Junfermann
Auf alle Fälle Recht behalten	Wissmann	Herbig
Alfred Herrhasuen	Balkhausen	ECON
Wall Street Pocker	Lewis	ECON
Ignatore	Glanzer	ECON
A brief history of time	Hawkins	Bantam
Wie Gott in Frankfurt	Eglau	ECON
Der Popcorn Report	Popcorn	Heyne
How the Stock market works	Dalton	Institute of finan
Odyssee	Scully	Harper & Row
Das neue PR Denken	Bogner	Überreuther
Trump - die Kunst des Erfolgs	Trump	Heyne
Maxwell	Haines	Heyne
De Bennedetti	Turani	ECON
Der Körper lügt nicht	Diamond	VAK
Identität & Glaubenssysteme	Dilts	Junfermann
MIND MAPPING	*Kirckhoff*	*Gabal*
Handbuch Mysterien	Nardini	Goldmann
Der Weg zur inneren Quelle	Andreas	Junfermann
Die Sache mit dem X	Meyenburg	VAK
Befreite Bahnen	Dennison	VAK
Super Jogging für den Kopf	Brost	Herbig
Zurück zum Glück	Saiger	HS (Saiger)
The HP Way	Packard	Harper
Unser Gehirn	Ornstein	rororo
Ohne das ein Prinz dich küßt	*Mohl*	*Junfermann*
Philosophie für Einsteiger	Huismann	rororo
Mein paranormales Fahrrad	Randow	rororo
Strategies of Genius	Dilts	Meta Pub.
Change your mind	Andreas	Real People
Im Namen Gottes	Yallop	Knaur
Physik zum Schmökern	Borucki	Aulis
Unconditional Life	Chopra	Bantam
Yes or No	Spencer	Harper
Einstein	Kahan	Dumont
Effective Presentation Skills	Dilts	Meta